KB122430

시민교육의
기초로서의 헌법

시민교육의
기초로서의 헌법

PUBLIUS
PUBLISHING
VERITAS VINCIT

Constitution as Foundation of Civic Education

Kim, Seon-Taek
Hong, Seok-No
Oh, Jeong-Rok
Yun, Jeong-In

PUBLIUS
PUBLISHING
VERITAS VINCIT

SEOUL , KOREA
2020

차례

제1편 시민교육의 헌법적 정초

제1장 시민교육의 기초로서의 헌법적 합의
- 김선택 (고려대 법학전문대학원 교수)

제2장 헌법실현의 조건으로서의 시민교육
- 김선택 (고려대 법학전문대학원 교수)

제2편 헌법적 시민교육의 과제

제3장 한국의 학교 외의 시민교육 제도화를 위한
민주시민교육지원법안의 한계와 개선방안

- 오정록 (고려대 행정전문대학원 부교수)

제1편

시민교육의 헌법적 정초

제1장

시민교육의 기초로서의 헌법적 합의

김 선 택

(고려대 법학전문대학원 교수)

Ⅰ. 서 론

1. 시민교육이란 무엇인가?

시민교육이란 "자신들이 속한 정치공동체 내에서의 삶을 효과적으로 영위하고 또한 그 정치공동체를 효과적으로 지지할 수 있도록 개인들을 형성하는 것"이라는 식으로 가치중립적으로 일응 파악할 수 있다.[1) 이러한 중립적 개념에 의하면 개인이 속한 정치공동체가 어떠한 정치체제 모델을 취하고 있느냐에 따라 종속적으로 시민교육의 모델이 결정될 것이다. 전제군주제하에서는 군주에게 맹목적으로 충성하는 신민(Untertanen)을, 독재체제하에서는 독재자에게 무조건적으로 복종하는 공민을 키우는 것을 시민교육의 목표로 할 것이다. 주지하다시피 공산주의체제의 이른바 정치교육은 '공산주의적 인간형'을 모델로 '인민'을 세뇌시키는 것을 목표로 하였다. 이와 같이 시민교육을 기성의 정치체제에 순응하는 수동적인 추종자를 육성하는 시스템으로 보는 것은, 여러 나라에 현존하는 시민교육모델을 비교하기 위하여 이들 모두를 포괄하는 카테고리로서는 유용할지 모르지만, 한국과 같은 입헌민주주의 제도를 이미 갖추고 있는 국가를 대상으로 한 시민교육 논의에는 부적합하다.

멀리는 1680년대 말 영국에서부터 조금 더 가깝게는 1770~90년대 미국과 유럽에서 이미 인류는 특정 개인이 아니라 인류라는 종에 속

---

1) William Galston, Civic Education in the Liberal State, in Nancy L. Rosenblum (ed.), Liberalism and the Moral Life, 1989, Harvard University Press, p.90.

하는 모든 개인들을 정치공동체의 출발점으로 보는 정치적 인식상의 혁명을 이루어 내었다. 공동체 구성원을 교육하는 관심의 초점이 '기성의 정치공동체의 체제유지'로부터 '인간으로서의 개인의 자아실현이 그가 속한 정치공동체 내에서 효과적으로 이루어지는 방법' 쪽으로 이동하였다. 즉 공동체가 선행하고 공동체의 성질이 개인을 규정하던 시대로부터 반대로 개인이 선행하고 인간의 실존적 특성으로부터 개인과 공동체의 성질이 함께 규정되는 시대가 열린 것이다. 공동체의 성질과 종류로부터 개인이 규정당하기보다는 역으로 개인이 일정한 정치적 능력을 키워서 공동체를 규정하게 되었다.

여기에서 시민교육은 인간이 자신이 속한 정치공동체의 공동의 문제에 대하여 적절하게 판단하고 그 판단에 따라 적절하게 행동할 수 있는 능력을 갖춘 시민이 되도록, 즉 정치적 성숙(정치적 성년의 상태 politische Mündigkeit)에 도달하도록 도와주는 정치적 사회화과정을 일컫게 되었다. 독일에서는 보통 정치적 판단능력(politische Urteilsfähigkeit), 정치적 행동능력(politische Handlungsfähigkeit), 정치적 참여방법을 실행할 능력(methodische Fähigkeiten) 등 정치적 능력(politische Kompetenz) 일반을 갖추도록 도와주는 전 과정이 시민교육의 카테고리에 포섭되어야 한다고 한다. 시민교육이 상당한 수준으로 발전한 미국에서는 시민교육의 필수적 요소로서 첫째, 시민적 지식(Civic Knowledge), 둘째 시민적 지성(Civic Intelligence), 셋째, 시민의 정치과정에 대한 참여기술(Civic Participation Skills) 넷째, 시민적 인성(Civic Dispositions)을 든다. 이처럼 미국과 독일에서 주장하는 시민교육이 갖추어야 할 요소들은 대동소이한데, 이는 한국의 경우도 마찬가지라고 할 것이다. 따라서 자국의 정치시스템의 조직과 작동원리를 지식으로 획득하는데 그치지 않고, 이에 대하여 비판적으로 성찰할 능력, 나아가 직접 정치과정에 참여해보는 체험학습과정, 그리고 비판적 · 성찰적 시민에 불가결한 인성까지 시민교육과정을 통하여 갖출 수 있게 되어야 한다.

2. 시민교육의 명명(naming)과 함의(connotation)

한국에서는 시민교육에 대한 구체적인 명명(naming)작업이 아직 완결되지 않은 것으로 보인다.

독일에서는 'Politische Bildung', 즉 '정치교육'이라는 용어를 사용한다. 여기에서 'Bildung'은 '교육'보다는 '교양'이 더 정확한 번역용어일 것이다. 교육에 해당하는 용어인 'Erziehung'이라는 단어를 피한 이유는 무엇일까? 'Erziehung'은 'educatio'와 "Bildung'은 'eruditio' 내지 'formatio'에 상응하는 용어라고 한다. 전자는 주로 인간의 외적 행동과 태도에 작용하는 것으로 훈육에 해당하고, 후자는 인간의 인격을 도야하는(kultivieren) 노력에 해당한다고 한다.[2] 과거 '국민교육'이라는 용례에서 느껴지듯이, 국가가 공교육을 통하여 국민 개개인을 '국가에 쓸모있는(유용한, 이용가치있는)' 존재로 만들려고 의도하였음을 우리는 기억한다. 국민에게 국가에 대한 일정한 정치적 태도, 특히 국가에 대하여 국민으로서의 의무를 강조하는 교육을 통하여 국민을 한 사람의 자주적인 인간이라기보다는 단지 국가에 유용한 도구로, 즉 국가질서 속에서 부여된 일정한 기능을 수행하는 존재로 각인시

---

2) Joachim Detjen, Politische Bildung - Geschichte und Gegenwart in Deutschland, De Gruyter Oldenbourg, 2007, S.3.

키려 하였다. 과연 'Bildung'이 'Erziehung'보다 훨씬 나은 용어라는 생각이 든다. 다만, 유감스럽게도 우리와 체제대결을 하고 있는 전체주의 북한에서 '사상교양'이니 '정치교양'이니 하는 용어를 사용하고 있는 것이 마음에 걸리고, 또한 시민'교육' 대신에 시민'교양'이라고 쓸 경우, 이 용례(시민교양)가 시민교육이 의도하는 바를 제대로 담아내지 못할 것으로 보여 취하기는 어려울 것 같다. 독일의 경우 '정치'교육이라고 하여 '정치적'이라는 수식을 전면에 내걸고 있는데, 이는 시민교육이 주로 정치적 사회화와 정치적 성숙을 겨냥한 것이기 때문에 더 적실한 표현이라는 생각이 들기는 한다. 그러나 시민교육의 목표나 기능은 그러하나, 그러한 목표를 위하여 포괄하여야 할 교육주제의 범위는 정치적인 영역에만 국한하는 것이 아니고 다른 다양한 영역도 포괄하여야 하기 때문에 카테고리로서 시민교육보다 더 바람직한 것만은 아니다.

미국의 경우 'civic education' 또는 'citizenship education'이라는 용례가 정착되어 있다. 우리가 번역할 때 '시민교육'이라고 하지만, 과연 이 말로써 'civic'이나 'citizenship'의 의미를 다 담아낼 수 있는지는 의심스럽다. '시민'이라는 말로써는 '공적인', '공동체적인' 또는 '정치적인'이라는 의미를 품어내는데 한계가 있어 보인다.

한국에서는 종래 '민주시민교육'이라는 용어를 가장 많이 써온 것 같고 영어로 번역할 때에는 'democratic civic education'이라고들 한다.[3] 이 용어에 대해서도 학계에서 만족스러워 하는 것 같지는 않다.[4]

---

3) Duchel Shin,, Die Debatte um politische Bildung und ihr System in Südkorea, 한독사회과학논총 제24권 제4호 (2014. 12), 한독사회과학회, 33~50쪽(40쪽); 음선필, 한국 민주시민교육의 제도화 시론, 제도와 경제 제7권 제3호 (2013. 11), 67~95쪽(70~71쪽) 및 69쪽 주 5, 73쪽 주 16에 인용된 문헌들 참조; 이규영, 독일의 정치교육과 민주시민교육, 국제지역연구 제9권 제3호 (2005. 10), 한국외국어대학교 국제지역연구센터, 157~186쪽(162쪽) 참조.
4) 김성수/신두철/유평준/정하윤, 학교내 민주시민교육 활성화 방안, 교육부 정책연구 보고서 (정책 2015 위탁-9), 2015. 12, 8~9쪽 참조.

우선 'civic'이라는 말이 내포하는 의미를 전제로 할 때, '민주'와 '시민'은 동어반복에 가깝다는 생각이 든다. 그렇다고 독일에서처럼 '정치'교육이라고 하자니 지시영역이 협소하게 되어 불만이다. 시민교육에 있어서 정치교육이 중심이 되기는 하지만, 역사교육, (헌)법교육, 인권교육, 인성교육, 지리교육 등도 널리 포괄될 것이기 때문이다. 여기에서는 일응 - 'civic'이라는 말과 '시민'이라는 말이 완전히 부합하는지는 의문이지만 - '시민교육(civic education)'으로 쓰면서 내용을 보다 구체적으로 규정하는 것이 현재로서는 최선책이라고 생각되어 그렇게 쓰기로 한다.

3. 시민교육을 왜곡시키는 함정들

시민교육에 관한 논의에 앞서 시민교육을 본래의 취지에 맞게 실행하기 위하여 주의하여야 할 함정 몇 가지를 살펴본다.

첫째, 시민교육은 기성 정치체제를 정당화하는 수단으로 기능할 위험이 있다. 전제군주제, 독재 등 체제의 정당화를 위한 세뇌교육에 봉사할 위험성이 있다. 정치권력을 독과점적으로 지배하는 정치세력에게 이러한 유혹에 빠질 위험이 늘 있다.

둘째, 시민교육은 정치공학적 접근에 내용과 방법을 희생당할 위험이 있다. 시민교육은 내일의 국민의 정체성(identity)을 결정하게 된다. 정치공학적으로 보면 내일의 유권자의 성향을 결정하는 것이다. 따라서 미래의 권력투쟁(power struggle)을 대비하는 전초전으로 이해하는 정치세력이 있을 수 있다.

셋째, 시민교육도 교육인 이상 '문화가 중요하다(culture matters)'는 점에는 의문이 없다. 그러나 그 문화를 지역에 특유한 전통적인 문화 내지 국수적인 민족문화로 국한하여 그들을 계승하여 그대로 시민교육에 반영하는 것만이 유일한 길이라고 주장하게 되면, 시민교육의 본래의 의도를 달성하기는커녕 훼방을 놓게 될 수도 있다.

이러한 함정을 피하려면 다음과 같은 길을 모색하여야 한다.

첫째, 시민교육은 정치적 성년자를 만들어주는 것이라는 점에서 정치를 떠나서는 존재할 수 없다. 정치관련성은 불가결한 것이다. 그러나 당파성은 지양할 수 있고, 또 그래야 한다.

둘째, 과거 독일에서 자기들의 역사에 대하여 서유럽국가들에 비하여 자신들이 고유한 길을 걸어왔다는 의미에서 주장하였던 '고유의 길-명제(Sonderweg-These)'가 어떠한 결과를 초래했는가? 과거 싱가포르(이광요 수상)나 말레이시아(마하티르 총리)에서, 최근에는 중국에서 적극적으로 나오고 있는 아시아적 가치(asian values)라든가 중국-모델(China-model)은 또 어떠한가? 전지구적 시점을 확보하지 못하고 자존심에 매달리는 일부 지역의 사람들이, '극복해야 할 과제(task)'를 '벗어날 수 없는 숙명(destiny)'으로 변형시켜서, 오히려 '문화적 지체현상'을 장기화시키는 잘못을 범해온 것은 인류역사에 드물지 않은 일이다.

시민교육은 보편주의적인 윤리적 관점에서 출발하여야 한다. 원칙적으로 모든 인간에 공통적인 것을 지향하여야 한다는 말이다. 자신이 유달리 고유한 성격을 갖는 특별한 개체임을 강조하는 '특수주의(particularism, 배타주의)', 자신은 일반적인 경우와 다르다고 믿는 예외주의(exceptionalism)의 함정을 피해야 한다. 예컨대 Kant는 위대한 독일인인가? Kant는 위대한 유럽인인가? Kant는 위대한 인간인가? '위대한'이라는 평가를 일단 유보하고, Kant가 인간이라는 점에 대해서는 누구도 이의를 제기하지 못할 것이다. Kant가 인간이라면, 그는 인간으로서 어떠한 특징을 가지고 있으며, 그러한 특징으로부터 공동체(국가)내에서 어떠한 지위를 인정받는 것이 옳은가 하는 질문에 대하여도 이의를 제기하기 어려울 것이다. Kant는 공동체적 동물인 인간이므로, 공동체내에서 '개인적인 사적인 삶'과 더불어 '공동체와 관계된 공적인 삶'을 살 수밖에 없다. 그는 또한 미숙한 존재로 태어나 서서히 발전되어나가는 인간의 생물학적 · 발달학적 특징을 가진 존재이므로, 그의 이러한 발달에 가장 유리한 조건이 무엇인지 물어보는 것도 옳은 질문이다. 그가 자신의 발달을 위하여 사적으로든 공적으로든 어떠한 교육을 받는 것이 옳은가도, 또한 공동체(국가)가 자신의 구성원(국민)인 그에게 어떠한 교육적 배려를 하는 것이 옳은가도, 그들이 인적 기반이 되어 존립하는 국가에게 물어야 한다. 이러한 보편적인 접근만이 기성의 억압적 정치권력구조라든가 기성의 후진적 문화로부터 오는 왜곡에서 벗어나 바로 '인간존재의 실존적 조건에 맞는 시민교육의 방향과 기준'을 모색하는 길이다.

II. 한국적 컨텍스트에서 시민교육의 특별한 어려움과 출구

한국에서 시민교육의 과제는 3중고에 직면해 있다.

첫째, 역사상 민주주의체제를 경험한 기간이 너무 짧다. 한국인들은 근대에 들어와서도 전제군주제-일제 식민지-민간독재-군사독재에 시달려왔다. 한국의 시민교육은 이러한 과거 정치의 유산과 대결하여야 한다.

둘째, 분단으로 인한 남북간 체제대결이 여전히 지속되고 있다. 분단으로 인한 지적·정서적 왜곡이 심대한 바, 한국의 시민교육은 이와 맞서야 한다.

셋째, 분단으로 인하여 국가적·국민적 정체성도 확보하지 못한 상황에서 세계화에 직면하게 되었다. 한국 시민교육은 국민으로서의 정체성(national identity)과 세계인으로서의 정체성(cosmopolitan identity)을 조화시킬 방안을 모색하여야 한다.

여기에 더하여 한국 시민교육은 21세기에 진입하면서 새로운 어려움에 봉착하고 있다.

첫째, 1987년 민주화 이후 반민주적인 요소를 제거하고 민주주의를 정착시키는 어려운 과제와 씨름하는 중에 국내·외적으로 민주주의의 퇴행 현상에 부딪치게 되었다.[5]

---

5) 김선택, 한국 민주주의에 있어서 역사의 미래, 법과 사회 제46호 (2014. 6), 법과사회이론학회, 9~65쪽.

둘째, 최근에는 새로운 민주주의모델을 주장하는 국가들이나 학자들도 등장하고 있는 상황이다. 특히 아시아모델을 주장하면서 소위 아시아적 가치(asian values)와 서구가치를 대립시키고, 시민교육에 있어서도 아시아모델과 서구모델이 달라야 한다는 주장이 제기되고 있다. 즉 아시아 시민교육은 아시아적 가치의 구현을 지향해야 하므로 비정치적(a-political)이면서 도덕(moral)을 중심으로 해야 한다는 주장이 그것이다.[6]

게다가 한국 시민교육은 한국사회의 소통구조에서 오는 어려움도 겪을 것으로 예상된다. 한국은 현재 양극화와 병행하여 분열현상이 심각하다. 진영논리와 일방통행식 주장이 만연해있다. 특히 '민주...'와 '헌법...'의 수사학적 대치까지 유행하고 있다.

과연 이러한 상황에서 어디에서 출발할 것인가? 당파성 시비에 휘말려 좌초되지 않으려면 무엇을 근거로 닻을 만들 것인가? 지속가능한 시민교육의 초석은 어디에서 발견될 수 있을까? 한국에서 시민교육이 순항하려면 출발점에서 국민 일반이 수용할 수 있는 최소한의 합의(Minimalkonsens)가 필요할 것으로 보인다. 이러한 합의는 시민교육의 목표로부터 주제, 방법, 내용, 한계까지 대상으로 할 수 있을 것인데, 여기에서는 원칙적으로 내용과 한계를 우선 문제로 삼기로 한다. 오늘날 국가적 생활 일반은 물론이고 사회적 생활의 원칙에 관해서까지 국민이 기본적으로 합의한 내용을 담은 것으로 인정받고 있는 헌법이야말로, 이러한 최소한의 합의의 내용을 추적하고 그러한

---

6) Kerry J. Kennedy, Searching for Citizenship in an Uncertain Global Environment, in: W. O. Lee/ David L. Gros/ Kerry J. Kennedy/ Gregory P. Fairbrother (ed.), Citizenship Education in Asia and the Pacific. Concepts and Issues, 2004, pp.9~24(13~15) 참조.

합의에 정당성을 부여할 수 있는 계기가 될 수 있을 것이다.[7]

III. 시민교육의 기초와 한계로서의 헌법적 합의

1. 헌법텍스트 그 자체 또는 헌법의 해석

헌법은 텍스트 자체로 직관적으로 이해될 수 있는 것이 아니고, 해석을 통하여 의미가 확정되는 법률문서이다. 해석을 둘러싼 논쟁이 항상 있기 마련이다. 저마다의 가치관이나 이데올로기로부터 파생되는 해석논쟁으로부터 자유로운 기준이 헌법에서 나올 수 있을까?[8]

시민교육의 기초가 될 헌법적 합의내용은 헌법조문 그 자체 보다는 해당 헌법조문을 근거로 하여 해석방법을 통하여 도출되는 헌법적 내용이 될 것이다. 문제는 다양할 수밖에 없는 해석자의 주관이나 자의를 통제할 필요인데, 그 기준은 한국헌법이 속해 있는 입헌주의 역사상의 좌표로부터 읽어낼 수 있을 것이다. 즉 입헌주의 (constitutionalism)의 이념이 실정헌법전에 선행하면서 헌법조문의

---

7) 헌법이 시민교육(정치교육)에 대하여 가지는 의미와 중요성에 대하여는 Bernhard Sutor, Grundgesetz und politische Bildung, Niedersächsische Landeszentrale für pol. Bildung, 1976; ders., Verfassung und Minimalkonsens. Die Rolle des Grundgesetzes im Streit um die politische Bildung, in: Siegfried Schiele/ Herbert Schneider (Hrsg.), Das Konsensproblem in der politischen Bildung, 1977, S.152~172; ders., Erziehungsprogramm oder Rechtsrahmen? Zur Bedeutung des Grundgesetzes für politische Bildung, in: Politische Bildung, Jg. 28/1995, Heft 2, S.71~81(77~80) 참조.

8) 개정론이 제기되는 헌법조항의 규정내용에 대하여는 기꺼이 수용하지 못하는 국민이 있다는 것을 말해주는 것이다. 해당 헌법내용은 현재에는 제도적으로 법적 구속력을 유지하고 있기는 하지만, 정당성이 약해지면서 지속가능 여부가 유동적이 될 가능성이 있다. 이러한 내용은 헌법의 핵심으로서 기능하기 어려울 것이다.

내용을 구체화하는 기준 내지 척도의 역할을 할 수 있을 것이다. 아래에서 이러한 입헌주의적 이념에 맞는, 헌법내재적 내지 헌법명시적 기준들을 모색하기로 한다.

2. 헌법적 "인간상(Menschenbild)"

헌법은 개인과 국가(the man vs. the state)의 관계에 적용될 원칙을 결정한다. 이 글의 모두에서 말한 것처럼, 현대 입헌민주주의 국가에서는 개인이 공동체에 우선하고 개인의 실존적 특성을 고려하여 공동체가 구성된다. 그러나 여전히 공동체적 동물인 개인에게 있어서 공동체의 존속과 안정은 실존적인 문제이다. 따라서 개인과 공동체의 관계를 정한 헌법에서 이 관계를 어떻게 보고 있느냐가 이 헌법하의 시민교육에도 중요한 방향지시계 역할을 할 수 있다. 한국에서는 이 문제를 "헌법의 인간상'이라는 주제로 다루고 있다.[9]

헌법재판소는 기부금품모집행위를 금지하고 그 허가여부를 행정청의 자유재량으로 한 기부금품모집금지법 제3조 등 위헌제청사건에서 "1951년 법이 제정된 이래 우리 사회는 정치 · 경제 · 문화 모든 분야에서 엄청난 변화를 겪었고, 입법 당시의 상황과는 비교할 수 없을 만큼 오늘날 국민의 생활수준이 향상되었으며 국민의 의식 또한 크게 성숙하였다. 이제 우리 국민은 자신이 스스로 선택한 인생관 · 사회관을 바탕으로 사회공동체 안에서 각자의 생활을 자신의 책임하에

---

9) 한국에서 시민교육의 헌법적 기초를 헌법적 인간상을 중심으로 설명한 글로는 장은주/홍석노/김상무/이경옥/정경수, 왜 그리고 어떤 민주시민교육인가? – 한국형 학교 민주시민교육의 이론적 기초에 대한 연구 – , 경기도교육연구원, 2014. 12, 42~44쪽; 윤정인, 헌법의 인간상과 시민교육의 방향, 이 책의 57~80쪽 참조.

서 스스로 결정하고 형성하는 성숙한 민주시민으로 발전하였다. 국가재정 또한 그 사이 국가경제의 성장으로 인하여 크게 향상되었고, 이에 따라 국가가 주도하는 사업을 더 이상 국민의 성금에 의존하지 않고도 시행할 수 있게 되었다. 그럼에도 불구하고 법 제3조의 모집목적의 제한을 통한 모집행위의 원칙적인 금지는 바로 우리 헌법의 인간상인 자기결정권을 지닌 창의적이고 성숙한 개체로서의 국민을 마치 다 자라지 아니한 어린이처럼 다룸으로써, 오히려 국민이 기부행위를 통하여 사회형성에 적극적으로 참여하는 자아실현의 기회를 가로 막고 있다."[10]고 하여 헌법이 지향하는 인간상을 제시하였다.

그 후 헌법재판소는 자동차 운전자에게 좌석안전띠 착용의무를 부과하고 위반시 범칙금 납부를 통고하도록 규정한 도로교통법 제118조 위헌확인사건(헌재 2003. 10. 30. 2002헌마518, 판례집 15-2하, 185, 200)에서 "좌석안전띠착용의 효과에 비추어 볼 때, 좌석안전띠를 착용하지 않는 행위가 행위자 자신의 이익에만 관련된 것인지, 다른 사람과 사회공동체 전체의 이익과도 관련된 것인지가 문제된다. 우리 헌법질서가 예정하는 인간상은 '자신이 스스로 선택한 인생관 · 사회관을 바탕으로 사회공동체 안에서 각자의 생활을 자신의 책임 아래 스스로 결정하고 형성하는 성숙한 민주시민'(헌재 1998. 5. 28. 96헌가5, 판례집 10-1, 541, 555; 헌재 2000. 4. 27. 98헌가16 등, 판례집 12-1, 427, 461)인바, 이는 사회와 고립된 주관적 개인이나 공동체의 단순한 구성분자가 아니라, 공동체에 관련되고 공동체에 구속되어 있기는 하지만 그로 인하여 자신의 고유가치를 훼손당하지 아니하고

---

10) 헌재 1998.5.28. 96헌가5, 판례집 10-1, 541, 555.

개인과 공동체의 상호연관 속에서 균형을 잡고 있는 인격체라 할 것이다. 헌법질서가 예정하고 있는 이러한 인간상에 비추어 볼 때, 인간으로서의 고유가치가 침해되지 않는 한 입법자는 사회적 공동생활의 보존과 육성을 위하여 주어진 상황에서 일반적으로 기대할 수 있는 범위 내에서 개인의 일반적 행동자유권을 제한할 수 있는바, 운전자가 좌석안전띠를 착용하여야 하는 의무는 이러한 범위 내에 있다 할 것이다."라고 부연하고 있다. 이 설시내용은 독일 연방헌법재판소가 판시하고 있는 '인간상'과 거의 동일하다.[11]

헌법재판소 판례는 – 법정의견과 소수의견을 불문하고 – 이러한 '인간상'을 현재에 이르기까지 자신의 입장으로 되풀이하여 적시해오고 있다.[12] 이러한 '인간상'은 매우 추상적이어서 그것만으로는

---

11) "기본법의 인간상은 고립된 주권적 개인이라는 인간상이 아니다: 오히려 개인과 공동체의 긴장을 개인(인격체)의 공동체관련성과 공동체구속성의 의미에서 결정하고, 이 결정시 개인의 고유가치를 침해하지 않아야 한다. 이러한 결론은 특히 기본법 제1조, 제2조, 제12조, 제14조, 제15조, 제19조 및 제20조에서 나온다. 그러나 이것이 의미하는 바는 다음과 같다: 개인은 자신의 행동의 자유를, 입법자가 사회적 공동생활을 관리하고 촉진하기 위하여, 해당 사안에 관하여 일반적으로 기대가능한 것의 한계 내에서 그어놓은 한계를 준수하여야 하는데, 이는 개인의 독자성이 유지된다는 조건하에서 그러하다." (BVerfGE 4; 7, 15)

12) 학원의설립・운영에관한법률 제22조 제1항 제1호 등 위헌제청, 학원의설립・운영에관한법률 제3조 등 위헌 확인사건(헌재 2000. 4. 27. 98헌가16 등, 판례집 12-1, 427, 460: "국민 스스로 선택한 인생관・사회관을 바탕으로 사회공동체안에서 각자의 생활을 자신의 책임아래 스스로 결정하고 형성하는 성숙한 민주시민이 우리 헌법의 인간상이라는 점에 비추어"); 형법 제304조 위헌소원사건(헌재 2002. 10. 31. 99헌바40 등, 판례집 14-2, 390, 405 - 재판관 주선회의 반대의견 중: "개인 스스로 선택한 인생관・사회관을 바탕으로 사회공동체 안에서 각자의 생활을 자신의 책임아래 스스로 결정하고 형성하는 성숙한 민주시민이 우리 헌법의 인간상이라는 점에 비추어"); 특정범죄가중처벌등에관한법률 제2조 제1항 제1호 위헌소원사건(헌재 2004. 4. 29. 2003헌바118, 판례집 16-1, 528, 533 - 재판관 전효숙, 이상경의 반대의견 중: "우리 헌법은 제10조에서 '인간의 존엄'을 최고의 가치로 선언하고 있다. 우리 재판소가 이미 밝힌 바와 같이 '헌법상의 인간상은 자기결정권을 지닌 창의적이고 성숙한 개체로서의 국민'이기 때문에 인간은 존엄성을 가지고 있다. 이러한 인간에 대한 견해로부터 인간의 자기결정권과 그에 상응하는 책임이 도출된다."); 구 소득세법 제89조 제3호 등 위헌소원사건(헌재 2006. 2. 23. 2004헌바80, 판례집 18-1상, 208, 220: "우리 헌법이 예정하고 있는 인간상은 자기결정권을 지닌 창의적이고 성숙한 개체로서의 국민이다. 그는 자신이 스스로 선택한 인생관・사회관을 바탕으로 사회공동체 안에서 각자의 생활을 자신의 책임 하에 스스로 결정하고 형성하는 민주시민이다."); 교사의 학생 체벌에 대한 기소유예처분 취소청구를 기각한 사건(헌재 2006. 7. 27. 2005헌마1189, 공보 제118호, 1200,

헌법재판이든 시민교육이든 특정 사항의 당부판단에 직접 도움을 주기는 어려울 것이나, 거시적인 측면의 오리엔테이션으로서는 유용성이 있을 것으로 보인다.

3. 헌법에 규정되었거나 도출가능한 '국가목표'

예컨대, 독일기본법의 경우 독일 국가의 정체성을 형성하는 내용을 집약하여 헌법개정의 한계로 명시적으로 규정하고 있다. 이른바 '항구성보장(Ewigkeitsgarantie)'조항이라고 불리는 제79조 제3항이 그것인데, "연방을 주로 나눈 것, 주가 입법에 원칙적으로 관여하게 한 것, 또는 제1조와 제20조에 규정된 원칙들을 건드리는, 기본법개정은 허용되지 아니한다."[13]고 규정하고 있다. 독일 기본법 제1조[14]는 인간

1203 - 재판관 권 성, 김효종, 조대현의 반대의견 중: "우리 헌법질서에 맞는 인간상은 사회공동체 안에서 각자의 생활을 자신의 책임 아래 스스로 결정하고 형성하는 성숙한 민주시민으로서 개인과 공동체의 상호연관 속에서 균형을 잡고 있는 인격체이다."); 형법 제304조(혼인빙자간음죄) 위헌소원사건(헌재 2009. 11. 26. 2008헌바58 등, 판례집 21-2하, 520, 529: "개인 스스로 선택한 인생관·사회관을 바탕으로 사회공동체 안에서 각자의 생활을 자신의 책임 아래 스스로 결정하고 형성하는 성숙한 민주시민이 우리 헌법이 지향하는 바람직한 인간상이라는 점에 비추어"); 게임산업진흥에 관한 법률 제12조의3 제1항 제1호 등 위헌확인사건(헌재 2015. 3. 26. 2013헌마517, 판례집 27-1상, 342, 369 - 재판관 김창종, 조용호의 반대의견 중); 학원의 설립·운영 및 과외교습에 관한 법률 제16조 제2항 등 위헌확인사건(헌재 2016. 5. 26. 2014헌마374, 공보 제236호, 942, 950 - 재판관 김창종, 강일원, 조용호의 반대의견 중).

13) Eine Änderung dieses Grundgesetzes, durch welche die Gliederung des Bundes in Länder, die grundsätzliche Mitwirkung der Länder bei der Gesetzgebung oder die in den Artikeln 1 und 20 niedergelegten Grundsätze berührt werden, ist unzulässig.

14) 독일 기본법 제1조
   (1) 인간의 존엄은 불가침이다. 이를 존중하고 보호하는 것은 모든 국가적 권력의 책무이다. (Die Würde des Menschen ist unantastbar. Sie zu achten und zu schützen ist Verpflichtung aller staatlichen Gewalt.)
   (2) 따라서 독일국민은 불가침·불가양의 인권이 모든 인간공동체, 세계의 평화 및 정의의 기초라고 믿는다. (Das Deutsche Volk bekennt sich darum zu unverletzlichen und unveräußerlichen Menschenrechten als Grundlage jeder menschlichen Gemeinschaft, des Friedens und der Gerechtigkeit in der Welt.)

의 존엄성의 불가침을, 동법 제20조[15]는 공화국·민주주의·법치국가·사회국가·연방국가 등 헌법의 기본원리들 내지 독일이라는 국가의 구성원칙들을 보장하고 있다. 이 내용들이 헌법의 실정법적 개정한계를 형성한다는 의미는 그들이 변경되면 현행 헌법은 정체성을 잃는다는 것, 즉 다른 종류의 헌법이 되고 만다는 것을 말한다. 따라서 그러한 내용들, 인간의 존엄이라는 원칙과 헌법의 국가구성원리들이 독일 헌법의 핵이고 기본적 합의사항이라는 점에 대하여는 이의가 제기되지 않는다. 다만, 이러한 헌법원리들 사이에 긴장과 대립이 있을 수 있는바 이를 어떻게 조화롭게 이해하여 해당 헌법원리들 모두가 적절하게 규범력을 갖게 할 것인가가 문제된다.

한국 헌법의 경우 독일 기본법처럼 헌법에 규정된 일정한 내용을 헌법의 핵심으로 인정하는 실정헌법상의 명시적 규정은 존재하지 않는다. 그러나 한국 헌법에도 헌법의 이념적 출발점으로서 인간으로서의 존엄과 가치(제10조), 헌법의 기본원리로서 공화국원리(제1조

---

(3) 이하의 기본권은 직접 적용되는 법으로서 입법, 집행권 및 사법권을 기속한다. (Die nachfolgenden Grundrechte binden Gesetzgebung, vollziehende Gewalt und Rechtsprechung als unmittelbar geltendes Recht.)

15) 독일 기본법 제20조
  (1) 독일연방공화국은 민주적·사회적 연방국가이다. (Die Bundesrepublik Deutschland ist ein demokratischer und sozialer Bundesstaat.)
  (2) 모든 국가권력은 국민으로부터 나온다. 국가권력은 국민에 의하여 선거와 투표로, 그리고 입법·집행권·사법의 각 기관들에 의하여 행사된다. (Alle Staatsgewalt geht vom Volke aus. Sie wird vom Volke in Wahlen und Abstimmungen und durch besondere Organe der Gesetzgebung, der vollziehenden Gewalt und der Rechtsprechung ausgeübt.)
  (3) 입법은 헌법질서에, 집행권과 사법은 법률과 법에 기속된다. (Die Gesetzgebung ist an die verfassungsmäßige Ordnung, die vollziehende Gewalt und die Rechtsprechung sind an Gesetz und Recht gebunden.)
  (4) 이 질서를 폐제하려고 시도하는 자에 대해서는 (그가 누구이든지간에) 모든 독일인은, 다른 구제수단이 불가능할 경우에, 저항할 권리를 가진다. (Gegen jeden, der es unternimmt, diese Ordnung zu beseitigen, haben alle Deutschen das Recht zum Widerstand, wenn andere Abhilfe nicht möglich ist.)

제1항), 민주주의원리(제1조 제2항), 법치국가원리(제27조 제1항, 제103조, 제107조), 사회국가원리(제34조 제2항), 문화국가원리(제9조), 국제평화주의원리(제5조) 등이 명문으로 규정되어 있거나 도출될 수 있는 것으로 이해되고 있다. 이러한 헌법원리들이 상호 조화롭게 해석되는 전제하에서 헌법의 핵심을 구성하리라는 점에는 의심의 여지가 없다.

4. 근대적 입헌주의의 이념의 맥락 내에서 헌법의 핵

(1) 인간과 국가의 관계: 인간의 존엄

근대 입헌주의 이념의 맥락에서 가장 먼저 주목할 것은 바로 '인간 대 국가(the man versus the state)'의 관계설정에 일어난 혁명적 전환이다. 이 전환을 웅변적으로 보여주는 헌법화는 독일 기본법제정에 앞서 마련된 헤렌킴제 헌법 최초 초안 제1조이다. 동조는 "인간은 신에 의해서 창조되었다. 그러나 국가는 인간들에 의해 창조되었다. 따라서 인간이 국가를 위해 존재하는 것이 아니고, 국가가 인간을 위해 존재한다."[16]였다. 현재 독일 기본법 제1조 제1항의 "인간의 존엄은 불가침이다. 이를 존중하고 보호하는 것은 모든 국가적 권력의 책무이다."라는 내용은 이 조항 다음의 조항으로 규정되어 있었던 것이다.

---

16) Der Mensch ist von Gott erschaffen, aber der Staat ist von Menschen gemacht. Darum ist der Mensch nicht um des Staates willen da, sondern der Staat um des Menschen willen - 헤렌킴제에서 열린 독일 기본법제정회의에서, Baade의 초안.

인간이 국가에 선행한다. 즉 인간이 자기가 속한 공동체에 앞선다. 이는 종전의 '인간과 국가의 관계에 대한 평가"를 완전히 뒤집은 것이다. 즉 국가철학에 있어서 '코페르니쿠스적 전환'이라고 불러 마땅한 것이다. 공동체이해에 있어서의 혁명적 인식전환이라고 불러도 될 것이다.

헤렌킴제 헌법초안은 물론 직접적으로는 독일 나치스시대의 반인류범죄에 대한 반성으로부터 나온 것이긴 하지만, 인간과 국가의 관계에 관한 인식전환을 실정헌법제정과정에서 더할 수 없이 분명하게 보여준 사례이다. 인간이 국가에 앞서 존재하면서 비로소 국가를 창조하였다. 따라서 피조물인 인간이 창조주인 신에게 복종하듯이, 인간의 피조물인 국가도 자신의 창조주인 인간에게 봉사해야 하는 것이다. 신이 인간과의 관계에서 그러하듯이 인간도 국가와의 관계에서는 스스로 존엄하다. 반면에 국가는 스스로 존엄한 존재가 아니고 일정한 창조의 목적에 기속되어서야 비로소 가치를 가지는 존재가 된다. 독일기본법 제1조는 이 논리를 확인하고 선언한 것이다.

이러한 헌법적 이해를 기초로 보면 헌법국가의 출발점은 언제나 인간, 그것도 '인간 그 자체'이다. 인간은 모종의 평가의 대상이 되기 이전에, 즉 인식(erkennen)의 대상이 되기 이전에, 처음부터 믿어지는(bekennen) 존재이다. 이것이 인간의 존엄(human dignity)의 핵심이다.

한국 헌법이 제10조에서 "모든 국민은 인간으로서의 존엄과 가치를 가지며, 행복을 추구할 권리를 가진다. 국가는 개인이 가지는 불가침의 기본적 인권을 확인하고 이를 보장할 의무를 진다."고 규정한 것도, 독일 기본법 제1조처럼 '인간의 존엄-인간의 권리-(헌법상의) 기본권'으로 이어지는 매끄러운 논리적 흐름은 보여주고 있지 않지만, 인간의 존엄이 선행하고 그것을 이념으로 하는 인권에 대한 확인·보장을 국가의 의무로 지우고 있다는 점에서 유사한 구조를 보여준다. 인간의 존엄이야말로 현대 헌법국가의 시민교육에서 가장 먼저 놓을 주춧돌이라고 보아야 한다.

(2) 인간존재의 실존적 특성으로부터 나오는 자기개발의무: 자율과 자유

종(species)으로서의 인류도 개체로서의 개인도 모두 진화하는 (evolving) 존재이다. 인간의 실존 자체가, 미성숙한 존재로 태어난 뒤 자신의 자아실현노력에 의하여 서서히 완성된 존재로 나아가는 도정에 다름 아니다. 여기에서 개인 본인이 바로 자신의 인격을 발전시켜나가야 할 일차적 책임자임을 알 수 있다. 그는 존엄의 주체라는 점에서 '이미 스스로 존재하는 자'이다. 그리고 그는 만인이면 만인 모두 서로 다른 인격체이다. 그의 실존의 도정이 백인백색일 수밖에 없는 까닭이다. 따라서 일정한 정형화된 인격상이나 삶의 일정한 전형을 그에게 강요하는 것은 인간실존의 특성에 반한다. 인간의 실존에는 자율(autonomy)이 상응한다.

헌법은 제10조에서 "모든 국민은 인간으로서의 존엄과 가치를 가지며 행복을 추구할 권리를 가진다."고 규정하여, 인간의 존엄과 일반적 자유권을 결합하여 하나의 조문에 규정함으로써 그들 간의 밀접한 관련성을 분명히 하고 있다. 실존적 자기개발의무에 상응하여 헌법은 개별적으로 열거한 구체화된 영역에서의 자유로운 자아실현 외

에도 그밖에 정형화하여 표현하기 어려운 모든 영역에서 개인이 일반적으로 자유롭게 자기를 실현할 기회를 갖도록 보장한 것이다. 특히 헌법은 제37조 제1항에서 "국민의 자유와 권리는 헌법에 열거되지 아니한 이유로 경시되지 아니한다."고 규정하여, 열거된 자유권과 열거되지 아니한 자유권 사이에 차등을 두지 아니함을 명시하였다. 이로써 인간이 자기 삶을 자유롭게 결정하고 형성할 자유는 어떠한 영역이든 불문하고 빠짐없이 확인하고 보장하도록 국가에 의무지운 것이다.

(3) 정치적 동물로서의 인간의 존재이유인 공동체참여와 공동체결정: 민주적 자치

개인적 차원의 자율(autonomy)을 공동체 차원으로 확장하면 자치(self-rule)가 된다. 자치를 실현하는 방식은 두 가지이다. 첫째, 대표를 선출하여 일정한 조건하에 대표에게 지배(Rule, Herrschaft)를 위임하는 방식, 즉 대의제 민주주의 방식이 있다. 이 경우 국민의 동의(consent)가 대표자인 타인의 지배를 정당화한다. 둘째, 대표자인 타인에게 위임하여 처리하기 곤란한 사항에 대하여 직접 결정하는 방식, 즉 직접 민주주의 방식이 있다. 이 경우 국민의 자기결정권에 의하여 결정된 사항은 스스로 정당하다. 다만, 그렇게 결정된 공동체의 사를 구체적으로 실현하는 방식은 다시 여러 형태로 나누어질 수 있다. 국민에 의한 직접입법의 형태도 가능하지만, 자문적 표결행위로 의사가 확정되면 수임자인 의회에서 다시 구체화입법을 하는 형태도 가능하다.

헌법은 "대한민국의 주권은 국민에게 있고, 모든 권력은 국민으로부터 나온다."(제1조 제2항)고 선언하고, 입법권을 행사하는 대의기관인 국회는 "국민의 보통·평등·직접·비밀선거에 의하여 선출된 국회의원"으로 구성하고(제41조 제1항), 행정권을 행사하는 대의기관인 대통령 역시 "국민의 보통·평등·직접·비밀선거에 의하여 선출"(제67조 제1항)한다고 하여, 국민이 대의기관 구성에 참여하여 그들의 국가의사결정을 민주적으로 정당화하도록 하고 있다. 나아가 헌법개정안(제130조 제2항)과 외교·국방·통일 기타 국가안위에 관한 중요정책(제72조)과 같이 국가공동체의 운명을 좌우할 만한 중대한 사안에 대하여는 국민이 직접 결정하도록 하고 있다. 이로부터, 국민의 자치가 간접적으로 실현하는 것을 주로 하고, 직접 실현을 예외적인 것으로 하고 있음을 알 수 있다.

종래 국가의사의 결정과 그에 선행하는 국민의사의 수렴에 대하여, 대의제 방식이 현실 사정상 불가피하다거나 전문성·효율성 측면에서 우월하다는 주장이 계속되어 왔다. 그러나 최근 집단지성이 강조되면서, 다중의 결정이 정치엘리트의 결정 보다 낫다는 여러 가지 증거 또는 입론이 제출되기 시작하였다. 그렇다면 직접 민주제 방식이 어떻게든 가능한 한 많이 제도화되는 것이 자치원칙에 부합할 것이다. 문제는, 이러한 주장이 옳다고 하더라도, 직접 민주제를 실행하는데 소요되는 기술적 수단, 재정적 수요 등을 어떻게 해결할 것인가이다. 민주주의의 자치가 어느 방식에 의하여 구체화되든, 국민이 이러한 과정에 참여하여 자기 의사를 표현하기 위하여는 정치적 행동을 가능하게 할 정치적 능력을 갖추는 것이 선행되어야 한다. 여기에서 시민교육이 민주주의와 불가분의 관계에 있음이 명백해진다.

(4) 사회적(공동체적) 동물로서의 인간의 공동체에 대한 공동책임:
공화주의적 책임

인간은 군집하여 공동생활을 하는 동물에 속한다. 인간이 공동체
에 선행한다는 것은 가치론적 평가 차원의 문제이고 실제로 인간이
공동체보다 먼저 태어난다거나 공동체 바깥에서 태어나는 일은 없
다. 자연의 이치에 따른다면 공동체(생활) 없이는 인간(생활)도 없다.
그런데 인간 개개인은 저마다 다른 욕망과 이해관계, 그것을 정당화
하는 수다한 논리를 가지고 살아간다. 한정된 재화를 소비하면서 살
아야 하는 인간세계에서 개인들 상호간의 이해충돌과 갈등은 불가피
하다. 따라서 어떠한 자기주장은 포용될 수 있지만, 어떠한 자기주장
에 대하여는 공동체의 존속과 안녕, 평화를 위하여 부득이 부(-)의 평
가를 내려야 하고, 급기야는 '불법행위' 또는 '범죄'라고 하는 엄중한
평가를 내릴 경우, 행위의 정도에 상응하는 제재를 가함으로써 피해
를 전보하거나 미래의 반복을 예방하게 된다.

한국이 갖고 있는 자유주의 헌법의 논리에 따르면 인간의 모든 자
유로운 행동은 기본권적 보호의 영역 안으로 포섭되므로, 개인의 자
기주장은, 그것의 구체적 내용과 상관없이, 일단 헌법이 보호하는 자
유의 대상이 된다. 만약에 자기주장에 한계가 없다고 하면 공동체와
더불어 공동체를 구성하는 개인 모두 공멸하는, 자기모순적인 행동
이 저질러질 가능성도 있다. 여기에서 개개인에 대하여 공동체로부
터 분리된 자유와 더불어 공동체를 향한 자유 내지 공동체의 형성·
유지에 대한 공동책임이 부여되지 않을 수 없다.

헌법 제37조 제2항은 "국민의 모든 자유와 권리는 국가안전보장·

질서유지 또는 공공복리를 위하여 필요한 경우에 한하여 법률로써 제한할 수 있으며, 제한하는 경우에도 자유와 권리의 본질적인 내용을 침해할 수 없다."고 규정하여, '개인의 자유라는 사익'과 '공동체의 공익' 사이에 조화와 균형을 모색하고 있다. 즉 자유만이 아니라, 책임도 헌법적 합의의 내용이다.

주의할 것이 있다. 21세기에 들어와 더욱 기승을 부리고 있는 테러리즘의 위협으로부터 공동체를 방어하기 위하여 급하게 제정된 반테러리즘 입법들을 보면 '자유와 안전 간의 균형'이 충분히 고려되지 않은 내용들을 심심치 않게 볼 수 있다. '의심이 있을 때에는 자유에 유리하게(in dubio pro libertate)'는 자유주의적 법치국가의 표어이다. 합리적 의심이 있을 때에는 마땅히 자유에 유리한 결정을 내려야 한다. 특히 권위주의국가들의 독재자들이 자신들의 장기집권을 정당화하고 반체제세력을 무력화하는 수단으로 반테러리즘 입법을 오남용하는 일이 비일비재하다. 존재가 없는 무(無)의 상태에서 아무런 법익의 주체가 있을 수 없다고 보고, 존재를 위한 안전이 최우선의 법익이라고 주장하는 사람들이 적지 않다. 사회과학적 세계에서 절대적으로, 즉 한 줌의 의심도 없이 그러한 평가를 내릴 수 있는 경우는 없다. 의심이 완전히 제거되고 오로지 존재의 소멸이 명명백백해지는 순간에만 가능한 논리를, 여전히 고려해보아야 할 수많은 요소들이 엄연히 존재하는 문제상황에까지 들이대는 것은 이성적이지 못하다. 그러한 의미에서 독일 연방헌법재판소가 – 테러리스트에게 납치된 – 민간항공기의 격추를 허용하는 법률조항에 대하여 인간의 존엄을 침해하는 것으로 위헌결정한 것[17]은 존경받기에 충분한 것이다.

(5) 시민교육을 요구할 국민의 권리와 시민교육을 실시할
   국가의 의무

헌법 제31조는 "모든 국민은 능력에 따라 균등하게 교육을 받을 권리를 가진다."(제1항), "모든 국민은 그 보호하는 자녀에게 적어도 초등교육과 법률이 정하는 교육을 받게 할 의무를 진다."(제2항), "의무교육은 무상으로 한다."(제3항), "국가는 평생교육을 진흥하여야 한다"(제5항), "학교교육 및 평생교육을 포함한 교육제도와 그 운영, 교육재정 및 교원의 지위에 관한 기본적인 사항은 법률로 정한다"(제6항)고 규정하고 있다.

앞서 살펴본 대로, 헌법은 모든 국민이 인간으로서의 존엄과 가치를 가지고 자유롭게 자아를 실현할 수 있으며, 나아가 주권이 국민에게 있고, 국민이 선거와 투표를 통하여 국가조직과 국가의사결정에 참여·협력하여야 하는 존재라고 명시하고 있다. 이러한 '사적 생활의 자유'와 '공적 생활의 참여' 모두 개인의 자아실현에 지향된 것이다. 여기에 더하여 헌법 제31조와 같이 '교육을 받을 권리'를 인정하고 학교교육과 평생교육 모두에 대하여 국가가 그 실현을 위한 일정한 조건을 마련할 의무를 지도록 헌법이 규정하고 있다면, 이 양자사이에 '시민교육'의 요청이 들어올 공간이 마련된다.

국민으로서는, '생래적인 자유의 주체'라는 입장에서도 '국가공동체

---

17) BVerfGE 115, 118(Luftsicherheitsgesetz).

를 조직·운영하는 주권자'라는 입장에서도, 자신의 사적·공적 자아
실현을 위한 현실적 조건의 일부로서 - 아니 선결문제라고 보는 것
이 더 정확할 것인데 - 시민교육의 실시를 국가에 요구할 수 있을 것
이다. 다만, '교육을 받을 권리'의 법적 성질과 국가가 감당할 수 있는
내용과 그 범위가 문제될 것이다.[18]

5. 시민교육의 한계로서의 헌법적 합의

한국에서 채택하고 있는 입헌민주주의는 다원주의를 전제로 한 것
이다. 즉 다양한 견해와 그 견해를 주장하는 다양한 그룹이 존재한다
는 것, 그러한 개인 내지 그룹들 사이의 이해충돌로 갈등이 발생한다
는 것, 이러한 견해대립과 이해갈등을 폭력이 아니라 정신적인 투쟁,
즉 이성에 입각한 토론절차를 통하여 해소시켜 나가야 한다는 것에
합의가 존재한다.

독일에서 1976년 가을 시민교육을 둘러싼 교육학자들 간의 대토론
끝에 탄생한 '보이텔스바흐 합의(Beutelsbacher Konsens)'의[19] 3대원
칙, 즉 주입식 강요의 금지·주제와 주제취급에 있어서 논쟁적 성격
의 유지·학생의 입장에의 지향성은[20] 다원적 민주주의를 배경으로
한 시민교육에 있어서 불가피한 방법일 뿐만 아니라, 그 자체가 이미

---

18) 이에 관하여는 홍석노, 교육을 받을 권리의 헌법적 보장, 고려대학교 법학박사학위논문, 2014, 91쪽
이하 참조.

19) Beutelsbach 합의에 관한 최초의 설명은 Hans-Georg Wehling, Konsens à la Beutelsbach?
Nachlese zu einem Expertengespräch, in: Siegfried Schiele/ Herbert Schneider (Hrsg.),
Das Konsensproblem in der politischen Bildung, 1977, S.173~184 참조.

20) Beutelsbach 3대 원칙에 대한 자세한 설명은 Siegfried Schiele, Der Beutelsbacher Konsens
kommt in die Jahre, in: Siegfried Schiele/ Herbert Schneider (Hrsg.), Reicht der
Beutelsbacher Konsens?, 1996, S.1~13 참조.

일종의 교육이기도 하다.[21]

그런데 문제는, 다원적 민주주의를 전제로 하더라도, 또한 '보이텔스바흐 합의'에 따라 시민교육이 이루어져야 한다고 하더라도, 여전히 우리 공동체를 실존적인 위험에 빠뜨리지 않기 위하여 넘을 수 없는 최소한의 한계를 긋는 것은 불가피하지 않겠는가 하는 점이다. 예컨대, 독일 기본법 제79조 제3항에서 연방제, 인간의 존엄, 공화국·민주주의·사회국가 등 헌법원리들을 개정의 한계로 명시하고 있는바, 이 내용들은 그러한 한계에 해당한다고 볼 수 있다. 한국의 경우, 실정법적으로 명시된 헌법개정한계는 찾아보기 어려우나, 헌법의 기본적 동일성을 형성하는 헌법가치들을 헌법내재적인 개정한계로서 인정하는 것이 통설이다. 따라서 독일에서와 마찬가지로 인간의 존엄성, 기본권의 본질적 내용, 공화국, 민주주의, 법치국가, 국제평화주의 등의 헌법원리들은 더 이상 논의될 수 없는 헌법적 상수로 시민교육에서도 취급해야 할 것이다.

나아가 보다 직접적인 것으로 독일 기본법 제5조 제3항 제2문은 "교수의 자유는 헌법에 대한 충성으로부터 벗어나지 못한다."고 규정하고, 제18조 제1문에서는 "교수의 자유를 자유민주적 기본질서를 공격하기 위하여 남용하는 자는 …(이) 기본권을 상실한다."고 규정하고 있다. 또한 독일 기본법 제21조 제2항은 자유민주적 기본질서를 공격하는 정당은 위헌이라고 하면서 그에 관한 결정을 연방헌법재판소에 맡기고 있다. 유사하게, 한국 헌법은 제8조 제4항에서 "정당의

---

21) Beutelsbach 합의 40주년을 기념하여 그 의의와 성과 및 특히 제3원칙에 대한 비판과 보완을 지적한 Sibylle Reinhardt, The Beutelsbach Consensus, Journal of Social Science Education, Vol. 15, Nr. 2 (Summer 2016), pp.11~13 참조.

목적이나 활동이 민주적 기본질서에 위배될 때에는 정부는 헌법재판소에 그 해산을 제소할 수 있고, 정당은 헌법재판소의 심판에 의하여 해산된다."고 규정하고 있다. 실제로 독일의 경우 1950년대에 두 건의 정당해산판결[22]이, 한국의 경우 2014년 말 한 건의 정당해산결정[23]이 선고되었다. 이러한 정당해산판결이 과연 정당한 것이었는지, 불가피한 것이었는지는 별론으로 하고, 어쨌든 헌법제정자에 의하여 공동체의 유지·존속에 결정적인 보호수단으로 설계된 제도라는 사실은 부인하기 어렵다. 민주주의체제하에서, 그것도 다원적 민주주의체제하에서, 견해를 달리하는 일정한 정파를 정치무대에서 강제로 퇴출시키는 이러한 제도가 이미 그 자체로서 과연 옳은 것인가는 다툼의 여지가 있지만, 같은 분단국이었던 독일과 한국에서 이러한 '방어적·전투적 민주주의'가 헌법에 명시되고 실제로 작동되었다는 사실은 시사하는 바가 적지 않다.

이와 같은 방어적·전투적 민주주의의 보호법익으로서 헌법이 명시적으로 선언한 내용에 대하여는 동 헌법 아래에서 이루어지는 공론장에서는 이미 더 이상의 논의가 허용될 수 없다고 선언된 것이다. 따라서 그러한 보호법익에 포함되는 일정한 핵심적 헌법가치에 반하는 내용을 시민교육 과정에서 옹호하거나 심지어 학습자들에게 주입하는 커리큘럼이나 교수방법을 택해서는 안될 것이다.

---

22) BVerfGE 2, 1(SRP-Verbot); 5, 85(KPD-Verbot)
23) 헌재 2014. 12. 19. 2013헌다1(통합진보당 해산결정)

IV. 시민교육의 실행주체(장소)와 방법

1. 헌법합치적 방식: 시민교육과 민주주의의 결합

전통적으로 시민교육과 민주주의 사이에 밀접한 관계가 있음이 인정되어 왔다. '민주주의는 천사들로 구성된 공동체에서나 가능할 뿐'이라고 하는 말(Rousseau)이나 '민주주의는 배워야만 운영 가능한 유일한 정치제도'라는 말은 민주주의가 자신의 주민을 자연스럽게 획득할 수 없고 스스로 만들어내야 한다는 것을 가리키는 것이다. 민주주의가 작동하기 위하여는 그 선행조건으로서 민주시민이 양성되어야 한다. 그러한 의미에서 "자유로운 국가는 자기가 스스로 제공할 수 없는 조건에 의지한다."는 뵈켄회르데의 명제(Böckenförde-Diktum)가,[24] 여기에도 타당하다. 즉 민주주의 운영의 선결조건인 민주시민은 민주주의와 더불어 자동적으로 형성되는 것이 아니라 단지 민주주의하에서 가장 잘 길러낼 수 있을 뿐이다.

반면에, 민주주의가 언제나 100% 완성된 상태에서 실행된 적은 역사상 단 한 번도 없었다. 결국, 민주주의의 초보적 상태에서 얼마나 많이 우수한 민주시민을 길러내느냐에 따라서 민주주의의 민주적 상태를 유지하는 것도, 나아가 민주주의를 공고히 하거나 더 발전시키

---

24) 이 유명한 표현을 Böckenförde가 처음 쓴 것은 1965년 열린 제2차 바티칸 공의회의 전야인 1964년의 한 강연에서였다고 한다. 이 글이 처음 출간된 것은 Ernst-Wolfgnag Böckenförde, Die Entstehung des Staates als Vorgang der Säkularisation, in: Säkularisation und Utopie: Ebracher Studien, Ernst Forsthoff zum 65. Geburtstag, Stuttgart: Kohlhammer, 1967, S.75~94.

는 것도 가능하게 될 것이다.

2. '생활방식(Way of Life)' 으로서의 민주주의:
지식에서 체험까지

민주주의의 핵심원리는 '국민이 주인인 공동체', 즉 국민이 결정하고 책임도 지는 정치체제를 형성하는 원리이다. 참여자인 국민 개개인의 관점에서는 결정할 수 있으려면 판단할 수 있어야 하고, 결정한 후에는 행동할 수 있어야 한다. 결정능력을 포함한 판단능력과 행동능력, 그리고 행동의 방법을 알고 실행할 수 있는 능력이 있어야 비로소 민주주의를 작동시키는 시민이 될 수 있다. 이러한 능력을 길러주는 시민교육은 그 자체로서도 일종의 '앎의 과정'일 뿐만 아니라 그 자체가 '삶의 한 과정'이기도 하다. 여기에서 시민교육은 지식의 지적 습득과 지식의 '체험을 통한 체화'를 병행시킬 필요가 있다. 토크빌(Alexis de Tocqueville)이 말한 대로 민주주의가 시민의 "마음의 습관(habits of the heart)"의 단계에 이르러야 민주주의가 비로소 매끄럽게 작동할 수 있을 것이다.

3. 커뮤니케이션으로서의 민주주의:
커뮤니케이션 기술과 커뮤니케이션 방식

시스템으로서의 민주주의는 그 작동과정의 관점에서는 참여자인 국민 개개인이 주권자로서 모두가 자유롭고 상호 평등한 주체로서 국가의사결정에 관여·협력하는 정치형태로서 파악되는데, 여기에서는 특히 커뮤니케이션이 중요하다. 민주주의 그 자체가 거대한 커뮤니케이션의 장, 만인의 만인에 대한 대화의 무대라고 할 수 있다. 어떠한 폭력도 자의도 허용되지 않고 오로지 이성과 논리와 말을 수단으로 하여 자신의 의견을 관철하는 거대한 공론장이 바로 민주주의 정치체제 그 자체이다. 따라서 민주주의는 비용이 많이 드는 정치체제라고 말하는 것이며, 그중에서도 시간비용이 가장 많이 소요되는 정치체제인 것이다.

커뮤니케이션에서 미디어의 역할이 중요하다는 점은 주지하는 바와 같다. 그런데 최근 디지털(Digital)혁명으로 인터넷과 SNS 등 개인통신수단이 고도로 발달하면서 새로운 차원의 대화무대가 열리게 되었다. 역사상 그 어떤 세대도 경험해보지 못한 이 새로운 커뮤니케이션 환경이 민주주의의 획득 · 유지 · 발전에 약이 될지 아니면 독이 될지 현재 실험이 진행 중이라고 해도 과언이 아닌 상황이다. 어쨌든 민주주의체제에서 주인역할을 하려면 새로운 커뮤니케이션 기술을 습득하는 것이 불가피하게 되었다.

그런데 오늘날의 커뮤니케이션 환경에서는 민주주의 체제의 주인이자 참여자의 역할을 제대로 수행하기가 갈수록 어려워지고 있다. 양적으로도 정보 자체가 끝을 알 수 없을 정도로 계속해서 밀려오고 있고, 그 내용의 스펙트럼도 다 확인하기 어려울 정도로 다기하고 있다. 견해의 다원성이 갈등을 일상화하고 있는바, 민주주의 체제하에서는 갈등이 정상의 범주 안에 들어온 지 오래이다. 여기에서 갈등을 공동체가 감수할 수 있는 수준으로 통제하는 절차를 규율하는 것이 중요하게 되었다. 사회적 갈등에 직면하고 갈등을 해소하는 질서있는 대화절차를 규율함으로써, 민주주의 체제의 유지에 필요한 합의기반을 상실하지 않을 수 있을 것이다. 결국, 시대에 맞는 합리적인 커뮤니케이션 방식이 개발되고 활용될 수 있도록 노력하여야 할 과제가 시민교육에 부여된다.

4. 시민교육의 매개자(장소)와 특징

앞서 시민교육은 정치적 사회화과정이라고 하였다. 보통의 사회화과정처럼 시민교육은 가정에서부터 시작될 수밖에 없다. 그 후에는 학교, 군대, 직장, 시민사회 등이 주요한 교육장소이자 교육매개자가 될 것이다.

그런데 이들 교육장소들이 똑같이 균등한 교육기회 및 균일한 교육내용을 제공할 수 있는 것은 아니다. 무엇보다도 민주적인 시민교육이 제대로 되려면 교육장소도 민주화되는 것이 옳을 것이다. 그러나 가정, 군대, 직장과 같은 장소는, 인적 구성이라든가 기능을 살펴보면, 민주화되는데 일정한 한계를 인정하지 않을 수 없다. 상대적으로 학교영역과 국가생활영역(공적 활동영역)의 경우 민주화되어야 할 범위나 수준을 높게 넓게 잡을 수 있을 것이다. 특히 국민들의 정치적 활동공간, 예컨대 정당과 같은 정치결사에 대하여 민주화의 정도를 높게 요구할 수 있을 것이고, 국·공립학교를 위시한 학교에 대하여도 구성원의 성격에 맞게 민주화할 것을 요청할 수 있을 것이다.

시민교육은 대상자들에게 직접 교육을 하거나 대상자들이 직접 학습체험을 하는 경우에만 이루어지는 것이 아니라, 간접적·비공식적으로 이루어지는 경우도 적지 않다. 그리고 이러한 경우 어떤 것들은 – 다른 모든 종류의 선행하는 시민교육에 대하여 – 파괴적 효과를 미치기도 한다는 점에서 주의를 요한다. 그런 예로서 정치인들이 형성하는 공론영역에서 벌어지는 원색적인 공방이라든가 비민주적인 행태들, 몰이성적이고 감정적인 언론의 보도행태는 어렵게 수행된 시민교육의 성과를 무의미하게 만들 수 있다. 이론과 실제의 거리만큼 이론은 무력해진다. 여기에서 공론장(public sphere, Öffentlichkeit)의 역할이 중요하다는 것을 알 수 있다.[25]

V. 결 론

한국은 근대적 입헌민주주의를 수용하여 발전시켜오고 있다. 입헌민주주의국가는 자유로운 민주적 법치국가를 말하는 것이고, 여기에서 민주주의란 다원적 민주주의를 제도화하고 있음을 의미한다. 다원적 민주주의에서 다양한 견해가 대립하고 상호 간 갈등을 빚는 것은 당연한 것으로 전제할 수밖에 없다. 갈등은 상수이고 오히려 갈등의 순조로운 해소만이 문제가 될 뿐이다. 민주시민의 존재는 민주주의의 존속과 발전을 위한 기초라고 할 수 있는바, 이러한 민주시민을 길러내는 방법에 대하여도 견해의 차이가 존재할 수밖에 없다. 이 글에서는 미래의 민주시민을 획득하는 길인 '시민교육'을 위하여 국민들이 공유하여야 하는 기본가치에 대하여 생각해보았다. 우선 다원적 민주주의를 반영하는 방법적 합의, 예컨대 1) 국가를 비롯한 특정인의 특정한 견해를 강요해서는 안되고, 2) 사회에서 논쟁적인 사안

---

25) Hans Hugo Klein, Der Auftrag der politischen Bildung für unsere Demokratie, S.60 f. 참조.

에 대하여는 있는 그대로 교육장소에서도 논쟁적으로 다루고, 3) 학습자의 수요, 즉 그들 자신의 이해(利害)를 따질 줄 아는 정치적 판단능력 · 행동방법의 배양에 초점을 맞추어야 한다는 보이텔스바흐 합의의 3대 원칙이 우리에게도 적용가능한 것이라는 데에는 이견이 없을 것이다.

여기에서 특히 살펴본 것은 그러한 방법적 합의를 넘어서 시민교육의 실질 내지 내용, 한계에 관한 것이었다. 아마도 공동체의 시민들이 합의한 기본가치를 담은 헌법이 다원주의사회에서 그나마 공유할 만한 최소한의 합의내용을 도출할 기초가 될 수 있다. 문제는 헌법도 해석의 대상이고, 해석의 다양한 가능성에 노출되어 있다는 점이다. 헌법으로부터 최소한의 기본적 합의내용을 도출하고 다시 이러한 내용을 해석함에 있어서 지도상(Leitbilder) 내지 기준이 될 만한 원칙들(Leitprinzipien)을 제시하는 것이 이 글의 과제였다. 그리하여 그 해석의 기준으로서 근대 입헌민주주의의 기본이념으로 돌아가서 인간, 즉 개인을 공동체에 앞선 출발점으로 보고, 그의 인격실현 내지 자아실현을 목적으로 설립된 공동체로서 국가를 바라보았다. 여기에서 헌법의 인간관, 즉 인간상은 인격적인 고유가치를 중심으로 공동체에 대하여도 일정한 책임을 지는 성숙한 민주시민이라는 것, 그리고 국가는 공화국, 민주주의, 법치국가, 사회국가 등의 헌법원리들에 기초하여 구성된다는 것을 밝혔다.

이러한 출발점에서 헌법을 검토한 결과, 인간의 존엄, 자율과 자유, 민주적 자치, 공화주의적 책임 등이 최소한의 합의로 확인되고 이러한 합의내용을 기초로 한 시민교육을 요구할 국민의 권리와 이를 실시할 국가의 의무도 헌법에서 도출하였다. 나아가 다원적 민주주의

를 기본으로 하면서도 일정한, 양보할 수 없는 기본가치, 예컨대 자유
민주적 기본질서를 정치적 투쟁으로부터 보호하는 제도를 두는 헌법
에서는 그러한 헌법적 수호의 보호법익에 어긋나는 내용은 시민교육
에서 긍정적으로 다룰 수 없는 한계로 이해하였다. 이어서 민주적 시
민교육의 기본틀을 형성하는데 참고하여야 할 몇 가지 기준을 제시
하는 것으로 글을 마무리하였다.

　마지막으로 현재 한국이라는 정치공동체가 처한 현실을 돌아보면
서 한 마디 덧붙이지 않을 수 없다. 한국이 1987년 민주화에 성공한
지 30년이 넘었다. 안타깝게도 한국의 민주주의에 있어서 민주주의
를 떠받치는 사회적 자본의 잠식 정도가 심각해 보인다. 미국 스탠포
드대학의 정치학자 프랜시스 후쿠야마는 민주주의를 정착시키는데
필요한 4가지 요소를, 1. 민주적 이데올로기로의 결단, 2. 정치적 제
도화, 3. 시민사회의 건강성, 4. 정치문화, 즉 민주적 시민문화의 수립
으로 들고 있다.[26] 이 요소들 중 한국은 특히 시민문화(civic culture)의
진흥에 아직도 성공하지 못하고 있는 것으로 보인다. 정치문화의 혁
신에 성공하지 못한 결과 정치제도도 기능왜곡현상 내지 부분적 마
비현상이 반복되고 있다. 그래서인지 국가의 구조적 틀을 바꿔보자
는 개헌담론이 반복하여 나타나는가 하면, '제2의 민주화운동'의 필요
성이 거론되기도 한다. 이미 성취한 민주주의의 민주화가 아니라 다
시 '제대로 된 민주주의'를 쟁취하기 위한 민주주의운동이 필요하다
는 것이다. 이는 '정치 민주화' 운동의 한계에 대한 진단으로 볼 수 있
을 것이다. 이제는 '사회 민주화' 운동의 단계로 나아갈 때가 아닌가

---

26) Francis Fukuyama, The Primacy of Culture, Journal of Democracy Vol. 6, Nr. 1 (January
　　1995), pp.7~14(8).

한다. 즉 민주주의의 정신과 가치를 사회 속으로 깊숙이 침투시켜서 국민일반에게 내면화시키지 않으면 그동안 획득한 수준의 민주주의조차도 지키기 어렵다는 반성이 긴요한 시점이다. 이러한 상황에서 민주주의 수호 및 발전 전략은 무엇보다도 시민교육에서 찾아야 할 것이다. 시민교육을 통한 정치문화의 혁신만이 한국 민주주의를 지키고 발전시킬 수 있는 길이다.

제2장

헌법실현의 조건으로서의 시민교육

김 선 택

(고려대 법학전문대학원 교수)

I. 한국의 헌법사와 헌법실패의 시리즈

한국의 헌법사는 20세기가 얼마나 끔찍한 세기였는지를 말해주는 리트머스 시험지 같다. 20세기에 인류가 경험한 온갖 고통이 한반도 위에서 순차적으로 발생하였기 때문이다.

20세기가 시작되자마자 제국주의세력(일본)의 침략을 받아 1910년부터 1945년까지 무자비한 식민지배를 받았다. 한국인들은 1919년 3월 1일부터 5월말까지 3개월에 걸쳐 전국적으로 대규모 시위를 일으켜, 독립의지를 대내외에 과시하였다. 세계 제1차대전을 갈무리하는 파리 평화회의에서 미국 대통령 우드로 윌슨(Woodrow Wilson)이 주창한 민족자결주의가 적용되어 해방될 식민지에, 한국도 포함시켜줄 것을 요구한 것이다. 3·1운동은 일본군대에 의하여 무자비하게 진압되었지만, 한국의 지도자들이 중국 상해로 망명하여 1919년 4월 11일 임시정부를 수립하고 임시헌법을 제정하는데 민주적 정당성을 제공해주었다. 이때 한국역사상 최초로 민주공화국이 건립되었다. 이 임시정부가 한국 정부의 뿌리가 된다는 법적 정통성을 현재의 한국 헌법은 명시적으로 규정하고 있다.[1]

1945년 제2차 세계대전의 종전과 동시에 한반도의 북위 38도선을 경계로 남쪽에는 미국군대가 북쪽에는 소련군대가 진주했다. 이는 당시 한반도에 주둔해있던 일본군대의 무장해제를 목적으로 한 '순-군사적인 점령'에 불과했지만, 결국은 남과 북 각각에 미국과 소련에

---

[1] 한국헌법 전문(Preamble): "유구한 역사와 전통에 빛나는 우리 대한국민은 3·1운동으로 건립된 대한민국임시정부의 법통과 불의에 항거한 4·19민주이념을 계승하고…"

가까운 정부가 수립되어 한국의 국토는 분단되고 말았다. 게다가 분단된 지 5년이 채 되지 않은 1950년 남북간 전쟁이 발생하기까지 하였다. 이 한국전쟁의 기억이 오늘날 한국인들의 의식 속에 북에 대한 근본적인 불신과 더불어 모든 이데올로기에 대한 혐오증·기피증을 초래했다. 또한 사상의 자유, 반대의 자유를 핵심적 구성요소로 하는 자유주의적 입헌주의가 제대로 뿌리내리기 어려운 환경이 조성되었다. 이것이 오늘날까지 한국정치를 특징짓는 적대와 대립의 정치의 원인이다.

1948년 38도선 이남에 수립된 한국정부는 대통령 1인 독재체제로 운영되었고, 1960년 4월 19일 학생들을 중심으로 한 시민들의 민주혁명에 의해서 붕괴되었다. 4·19 혁명에 의해 수립된 민주정부는 제대로 일을 해보기도 전에, 즉 1961년 5월 16일 군인들의 쿠데타로 다시 붕괴되었다. 쿠데타로 집권한 군부지도자는 그 후 18년간 독재하였고, 측근에 의해 권총으로 살해되었다. 이 살해사건의 수사책임자였던 다른 군인이 권력의 공백상태를 틈타서 집권에 성공하였고, 군사독재를 이어갔다. 1987년 군사독재에 항거한 시민항쟁이 대규모로 발생하였고, 결국 군인들이 굴복하여 새로운 헌법이 제정되었다.

1987년 헌법은 시작부터 불운하였다. 군사독재의 청산이라는 국민들의 열망을 저버린 정치인들의 분열과 군인정권의 공작이 다시 '민간복으로 갈아입은 군인'을 대통령으로 만들었기 때문이다. 5년 후 민간 정치인이 대통령이 되어 드디어 군인정치시대가 막을 내렸고, 다시 5년 후에는 여야간에 평화적으로 정권이 교체되는 등 오늘날까지 민간 정부가 이어져오고 있다.

그런데 새 헌법 하에서 여섯 번째로 당선된 대통령이 헌법이 정한 방식의 국정운영을 하지 않고, 놀랍게도 사적인 친분관계로 맺어진 외부인사에게 상당한 결정권력을 나누어준 정황이 드러났다. 그 외부인사와 연관된 다수의 부패혐의도 밝혀졌다. 이에 분노한 국민들은 촛불을 들고 노래를 부르며 평화적으로 진행되는 대규모 시위를 매 주말마다 전국적으로 열었고, 결국 국회에서 탄핵소추의결을, 헌법재판소가 탄핵심판에서 인용결정을 함으로써 그 대통령을 파면하기에 이르렀다. 질서있게 평화적으로, 무엇보다도 합법적으로 집권자를 권좌에서 끌어내린 한국역사상 초유의 일이었다. 탄핵제도라는 합법적 수단을 통하여 불법정권의 교체라는 혁명적 결과를 얻어낸 것이다. 이 사건은 한국의 민주주의를 벼랑 끝에서 구해낸 '법치주의의 위대한 승리'라고 평가할 수 있을 것이다. 2016~17년의 이 혁명적 사건을 한국인들은 자랑스럽게 '촛불혁명(Candlelight Revolution)'이라고 부르고 있다.

이러한 한국의 헌법사를 헌법의 시각에서만 보자면 실패의 연속으로 볼 수도 있을 것이다. 1919년 임시헌법은 국토가 이민족의 수중에 있었으니 제대로 시행될 기회가 없었다. 1948년 헌법은 민간 대통령 1인 독재체제로 운영되다가 1960년 4·19혁명으로 막을 내렸다. 4·19 혁명 헌법은 바로 다음 해(1961년)의 5·16 군사쿠데타를 막지 못했다. 5·16 군사쿠데타 이후 군사독재정부하의 헌법들은 칼 뢰벤슈타인(Karl Loewenstein)의 말 그대로 '장식적 헌법(semantische Verfassung)'의 범주를 벗어나지 못했다. 1987년 6·10 민주항쟁의 결과로 제정된 현행 헌법은 지금까지 32년 동안 7번 선거를 통하여 대통령을 바꾸었고, 여당과 야당간의 정권교체도 세 번이나 성공시켰으니 한국 헌법사에서 가장 성공한 헌법이라고 할 수 있다. 그러나 2017년 현직 대통령이 각종 비위사실로 탄핵 당한 사건을 보면, 헌법의 예방적 수호 기능이 제대로 작동하지 못한 것이 아닌가 의심되기도 한다. 반면에 그래도 현직 대통령을 헌법에 정한 절차에 따라 질서있게 퇴진시키고 새로운 대통령을 무사히 선출한 것을 보면 헌법이 제대로 작동하고 있다는 생각도 든다. 현행의 한국헌법이 성공인지 실패인지는 보는 관점에 따라 다를 수 있을 것이다. 어쨌든 현행 헌법은 칼 뢰벤슈타인의 의미에서 '규범적 헌법(normative Verfassung)'으로서 실제 유효하게 작동하고 있다고 평가해도 될 것이다.

II. 헌법실현의 조건

반복되는 '헌법의 실패(Constitutional failure)' 또는 '헌법의 위기(Constitutional crisis)'의 원인은 무엇일까? 헌법의 디자인 자체가 갖고 있는 구조적 결함이 문제일까? 헌법이 적용되는 현실, 즉 공동체의 사회경제적 조건이 자유민주적 헌법을 실현하기에 미흡한 수준이어서 문제일까? 또는 방향은 다르지만 모두 헌법의 수범자인 엘리트들과 시민들의 민주주의 내지 헌법과 관련한 인식에 문제가 있는 것일까? 권력에의 의지(Wille zur Macht)가 헌법에의 의지(Wille zur Verfassung)를 압도하는 후진적 정치문화가 문제일까? 아마도 – 각각 정도는 다르겠지만 – 전부 다 문제가 되지 않을까 싶다.

뵈켄회르데(E.-W. Böckenförde)는 "세속화된 자유국가의 헌법은 자신이 보장할 수 없는 조건들에 의하여 생명을 유지한다(Der freiheitliche, säkularisierte Staat lebt von Voraussetzungen, die er selbst

nicht garantieren kann)."는 이제는 너무나 유명해진 말(Böckenförf-
des Diktum)을 한 바 있다.[2)3)] 이 말(Diktum)은 통일적인 종교적 세계
관으로부터 벗어난, 즉 세속화된, 국가가 자신의 헌법의 규범력을 유
지하기 위하여는 다른 의지할 무언가가 필요하다는 것이다. 전통적
인 국가적 강제수단에 의존하게 되면 자유를 훼손할 우려가 있기 때
문에, 결국 개인의 도덕성(Moralität)이라든가 사회의 동질성(Homo-
genität)과 같은 실질적인 가치에 의존하여야 한다는 것이 취지이다.

　여기에서 바이마르의 경험이 우리에게 교훈을 준다. 공화주의자
없는 공화국(republic without republican), 민주주의자 없는 민주주의
(democracy without democrat)라고 조롱받았던 바이마르 실험은 실
패로 끝나고 말았기 때문이다. 1960년~1961년, 1979년~1980년, 1987
년~1988년의 한국 민주주의 실험의 연속적인 실패 경험도 크게 다르
지 않았다. 정치지도자들의 분열과 시민들의 집중력의 부족, 무엇보
다도 민주주의 전통의 결여가 민주주의를 실패로 이끌었던 것이다.

　그러나, 다른 한 편으로는, 헌법의 제도적인 결함이나 그러한 결함
이 있더라도 이를 헌법적 관례(Constitutional convention)로써 보완하

---

2) '뵈켄회르데의 딜레마', '뵈켄회르데의 패러독스'라고도 불리는 이 말은 1964년 Ebrach에서 행한 강
연에서 처음 나왔고, 1967년 간행된 Ernst Forsthoff 교수의 65세 생신기념논문집에 처음 게재되었
다. E.-W. Böckenförde, Der Entstehung des Staates als Vorgang der Säkularisation, in: Sä
kularisation und Utopie. Ebracher Studien, Ernst Forsthoff zum 65. Geburtstag. Stuttgart, W.
Kohlhammer iedrich von Siemens Stiftung, Bd. 86), München, 2007, S. 43-72에도 게재되었다.

3) "Der freiheitliche, säkularisierte Staat lebt von Voraussetzungen, die er selbst nicht garan-
tieren kann. Das ist das groβe Wagnis, das er, um der Freiheit willen, eingegangen ist. Als
freiheitlicher Staat kann er einerseits nur bestehen, wenn sich die Freiheit, die er seinen
Bürgern gewährt, von innen her, aus der moralischen Substanz des einzelnen und der Ho-
mogenität der Gesellschaft, reguliert. Anderseits kann er diese inneren Regulierungskräfte
nicht von sich aus, das heiβt mit den Mitteln des Rechtszwanges und autoritativen Gebots
zu garantieren suchen, ohne seine Freiheitlichkeit aufzugeben und - auf säkularisierter
Ebene - in jenen Totalitätsanspruch zurückzufallen, aus dem er in den konfessionellen Bü
rgerkriegen herausgeführt hat."

면서 국정을 운영했어야 하는 엘리트들의 부패가 더 큰 문제였을 수도 있다. 바이마르의 경우에 있어서도 – 물론 2019년에 100주년을 맞아 새로운 평가가 많이 나오기도 했지만 – 바이마르헌법 디자인상에 치명적인 결함이 있었다는 고백이 독일 학계에 널리 유포되어 있다. 내각에 대한 불신임제도에 제한을 두지 않은 것이라든가, 공화국대통령에게 긴급 독재권력이 부여된 것 등이 그 예이다. 한국의 역대 헌법에 있어서도 대통령의 긴급권한의 남용은 악명이 높았다. 무엇보다 한국의 정부형태가 이른바 '제왕적 대통령제(Imperial presidency)'라고 하는 오명은 오늘날에도 야당과 시민세력의 단골 비판메뉴이다. 정치지도자들의 부정부패 문제는 어제 오늘의 일이 아니라, 고질적인 병폐이다.

따라서 헌법실패의 책임을 국민 일반의 인식부족·교양부족으로만 돌리는 것은 진실을 가릴 위험이 있다. 미국의 3대 대통령 제퍼슨(Thomas Jefferson)은 다음과 같이 말했다: "사회의 최고권력의 저장소로서 인민 자신들 외의 안전한 장소가 있는지 나로서는 모르겠다. 우리가 인민들이 건전한 분별력을 가지고 자신들이 가진 권력을 행사할 수 있을 만큼 충분히 계몽되어있지 않다고 생각한다면, 그 구제책은 그들로부터 그 권력을 빼앗는 것이 아니라 그러한 분별력을 함양시키는 것이어야 한다. 이것이야말로 헌법적 권력의 남용에 대한 진정한 구제책이다."[4] 누구든지 민주공화국의 국적을 획득하는 것으

---

4) "I know no safe depository of the ultimate powers of the society but the people themselves; and if we think them not enlightened enough to exercise their control with wholesome discretion, the remedy is not to take it from them, but to inform their discretion by education. This is the true corrective of abuses of constitutional power." Thomas Jefferson – Letters to William Charles Jarvis (September 28, 1820).

로 국가권력을 보유하는 주권자의 자격을 얻게 되지만, 그러한 주권을 행사하는데 필요한 자격, 곧 '시민'이 되는 것은 아니다. 독일의 연방대통령 슈타인마이어(Frank-Walter Steinmeier)가 2019년 2월 6일 바이마르 공화국 국민의회 개원 100주년 기념연설에서 강조한 바 있는 것처럼, 특히 참여를 지향하는 공화주의정신이야말로 오늘날 후퇴하고 있는 민주주의에 대한 좋은 구제책이 될 수 있을 것이다.

조금 더 넓은 지평에서 보자면, 21세기의 시대상황은 매우 위태롭게 보인다. 2018년 Freedom House 연례보고서에 따르면 지난 13년간 연속하여 전 세계적으로 자유가 후퇴하고 있으며, 이제는 "민주주의가 후퇴하고 있다(Democracy is in retreat)"는 명제 자체를 더 이상 다툴 수 없게 되었다.[5] 세계 곳곳에서 자유주의적 입헌민주주의는 도전에 직면해있다.[6] 최근 현상이 과거 어느 때보다도 우려되는 점은, 그동안은 그 자체에 대하여는 의문이 제기되지 않고 다만 실현의 정도에 초점이 맞추어져 있었던 자유민주주의 자체에 대한 신뢰마저 흔들리고 있다는 것이다. 자유민주주의 실험에 실패한 일부 국가의 독재자들(소위 strongmen)이 비자유민주주의(illiberal democracy)가 하나의 대안인 것처럼 주장하고 있다. 러시아나 중국 같은 전통적인 권위주의 국가들은 국제 지정학적 지위(일종의 헤게모니)를 회복해가고 있다. 심지어 자유민주주의가 정착된 미국에서마저도 '민주주의의 위기' 내지 '헌법의 위기'가 일상적으로 논의되고 있고 급기야

---

5) Nate Schenkkan/Sarah Repucci, The Freedom House Survey for 2018: Democracy in Re-treat, Journal of Democracy, Vol. 30, Nr. 2 (April 2019), pp. 100–114 (p. 100).

6) 이러한 위기상황에 대하여 학자들은 적절한 용어를 고안하여 포착하고자 애쓰고 있다. retreat, retrogression, backsliding, decay, constitutional rot, constitutional crisis, constitutional capture 등 다양하지만, 헌법이 설계한 각종의 제도들이 제 기능을 다하지 못하는 현상을 지적한다는 점에서는 같다.

2019~20년 '권력남용'을 이유로 대통령(Donald John Trump)에 대한 탄핵이 시도되었다. 이처럼 전 세계에 걸쳐서 포퓰리즘과 권위주의가 결합하고 있고(populist authoritarianism), 입헌주의가 오·남용되고 있다(abusive constitutionalism).

촛불혁명으로 민주주의의 후퇴를 저지하는데 일단 성공한 한국의 경우 전세계적인 흐름과 좀 다른 패턴으로 가고 있는 듯 보이기는 한다. 그런데 북한 핵문제로 지역내 안보상황이 불안정한데다가, 촛불혁명으로 드러난 국민의 체제개혁 요구는 지지부진하고 큰 성과가 없는 상태이다. 정치체제 자체를 일신할 헌법개정에 실패하였고, 법률차원의 개혁프로그램들도 극히 일부만이 국회를 통과하였다. 촛불혁명으로 집행부를 바꾸는데 성공한 국민과 새 정부가 헌법개정과 법률개혁을 통해 자유민주주의를 공고히 할 기회가 거의 소진된 상태라고 해도 과언이 아닐 것이다. 지금의 이 답답한 정체상황이야말로 한국에서의 자유민주적 입헌주의 실현에 있어서 가장 심각한 도전이라고 할 수 있다. 물론 '아직 다 가지 않은 길'이 여전히 남아있으니, 희망을 버릴 수는 없다.

III. 헌법디자인의 선택
(Constitutional design choice)

헌법이 가장 잘 지켜지도록 하는 방법은 헌법이 스스로 잘 작동하도록, 즉 내장된 권력이 자의적으로 오·남용되지 않도록 처음부터 디자인을 잘 하는 것이다. 헌법의 본래적인 임무는 정부를 구성하는 것이다. 예컨대 독일은 의원내각제를, 한국은 대통령제를 기본모델로 정부를 구성하고 있다. 역사적으로 보면 이 두 모델 중 어느 것이 더 낫다고 단언하기는 어려울 것이다. 한국에서는 의원내각제 또는 이원정부제(半대통령제 semi-presidentialism)로 정부형태를 변경하자는 주장이 계속되어 왔다. 그러나 정당제도나 선거제도를 동시에 개혁하는 정치체제의 전면적 개혁 없이 정부형태 자체만을 변경하는 것으로는 기대한 성과를 거두기 어려울 것이다. 물론 한국에서도 독일식의 비례대표 선거제도를 도입·운영하기 위한 노력이 진행되고 있고, 다당제 정당제 실험도 진지하게 이루어지고 있다. 다만, 현재의 정부와 여당은 정부형태를 변경하는데 관심을 보이지 않고 있으므로, 헌법개정이 이뤄진다고 하더라도 의원내각제 등이 바로 도입되지는 않을 것으로 보인다.

행정부나 의회에 비하여, 덜 위험한 기구가 사법부인 것은 맞다.[7] 그런 이유로 사법권의 우위(Supremacy of Judicial Power)를 인정하는 식으로 법원 내지 헌법재판소를 강화하는 헌법 디자인이 있을 수

---

7) Alexander M. Bickel, The Least Dangerous　Branch. The Supreme Court at the Bar of Politics (1962), 2.ed. 1986.

있다. 실제로 세계 제2차대전 이후 1950년대 초 독일에서, 그리고 1987년 6·10 민주항쟁 후 한국에서 각각 광범위한 권한을 갖는 헌법 재판소를 도입하여 큰 성공을 거두었다. 무엇보다도 헌법재판의 제 도화가 헌법을 '살아있는 법'으로 만들어주었다. 한국의 헌법재판소 는 1988년 설립 후 30년 동안, 헌법이 실제로 권력을 통제하고 국민의 기본권을 보장하는 것을 한국인들에게 체험시켰다. 2017년 3월 10일 TV 생중계로 진행된 현직 대통령에 대한 탄핵선고는[8] 국민들에게 헌 법(과 헌법재판소)의 위엄을 보여준 커다란 이벤트였다. 독일에서와 마찬가지로 한국에서도 헌법재판소는 모든 국가기관 가운데 국민으 로부터 가장 많은 신뢰와 사랑을 받는 기관이 되었다.

또한 최근 동유럽의 일부 국가(대표적으로 Hungary, Poland 등)에 서 민주주의를 후퇴시키면서, 법원과 헌법재판소에 대한 대대적인 공 격이 이루어졌다. 이렇게 보면 마치 헌법재판소와 민주주의가 상보 적 관계(또는 sine qua non관계)에 있는 것으로 보인다. 그런데 잘 살 펴보면 과연 헌법재판소가 민주주의의 – 최종적인 – 수호자일 수 있는가 하는 문제가 제기될 수 있다.[9] 실제로는 헌법재판소가 민주주 의를 수호하려면, 우선 민주주의가 제대로 작동하고 있어야 하기 때 문이다.[10] 민주주의가 헌법재판소를 지켜주고 있는 동안은 헌법재판 소가 민주주의를 위하여 용기를 낼 가능성이 있지만, 민주주의가 일

---

8) 헌재 2017.3.10. 2016헌나1.

9) Jack M. Balkin 교수는 미국에서도 법원(연방대법원)이 그가 명명한 'constitutional rot' 문제의 해 결책이라기보다는 그러한 문제의 일부가 되었다고 비판하기도 한다. Jack M. Balkin, Constitutional Rot Reaches the Supreme Court, Oct. 6. 2018. (Blog posting); Jack M. Balkin, Constitutional Crisis and Constitutional Rot, in: Mark Graber/Sanford Levinson/Mark Tushnet (ed.), Constitutional Democracy in Crisis? (OUP 2018), pp. 13-28도 참조.

10) 윤정인/김선택, 헌법재판소는 민주주의의 수호자인가, 공법학연구 제16권 제1호 (2015), 한국비교공 법학회, pp. 135-162.

단 파괴된 후에는 그 파괴자에 대해서까지도 헌법재판소는 여전히 '가장 덜 위험한 기구'로 남아있게 된다는 것이 역사적 진실이다.

법원에 대하여는, 사법권의 독립을 철저히 보장하는 식으로 헌법을 디자인하는 것이 법치주의를 실현하기 위한 기본적 사항이라고 할 것이다. 헌법의 텍스트 차원에서는 대체로 무난하게 디자인되어 있는 것처럼 보인다. 그러나 법률 차원으로 가 보면 한국의 법원조직의 디자인은 사법행정권을 법원의 장, 특히 대법원장에게 집중시키고 있는 등 사법권의 독립을 지키기 어렵게 되어있다는 평가가 불가피해 보인다. 뿐만 아니라 최근에는, 법원이 지난 정부 시기에 행정부와 사법행정뿐만 아니라 재판업무와 관련하여서도 모종의 비밀거래를 하였다는 의혹이 불거졌다. 그 결과 관련 당사자에 대한 징계 및 형사처벌과 더불어, 사법행정영역을 재판영역과 분리하여 법원과 별도의 기구에 맡기는 헌법 – 내지 법률의 – 디자인이 활발히 논의되고 있는 중이다.

자유민주적 헌법질서를 수호하기 위한 헌법디자인의 모범은 역시 독일 기본법일 것이다. 주지하는 바와 같이 독일 기본법은 방어적 민주주의(Wehrhafte Demokratie)의 기치 아래, '자유민주적 기본질서(die freiheitliche demokratische Grundordnung)'를 보호법익으로 하는 수많은 제도적 장치들을 기본법 안에 장착시켰다. 기본권실효제도(Art. 18 GG), 위헌결사 금지제도(Art. 9 Abs. 2 GG), 위헌정당 금지제도(Art. 21 Abs. 2 GG) 등이 대표적인 예이다. 실제에 있어서는, 독일 연방헌법재판소는 50년대에 두 건의 정당금지 판결을 선고한 외에는 50년이 넘도록 위헌정당해산제도를 실무적으로 가동하지 않았다. 2017년 1월 17일 독일민족민주당(NPD)에 대하여 위헌성을 확인하면서도 금지를 선고하지 않은 것을[11] 보면 극도로 자제하고 있는 것으로 보인다. 반면에 한국의 헌법재판소는 헌법 제8조 제4항에 규정된 위헌정당해산제도를 적용하여 2014년 12월 19일 진보적인 이념을 가진 정당(통합진보당)을 해산하였다.[12] 독일의 특수한 역사적 배경에서 태어난 방어적 민주주의가 그대로 다른 나라에 이식될 수는 없는 일이고, 실제로 한국 헌법의 경우도 독일과는 정반대로 과거 독재정권이 행정처분으로 정당(진보당)을 해산시킨 것에 대한 반성으로, 정당보호를 주목적으로 하고 예외적으로 정당해산이 아주 엄격한 조건 하에서만 가능하도록 제도화한 것에 불과했다. 어쨌든, 정당해산제도와 같은 비민주적인 성격을 갖는 민주주의 보호수단을 디자인하는 데는 더 많은 주의를 기울여야 한다는 교훈을 주었다고 생각한다.

마지막으로 최근 세계 헌법학계에서 활발하게 논의되고 있는 헌법개정의 한계를 설정하는 헌법 디자인이 있다. 독일 기본법의 경우 이미 제79조 제3항에 이른바 영구성조항(Ewigkeitsklausel)을 두어 일정한 헌법적 가치를 헌법입법자도 개정할 수 없도록 고정시켜 놓았다. 한국 헌법에는 이러한 실정법적 헌법개정한계조항은 없다고 보는 것이 일반적인 견해이다. 다만, 한국헌법 제128조 제2항에서 "대통령의 임기연장 또는 중임변경을 위한 헌법개정은 그 헌법개정 제안 당시의 대통령에 대하여는 효력이 없다."는 묘한 텍스트가 발견된다. 한국의 헌법사에서는 권력자가 자신의 집권기간을 연장하기 위하여 무리하게 헌법을 개정하는 일이 반복되었기 때문에 이를 막기 위하여 도입한 조항이다. 한국 헌법은 제70조에서 "대통령의 임기는 5년으로

---

11) Urteil vom 17. Januar 2017, 2 BvB 1/13.
12) 헌재 2014.12.19. 2013헌다1.

하며, 중임할 수 없다."고 규정함으로써, 대통령 단임제를 명시하였다. 최근에도 아프리카나 라틴아메리카 지역을 중심으로 빈번히 발생하고 있는 대통령의 임기제한(term limit) 문제를 한국 헌법에서는 엄격한 대통령 단임제로 디자인함으로써 해결한 것이다. 이 조항이 지난 30여년간 한국에서 평화적인 정권교체, 그것도 여당과 야당 간에 정권교체를 가능하게 해준 것으로 볼 수 있다. 한국헌법 제128조 제2항은 집권자에게 헌법개정을 통한 집권연장이라는 야심을 포기하도록 하는 디자인으로서 그동안 성공적으로 제 역할을 다해온 셈이다. 그런데 대통령 단임제도가 여러 가지 문제가 있다고 하면서, 대통령 중임제 도입을 추진하는 세력이 있다. 물론, 대통령 임기조항이 실질적인 가치조항으로서 헌법개정의 실질적 한계를 구성한다고 보기는 어렵다. 그러나, 헌법 제128조 제2항의 빗장을 풀어버리고 대통령 임기조항을 변경할 경우 그것이 어떠한 결과를 초래할지 심각하게 따져볼 필요가 있다.

IV. 시민교육에 있어서 헌법애국주의(Verfas-sungspatriotismus)의 과제

어떠한 정치공동체이든 자기가 선택한 체제모델에 적합한 주체 없이는 존속할 수 없다. 절대군주제에는 타율적이고 복종적인 신민이, 민주공화국에는 자율적이고 참여적인 시민이 그 주체로서 요구된다. 한국은 개인의 존엄과 자유를 기본가치로 하고, 국민의 의사에 따른 정치형성을 필수로 하는 국가형태를 채택하고 있다. 따라서 기성의 체제에 순응하기만 하면 되는 추종자가 아니라, 스스로 의사를 형성하고 자신의 의사를 국가의 의사에 반영하려고 경쟁하는 자율적·자치적 시민이 요구된다. 이러한 시민을 양성하는 '시민교육'은 국민 개인에게도 국가 공동체에게도 생존조건이라고 볼 수 있다. 자유민주주의 체제가 유지되는 한 시민양성이라는 목표는 계속 유지될 수밖에 없다.

그런데, 오늘날 시민교육을 둘러싼 환경이 급격히 변화하고 있다. 사회경제적·인구학적·기술적 환경의 변화가 시민교육의 목표에도 미묘한 변화를 일으키고 있고 방법적으로도 변화가 요청되고 있다. 사회경제적으로 보면, 정치적이든 경제적이든 양극화가 갈수록 심화되고 있어 중간영역이 엷어져 가고 있고, 과거와는 전혀 다른 성장배경을 가지고 있는 젊은 국민들의 욕구체계가 달라지고 있으며, 디지털기술의 발달로 정보의 양과 질이 근본적으로 달라지면서 의사소통방식도 혁명적으로 바뀌고 있다. 결국 교실에서 대면한 상태로 일정한 지식을 주입하고 시험을 봐서 평가하는 전통적인 교육방식이 오늘날의 정보혁명을 따라가는 것은 이제 거의 불가능한 일로 보인다. 소위 fake news가 범람하는 상황에서, 올바른 정치적 판단을 하는 것이 갈수록 어려워져 가고 있다. 독일의 정치교육에 적용되어온 1976년의 보이텔스바흐 합의(Beutelsbacher Konsens)는 오늘날에도 여전히 적용가능한 것으로 보이지만, 새로운 환경에 맞게 보완될 필요가 있을 것으로 보인다.

형식과 방법에 대한 것을 넘어서 실질적인 가치적 구속을 설정하는 것은 어렵기도 하고 위험하기도 하지만, 그렇다고 모든 판단을 정지할 수밖에 없는 가치의 무정부상태로 국민들을 방치해서는 안될 것이다. 정치에 있어서의 기본가치 합의로서 자유민주적 기본질서를 인정하듯이, 시민교육에 있어서도 공유되어야 하는 최소한의 합의(Minimalkonsens)가 인정되어야 한다. 시민교육이 정치의 주체로서의 자격을 함양하는 것이라면 이러한 최소합의도 결국 자유민주적 입헌주의의 기본적 가치, 즉 자유민주적 기본질서의 구성요소를 가리킬 수밖에 없다. 인간의 존엄, 법치주의의 핵심요소, 민주주의의 핵심요소가 그 목록을 구성하게 될 것이다. 나아가 그러한 가치합의를 단순히 내면에 수용하는 정도로써 충분한 것이 아니라, 예외적이기는 하지만 불가피한 경우에 그러한 가치합의를 파괴하려고 하는 기도에 대하여 맞설 수 있는 투쟁적인 의지(der militante Wille zum Wertkonsens)까지도 갖추게 할 필요가 있다.

시민교육에 전제되는 최소한의 가치합의에 있어 유의해야 하는 것은 그것이 내용적으로도 완전하게 확정되어 있고 그 서열도 영구적으로 고정되어 있어야 한다는 완고한 선입견을 가질 필요는 없다는 점이다. 자유민주주의의 가장 큰 장점인 다양한 가치관에 대한 관용이라는 헌법가치를 언제나 우선적으로 고려한 다음에, 과연 해당 사안이 그러한 관용의 한계를 넘는 극단적인 카테고리에 해당하는 것인지를 신중하게 판단하여야 하기 때문이다. 시민교육에서 불관용의 한계는 관용의 지평을 넓혀감으로써만이 지속적으로 정당성을 획득할 수 있다.

입헌 민주주의의 미래는 헌법적 시민(Constitutional Citizen)에게 달려 있고 이들의 육성은 헌법정신, 헌법가치와 함께하는 시민교육의 임무이다. 헌법적 시민이란 헌법적 가치를 내면화하고, 헌법이 요청하는 시민적 권리와 의무를 행사함으로써 국가를 시민화하는 사람

들을 말한다. 스멘트(Rudolf Smend)가 말한 바 소명(Beruf)으로서 -
정치적 - 기본권을 받아들이는 적극시민 (Aktivbürger)을 얼마나 길
러낼 수 있느냐에 자유민주주의의 사활이 걸려있다. 민주공화국의
주체인 시민들로부터, 헌법애국주의(constitutional patriotism)[13] 내지
민주적 애국주의(democratic patriotism)가 누스바움(Nussnaum)이 말
한 '품위있는 또는 순화된 애국주의(a decent or purified patriotism)'[14]
의 형태로 발현되도록 시민교육을 발전시켜 나간다면 자유민주적 입
헌주의를 지켜낼 수 있으리라 믿는다.

V. 맺음말

오늘날 자유민주주의에 기반한 입헌주의를 위협하고 있는 반자유
주의(illiberalism), 권위주의(authoritarianism), 포퓰리즘(populism)의
거친 파도에 맞서서, 시민교육과 시민참여를 통하여 자유민주적 입헌
주의를 지키려고 하는 반대물결도 꾸준하게 이어지고 있다. 위에서
살펴본 대로 우리 시민들이 헌법디자인을 선택함에 있어서도, 시민교
육을 실시함에 있어서도 자유민주적 입헌주의가 원활하게 기능하도

---

13) Dolf Sternberger, Verfassungspatriotismus, Frankfurter Allgemeine Zeitung, 23 Mai 1979;
Sternberger는 1982년 투칭 정치교육 아카데미 25주년을 기념하여 'Verfassungspatriotismus'
를 제목으로 강연을 하였으며, 헌법애국주의가 정치교육의 모토(Stichwort)이기도 하다고 말한 바 있
다. 이 강연 원고는 아카데미 기념논문집과 1982년 8월 31일자 Frankfurter Allgemeine Zeitung
에 게재되었다; 이 두 원고는 Dolf Sternberger, Verfassungspatriotismus, Insel Verlag 1990
의 S. 13-16과 S. 17-31에 다시 실렸다; Jan-Werner Müller, On the Origins of Constitutional
Patriotism, in: Contemporary Political Theory, Vol. 5, 2006, pp. 278-296도 참조.

14) Martha Nussbaum, Can there be a "Purified Patriotism?, 2008년 8월 25일 고려대학교 강연
원고.

록 하는데 목표를 두어야 할 것이다. 이러한 의미에서 '시민교육은 헌법실현의 조건'이라고 말할 수 있다.

"시민들에게 헌법을 주기 전에 그 헌법을 위하여
시민들을 만드는 것부터 시작하여야 한다."
- 프리드리히 실러

"Wir müssen damit anfangen, für die Verfassung Bürger zu erschaffen,

ehe man den Bürgern eine Verfassung geben kann."

- Friedrich Schiller

제3장

헌법의 인간상과
시민교육의 방향

윤 정 인

(고려대 법학연구원 연구교수)

Ⅰ. 민주주의의 위기
- 인간본성과 헌법적 인간상의 갈등?

현재, 전 세계의 민주주의와 입헌주의적 헌법질서는 요동치고 있다. 18세기 후반에서 20세기 초 혁명의 시대를 거치면서, 자유주의와 민주주의, 공화주의 이념은 헌법질서의 핵심이 되었다. 100년 전인 1919년 바이마르와 상해에서는, 전제군주정의 신민들을 공화국 시민으로 변화시킨, 독일과 한국의 최초의 공화국 헌법이 탄생하였다. 인간의 삶의 조건과 정치적 자유가 인류사에 유례없이 발전한 20세기와 21세기를 거치면서, 자유롭고 민주적인 정치체제는 인간이 형성해온 정치질서 발전의 마지막 단계로 여겨졌으며, 심지어 "역사의 종말"이 이야기되기도 하였다.[1]

그러나 21세기에 들어서면서, 민주주의의 위기현상이 세계 도처에서 발생하고 있다.[2] 90년대 초 민주주의로 이행했던 국가들 중에 권위주의적 독재체제로 복귀하는 경우도 나타나고 있으며,[3] 수세기 동

---

1) Francis Fukuyama는 그의 저서 "The End of History and the Last Man"에서 냉전이 종식되면서 민주주의 체제야말로 그와 대립되는 정치적 이데올로기와의 경쟁에서 승리한, 역사적으로 최종적인 정치체제라고 보면서, 더 이상 역사적 발전을 가져올 정치적 이념적 투쟁은 없을 것이라고 보았다. Francis Fukuyama, The End of History and the Last Man, Free Press, 1992.

2) 이와 관련한 수많은 연구들이 헌법학계에서 쏟아져 나오고 있다. Mark A. Graber/ Sanford Levinson/ Mark Tushnet (ed.), Constitutional Democracy in Crisis?, Oxford University Press, 2018; Tom Ginsburg/ Aziz Z. Huq, How to Save a Constitutional Democracy, University of Chicago Press, 2018; Jacques Rupnik, "Is East-Central Europe Backsliding? From Democracy Fatigue to Populist Backlash", 18 Journal of Democracy (October 2007) 17.

3) Alexander Cooley, "Authoritarianism Goes Global: Countering Democratic Norms", 26 Journal of Democracy (July 2015) 49; Wojciech Sadurski, Poland's Constitutional Breakdown, Oxford University Press, 2019; Peter Wilkin, Hungary's Crisis of Democracy:

안 민주적 헌정체제와 자유민주주의의 이상을 전세계에 전파해온 미국에서도 많은 이들이 '민주주의의 퇴조(democratic backlash)' 내지 '민주주의의 침식(democratic erosion)'을 걱정하고 있다.[4] 정치적 극단주의자들이나 포퓰리스트 정치인들이 국민들의 열렬한 지지를 받아 세력을 얻고, 민주적 선거를 통해 집권하는 현상도 발생하고 있다.[5] 그들은 대화와 타협을 통한 정치 보다는, 반대세력이나 소수집단에 대하여 폭력적, 대결적 언어를 거침없이 사용하고, 정치적 문화적 소수자에 대하여 혐오발언을 서슴치 않거나, 자민족 중심주의 입장에 기반하여 이민자들에 대한 폭력을 조장하거나 박해하는 정책을 시행하기도 한다. 인류가 오랫동안 합의하고 지켜온 가치들이 위협받고 있는 것이다.

우리는 기본인권의 보장과 민주적 정치체제를 기초로 하여 형성된 헌법을 가지고 있지만, 이전에 미처 예측하지 못하였던 혹은 해결하기 어려운 헌법질서의 위기상황에 직면한 것이다. 이는 헌법의 결함 때문인가, 헌법을 잘못 운영한 우리의 탓인가? 아니면, 근본적으로 헌법에 담긴 인간의 자기이해가 잘못된 탓일까? 다시 말하면, 헌법이 전

The Road to Serfdom, Lexington Books, 2016; Vladimir Gel'man, Authoritarian Russia: Analyzing Post-Soviet Regime Changes, University of Pittsburgh Press, 2015.

4) 대표적으로, Cass R. Sunstein, Can It Happen Here? : Authoritarianism in America, Harper Collins, 2018; Timothy Snyder, On Tyranny: Twenty Lessons from the Twentieth Century, Bodley Head, 2017.

5) 최근 포퓰리즘의 부상에 따른 세계적인 문제상황을 개관할 수 있는 문헌으로, Crist bal Rovira Kaltwasser/Paul Taggart/Paulina Ochoa Espejo/Pierre Ostiguy (eds.), The Oxford Handbook of Populism, Oxford University Press, 2017; Eatwell Roger/Matthew Goodwin, National Populism: The Revolt Against Liberal Democracy, Pelican, 2018; Benjamin Moffitt, The Global Rise of Populism: Performance, Political Style, and Representation, Stanford University Press, 2016; Hanspeter Kriesi/Takis S Pappas (eds.), European Populism in the Shadow of the Great Recession, ECPR Press, 2016.

제로 하고 있는 인간상 자체가 인간의 본성으로부터 너무나 멀거나 이질적인 탓일까? 자유로운 공기와 민주주의를 체험하고도 민주적 선거를 통해 비민주적 속성을 가진 권위주의적 독재자를 기꺼이 선택하는 것이 인간의 본성이라면, 그러한 '인간'을 제대로 반영하지 못하고 있는 자유주의 헌법의 인간상은 허구적이며 도달불가능한 신기루였을까?

II. 인간의 본성, 인간상, 그리고 헌법의 인간상

'인간상(Menschenbild)'이란, 구체적인 개인의 모습을 묘사하는 것이 아니라, 인간의 본성 내지 본질적 특징에 대한 총체적이고 개괄적인 모습(Erscheinung) 내지 인상(Eindruck)을 의미한다.[6] 나아가 인간상이라는 개념은 그러한 상(image)을 묘사하는데 그치지 않고, 특정한 목표에 지향되어 인간으로서 갖추어야 할 이상적인 이미지를 함축한다. 예컨대 종교학이나 신학에서 말하는 인간상은, 특정한 종교공동체 내에서 이상적으로 그리고 있는 전형(epitome)으로서의 인간을 의미한다. 이처럼 인간상은 '인간의 조건(Verfassung des Menschen, conditio humana)'에 대한 기술적 측면뿐만 아니라 그것을 넘어, 어떻게 결정하고 행위하는 인간이어야 하는지에 대한 규범적 측면까지 포괄한다. 그렇다면, 법에 있어서의 인간상, 특히 헌법에 있

---

6) Ulrich Becker, Das ‚Menschenbild des Grundgesetzes' in der Rechtsprechung des Bundesverfassungsgerichts, Duncker & Humblot, 1995, S. 20 및 각주 1과 2에 소개된 문헌들 참조.

어서 인간상은 어떤 의미를 지니는가?

우선, 위에서 말한 '인간의 조건'을 설명하기 위하여 '인간의 본성(Human Nature)'에 대해 생각해볼 필요가 있다. 인간의 본성은 인간이 자연적으로 가지고 태어난 속성으로서, 외부적 요인으로부터 독립되어 인간 안에 독립적으로 존재하고 있는 인간의 본질적 특성을 의미한다. 즉 인간의 본성이란 인간 안에 내재되어 있는 인간의 본래적 특성을 의미하는데, 시대를 초월하여 모든 인간에게 보편적으로 적용되는 속성이란 것이 존재하는지, 그것이 무엇인지에 대하여는 쉽게 말할 수 없는 문제이다. 다만, 인간의 본성이 무엇이고 어떻게 다루어야 할지에 대하여는 다양한 인식론적 기초 위에서 다루어져 왔다. 각 학문분과에 따라 서로 다른 학문적 관심사와 탐색방법을 가지고 '인간의 본성'을 규명하고자 하였는데, 특히 정치학, 윤리학, 신학, 철학의 관점에서 이는 가장 오래 다루어져 온 주제이다. 예컨대 인간이 본래 자유와 민주주의에 친화적인가 아니면 지배와 복종에 친화적인가, 인간은 어떤 메커니즘에 의해 사고하고 행동하는가, 인간은 어떤 욕망에 가장 강하게 지배받는가, 인간은 얼마나 정치적이고 얼마나 비정치적인가 등이 다양한 방식으로 탐색되어 왔다. 그렇다면, 법학의 영역에서는 인간의 본성에 대하여 어떤 질문을 던지며 접근하여야 할까?

'법에 있어서의 인간상(Menschenbild im Recht)'은 법이 인간을 어떻게 바라보느냐이다. 법은 인간이 인간사회를 규율하기 위하여 제정하는 규범으로서, 당대의 법은 그 시대의 법이 인간을 어떻게 바라

보는지를 반영한다.[7] 따라서 법에 있어서의 인간상은 법이 인간의 본성(인간존재의 본질적 특성)을 어떻게 파악하느냐와 밀접하게 관련을 가지면서도, 시공을 초월하는 인간의 본성 그 자체를 의미하지는 않는다. 법에 있어서의 인간상이야말로, 구체적이고 현실적인 인간을 그대로 모사하거나 인간존재의 중층적, 복합적, 다차원적 측면을 흠결없이 포착하고자 하는 것이 아니다. 오히려, 법의 실현을 위하여 어떤 규범적인 이상적인 인간표준을 생성하는 것이기 때문이다. 따라서 법에 있어서 인간상은 '인간의 본성에도 불구하고' 상정된, 어떤 규범적(당위적) 인간의 모습이다.

그렇다면, 한층 더 들어가서 '헌법에서의 인간상(Menschenbild in der Verfassung)' 내지 헌법적 인간(Menschen der Verfassung)은 무슨 의미일까? 헌법(에서)의 인간상이란, 인간이 정치공동체로서의 국가와의 관계에서 어떤 지위에 놓이고, 어떻게 관련을 맺는지에 대한 것이며, 헌법을 실현하기 위하여 요구되는 인간의 조건을 의미할 것이다. 헌법을 실현하는데 부합하는 이상적인 인간의 모습으로서 '헌법의 전제'이자, 그 헌법을 통해 지키고자 하는 이상적인 인간이라는 측면에서 '헌법의 목표'라고도 할 수 있다. 따라서 한 공동체 안에서 기존의 헌법과 정체성을 달리하는 새로운 헌법이 성립하거나, 헌법의 기본정신이 혁명적으로 변화할 때에는 그 헌법의 인간상도 달라질 수 있다. 예컨대 1919년 이전의 독일제국헌법, 최초의 공화국헌법인 1919년 바이마르헌법, 그리고 1949년 기본법에서의 인간상은 서로

---

7) Gustav Radbruch, Der Mensch im Recht, Vandenhoeck & Ruprech, 1957, S. 9; 김종덕, "법에 있어서의 인간상에 관한 고찰", 법학연구 제16권 제1호 (2016. 3), 한국법학회, 240~241쪽.

다를 것이다. 1899년의 전제군주헌법인 대한국국제와 1919년의 대한민국 임시정부헌법에서 상정한 인간상이 전혀 다르듯이 말이다.[8]

III. 근대헌법과 헌법의 인간상

1. 헌법의 문제로서 '헌법의 인간상'

시민혁명과 그에 기초한 근대 입헌주의가 자리잡기 전에는 공동체가 개인에 앞서 존재하고, 공동체의 성격에 맞게 개인의 지위가 결정되는 것이 숙명으로 받아들여졌다. 그러나 이론상 개인이 먼저 존재하고 그러한 개인들의 합의에 의하여 공동체가 구성된다는 사회계약론에 입각한 국민주권주의가 관철되면서, 국가와 국가권력이 통치자의 의사가 아니라, 피치자의 의사 내지 피치자의 동의에 기초하여야 한다는 생각도 관철되었다. 그와 함께 피치자, 즉 일반 국민이 과연 어떠한 존재인지, 공동체와는 어떠한 관계에 놓여야 하는지에 대한 숙고가 중요한 문제로 떠오르게 되었다. 국가를 조직하고, 나아가 개인과 국가(the man vs. the state)의 관계의 원칙을 규정하는 임무를 가진 헌법으로서는 이 문제를 출발점에서 다루지 않을 수 없게 되었다.

---

8) 제국의 헌법이었던 대한국국제(大韓國國制) 제4조는 "대한국 신민이 대황제의 향유하옵신 군권을 침손할 행위가 유하면, 그 기행과 미행을 물론하고, 신민의 도리를 실(失)한 자로 인(認)할지니라(뜻: 대한제국의 신민이 대황제의 군권을 침해할 행위가 있을 경우, 이미 실행에 옮겼든 그 전이든, 신민의 도리를 잃은 것으로 인정할 것이다)"라고 규정하였으나, 국권침탈 후 3.1독립운동과 그 결과로 수립된 대한민국임시정부헌법 제1조는 "대한민국은 민주공화제로 함"이라고 선언함으로써, 국가의 주인이 국민이고 왕의 지배를 받지 않는 공화제를 수립하였음을 천명하였다. 국권상실과 3.1운동을 통하여 신민(臣民)에 불과했던 한국인들이 정치적으로 각성하여 시민(市民)으로 바뀌었다고 보는 견해로, 김선택/정태호/방승주/김광재, 3.1대혁명과 대한민국헌법, 도서출판 푸블리우스, 53쪽.

이 문제는 보통 '헌법의 인간상(人間像, Menschenbild)'이라는 주제로서 다루어지고 있다.

2. 근대 입헌주의 이념의 규범화 과정에서 헌법의 인간상

근대 입헌주의의 바탕에 깔린 사고의 혁명적 성격은 '인간 대 국가'의 관계를 '국가 우선'으로부터 '인간 우선'으로 전도시킨 데에 있다. 이러한 사고의 전환을 극명하게 드러낸 헌법제정시도는 독일의 1949년 기본법 제정에 앞서 마련된 헤렌킴제 헌법 최초초안 제1조에서 발견된다.[9] 동조는 "인간은 신에 의해서 창조되었다. 그러나 국가는 인간들에 의해 창조되었다. 따라서 인간이 국가를 위해 존재하는 것이 아니고, 국가가 인간을 위해 존재한다."[10]고 규정하고 있었다. 이 규정의 의미하는 바는 이러하다: '인간이 국가에 앞서 존재하는 것이고, 국가는 인간에 의하여 비로소 창조된 존재이다. 따라서 피조물인 인간이 창조주인 신에게 복종하듯이, 인간의 피조물인 국가도 자신의 창조주인 인간에 봉사해야 한다. 신이 인간과의 관계에서 스스로 존재하고 자기목적적이듯이 인간도 국가와의 관계에서 스스로 존재하고 자기목적적이다. 반면에 국가는 스스로 존재하는 것도 자기 자신이 목적인 것도 아니고, 인간에 의해서 일정한 목적에 따라서 후발적으로 창조된 존재로서 그 창조의 목적에 기속되고 그 목적에 따른 활

---

9) 김선택, "시민교육의 기초로서의 헌법적 합의", 헌법연구 제4권 제1호 (2017. 3), 헌법이론실무학회, 30~31쪽.

10) "Der Mensch ist von Gott erschaffen, aber der Staat ist von Menschen gemacht. Darum ist der Mensch nicht um des Staates willen da, sondern der Staat um des Menschen willen." 헤렌킴제에서 열린 독일 기본법제정회의에서, Fritz Baade의 초안.

동의 한계 내에서야 비로소 의미를 가지는 존재에 불과하다.'

전후 독일기본법 제정은 나치스 치하에서 저지른 반인륜적 범죄에 대한 반성과 그러한 어두운 과거로 다시는 회귀하지 않으려는 규범적 정초작업이었기 때문에, 인간과 국가(권력)에 대한 근본적 고민이 논의과정 속에 침전되었다. 따라서 위 조항은, 보다 근본적으로는, 인간과 국가의 관계에 관한 인식방향의 전환을 헌법제정에서 명백히 보여준 대표적인 사례로서의 의미를 가진다. 비록 이 규정이 법규범의 문구로서 적합하지 않아 헌법전 성안과정에서 삭제되긴 하였지만, 현재의 독일기본법 제1조 역시 이 논리를 확인하고 선언하고 있다. 독일 기본법 제1조 제1항은 "인간의 존엄은 불가침이다. 이를 존중하고 보호하는 것은 모든 국가적 권력의 책무이다."라고 규정하고 있다. 한국헌법이 기본권의 장의 첫 문장인 제10조에서 "모든 국민은 인간으로서의 존엄과 가치를 가지며, 행복을 추구할 권리를 가진다. 국가는 개인이 가지는 불가침의 기본적 인권을 확인하고 이를 보장할 의무를 진다"고 선언한 것은 독일기본법 제1조를 계수한 것이며, 같은 취지를 가진 것으로 보아야 한다.

3. 헌법의 인간상에 대한 정의 - 한국과 독일, 비교법적 관점

독일 연방헌법재판소는 기본법의 인간상(Menschenbild des Grudgesetzes)을, 고립된 주권적 개인으로서만 보지 않고, 개인의 고유가치 및 독자성을 유지하는 한에서 공동체와 관련되고 공동체에

구속되는 존재로서 설명한바 있다. 구체적인 표현은 다음과 같다.[11]

"기본법의 인간상은 고립된 주권적 개인이라는 인간상이 아니다; 오히려 개인과 공동체의 긴장을 개인(인격체)의 공동체관련성과 공동체구속성의 의미에서 결정하고, 이 결정시 개인의 고유가치를 침해하지 않아야 한다. 이러한 결론은 특히 기본법 제1조, 제2조, 제12조, 제14조, 제15조, 제19조 및 제20조에서 나온다. 그러나 이것이 의미하는 바는 다음과 같다: 개인은 자신의 행동의 자유를, 입법자가 사회적 공동생활을 관리하고 촉진하기 위하여 해당 사안에 관하여 일반적으로 기대가능한 것의 한계 내에서 그어놓은 한계를 준수하여야 하는데, 이는 개인의 독자성이 유지된다는 조건하에서 그러하다."

이러한 정의는 개인은 공동체에 당연히 복속되는 존재로서 이해하였던 인간관으로부터 코페르니쿠스적 전환을 이룬 근대 입헌주의적 인간관의 핵심을 담고 있다. 즉, 인격성(Persönlichkeit)을 가진 개인들이 합의하여 국가를 형성하였다는 것을 전제로 하여, 헌법질서를 통해 스스로 복종하는 '치자인 동시에 피치자'로서 개인을 상정하고 있는 것이다. 이러한 기본취지는 한국 헌법재판소에도 수용되었다. 한국 헌법재판소는 기부금품모집행위를 금지하고 그 허가여부를 행정청의 자유재량으로 한 기부금품모집금지법 제3조 등 위헌제청사건에서 다음과 같이 헌법이 지향하는 인간상을 제시하였다.

---

11) BVerfGE 4, 7 (15f.)

"이제 우리 국민은 자신이 스스로 선택한 인생관·사회관을 바탕으로 사회공동체 안에서 각자의 생활을 자신의 책임 하에서 스스로 결정하고 형성하는 성숙한 민주시민으로 발전하였다. 국가재정 또한 그 사이 국가경제의 성장으로 인하여 크게 향상되었고, 이에 따라 국가가 주도하는 사업을 더 이상 국민의 성금에 의존하지 않고도 시행할 수 있게 되었다. 그럼에도 불구하고 법 제3조의 모집목적의 제한을 통한 모집행위의 원칙적인 금지는 바로 우리 헌법의 인간상인 자기결정권을 지닌 창의적이고 성숙한 개체로서의 국민을 마치 다 자라지 아니한 어린이처럼 다룸으로써, 오히려 국민이 기부행위를 통하여 사회형성에 적극적으로 참여하는 자아실현의 기회를 가로막고 있다."[12]

그 후 자동차 운전자에게 좌석안전띠 착용의무를 부과하고 위반시 범칙금 납부를 통고하도록 규정한 도로교통법 제118조 위헌확인사건[13]에서는 한국헌법이 예정한 인간상에 대하여 다음과 같이 부연하였다.

"우리 헌법질서가 예정하는 인간상은 '자신이 스스로 선택한 인생관·사회관을 바탕으로 사회공동체 안에서 각자의 생활을 자신의 책임 아래 스스로 결정하고 형성하는 성숙한 민주시민'인바, 이는 사회와 고립된 주관적 개인이나 공동체의 단순한 구성분자가 아니라, 공동체에 관련되고 공동체에 구속되어 있기는 하지만 그로 인하여 자신의 고유가치를 훼손당하지 아니하고 개인과 공동체의 상호연관 속에서 균형을 잡고 있는 인격체라 할 것이다. 헌법질서가 예정하고 있는 이러한 인간상에

---

12) 헌재 1998. 5. 28. 96헌가5, 판례집 10-1, 541, 555.
13) 헌재 2003. 10. 30. 2002헌마518, 판례집 15-2하, 185, 201.

비추어 볼 때, 인간으로서의 고유가치가 침해되지 않는 한 입법자는 사회적 공동생활의 보존과 육성을 위하여 주어진 상황에서 일반적으로 기대할 수 있는 범위 내에서 개인의 일반적 행동자유권을 제한할 수 있는 바, 운전자가 좌석안전띠를 착용하여야 하는 의무는 이러한 범위 내에 있다 할 것이다."

이러한 취지의 '인간상'을 한국 헌법재판소는 - 법정의견과 소수의견을 불문하고 - 반복하여 결정문 안에 적시해오고 있다.

"국민 스스로 선택한 인생관·사회관을 바탕으로 사회공동체 안에서 각자의 생활을 자신의 책임아래 스스로 결정하고 형성하는 성숙한 민주시민이 우리 헌법의 인간상이라는 점에 비추어" (학원의 설립 운영에 관한 법률 제22조 제1항 제1호 등 위헌제청, 학원의 설립 운영에 관한 법률 제3조 등 위헌확인사건[14])

"개인 스스로 선택한 인생관·사회관을 바탕으로 사회공동체 안에서 각자의 생활을 자신의 책임아래 스스로 결정하고 형성하는 성숙한 민주시민이 우리 헌법의 인간상이라는 점에 비추어" (형법 제304조 위헌소원 사건[15]에서 재판관 주선회의 반대의견)

"우리 헌법은 제10조에서 '인간의 존엄'을 최고의 가치로 선언하고 있다. 우리 재판소가 이미 밝힌 바와 같이 '헌법상의 인간상은 자기결정권

---

14) 헌재 2000. 4. 27. 98헌가16 등, 판례집 12-1, 427, 461.
15) 헌재 2002. 10. 31. 99헌바40 등, 판례집 14-2, 390, 406.

을 지닌 창의적이고 성숙한 개체로서의 국민'이기 때문에 인간은 존엄성을 가지고 있다. 이러한 인간에 대한 견해로부터 인간의 자기결정권과 그에 상응하는 책임이 도출된다." (특정범죄가중처벌등에관한법률 제2조 제1항 제1호 위헌소원사건[16]에서 재판관 전효숙, 이상경의 반대의견)

"우리 헌법이 예정하고 있는 인간상은 자기결정권을 지닌 창의적이고 성숙한 개체로서의 국민이다. 그는 자신이 스스로 선택한 인생관·사회관을 바탕으로 사회공동체 안에서 각자의 생활을 자신의 책임 하에 스스로 결정하고 형성하는 민주시민이다." (구 소득세법 제89조 제3호 등 위헌소원사건[17])

"우리 헌법질서에 맞는 인간상은 사회공동체 안에서 각자의 생활을 자신의 책임 아래 스스로 결정하고 형성하는 성숙한 민주시민으로서 개인과 공동체의 속에서 균형을 잡고 있는 인격체이다." (교사의 학생체벌에 대한 기소유예처분 취소청구를 기각한 사건[18]에서 재판관 권 성, 김효종, 조대현의 반대의견)

"개인 스스로 선택한 인생관·사회관을 바탕으로 사회공동체 안에서 각자의 생활을 자신의 책임 아래 스스로 결정하고 형성하는 성숙한 민주시민이 우리 헌법이 지향하는 바람직한 인간상이라는 점에 비추어" (형법 제304조 혼인빙자간음죄 위헌소원사건[19])

---

16) 헌재 2004. 4. 29. 2003헌바118, 판례집 16-1, 528, 534.
17) 헌재 2006. 2. 23. 2004헌바80, 판례집 18-1상, 208, 221.
18) 헌재 2006. 7. 27. 2005헌마1189, 공보 제118호, 1200, 1204.
19) 헌재 2009. 11. 26. 2008헌바58 등, 판례집 21-2하, 520, 530.

"인터넷게임 이용행위에 관하여 국가가 그 과몰입을 직접 나서서 규제하는 것은 명확하고 합리적인 근거 없이 국가가 개인의 자율적 영역에 지나치게 후견적으로 개입하는 것으로서 헌법적으로 정당화될 수 없다. 개인 스스로 선택한 인생관 · 사회관을 바탕으로 사회공동체 안에서 각자의 생활을 자신의 책임 아래 스스로 결정하고 형성하는 성숙한 민주시민이 우리 헌법이 지향하는 바람직한 인간상인바, 위와 같은 국가 후견주의는 우리 헌법이 지향하는 바람직한 인간상과 근본적으로 상충하는 것이다." (게임산업진흥에 관한 법률 제12조의3 제1항 제1호 등 위헌확인사건[20]에서 재판관 김창종, 조용호의 반대의견)

이와 같이 한국 헌법재판소는 헌법상의 인간상에 대하여 '개인과 공동체의 상호 관련', '스스로 선택한 인생관 · 사회관', '자기결정', '자기책임', '창의적이고 성숙한 개체'이자 '민주시민' 등의 표현을 통해 구체화하고 있다. 즉, 한국 헌법이 전제로 하는 인간을, 인간의 삶에 대하여 그리고 그 삶을 영위하는 공간으로서의 사회(공동체)에 대하여 스스로 의미를 규정짓고, 그것에 기초하여 어떻게 살 것인지를 자기책임 하에 스스로 결정하고 형성하는 성숙한 인격체로서, 그리고 개인과 공동체 사이에서 균형을 잡는 민주시민으로서 해석하고 있는 것이다. 나아가, 한국헌법 속의 인간상은 국가의 부당한 후견주의(Paternalism)로부터 벗어나 자기결정권을 향유하여야 하는 성숙한 시민으로서의 측면과 자유행사에 대한 책임을 가지고 있다는 측면도 함께 강조하고 있다.

---

20) 헌재 2015. 3. 26. 2013헌마517, 판례집 27-1상, 342, 370.

IV. 헌법의 인간상의 규범적 의의와 내용

1. 헌법의 인간상이 가지는 규범적 의의

헌법의 인간상은 헌법이 인간과 국가의 관계에 대하여 가지고 있는 기본인식의 반영이다. 나아가 헌법의 인간상은, 국가최고규범으로서 헌법의 정립과정에서 전제된 개념이자, 헌법의 이념을 실현할 수 있는 이상적인 존재를 의미한다. 따라서, 헌법의 인간상은 - 마치 헌법의 권위와 마찬가지로 - 헌법질서의 핵심을 형성하며 헌법공동체 내에서 중요한 의미를 가지지만, 다른 한편, 시대를 초월하여 영구히 고정된 개념이라고 할 수도 없다. 우리가 '근대 이전의 헌법 속 시민'과 '근대 이후의 헌법 속 시민'이 다르다는 것을 분명히 알고 있듯이, 혁명과 같은 특별한 헌법적 모멘텀은, 헌법이 동일한 인간을 다르게 보게 되는 계기를 제공하기 때문이다.

독일과 한국의 헌법재판소 재판관들은 개인이 행사할 수 있는 자유의 한계를 논하기 위하여 헌법의 인간상을 소환하였다. 이들은, 개인의 독자성을 유지하고 자신의 고유가치를 훼손당하지 않는 가운데, 공동체와 관계를 맺고 공동체가 그어놓은 한계를 준수하는 개인을 헌법의 인간상으로 그리고 있다. 보통의 자유주의적 헌법들은 구체적인 인간상이나 특정한 인간형을 직접 규정하고 있지 않다.[21] 그

---

21) 특정한 인간상이나 전형을 헌법전 내에 규정하는 것 자체가 자유주의 헌법이념과 본질적으로 충돌한다. 반면에, 특정한 사상이나 태도를 가진 인간을 지향한다는 점을 헌법전에 명시하고, 그러한 인간형의

러나 헌법이 헌법의 대상이자 주체인 '인간'에 대한 특별한 가치평가를 담고 있는 조항과 기타 헌법조항들, 헌법의 이념과 기본원리로부터도 인간상이 도출될 수 있다. 그렇게 도출된 '헌법의 인간상'은, 구체적인 법원(Rechtsquelle)이나 재판규범으로서는 아니지만, 기본권과 헌법질서를 해석하는 기준으로서 작용하고 있다.

2. 헌법의 인간상의 핵심내용

그렇다면, 자유주의적 헌법의 인간상을 채우는 내용은 무엇인가? 우리 헌법은 어떤 인간을 '헌법적으로 이상적인 인간'으로 보는 것일까? 헌법의 목표를 실현하기 위하여 그 시민에게 요구되는 조건은 무엇일까?

앞서 헌법재판소가 구체화해 온 '헌법의 인간상'이 출발점으로 삼는 것은 '인간의 자율성'과 '인간의 책임성'을 인정한다는 것이며, 이는 결국 '인간의 인격주체성' 내지 '인간의 존엄성'의 인정을 전제로 하는 것이다. 즉, 한국헌법의 인간상은 '인간의 자율성', '고유가치', '주체성', '자기책임'을 중심표지로 하여 구성된다고 볼 수 있을 터이고, 이를 포괄하는 상위의 카테고리는 바로 '스스로 생각하고 결단하는 주체로서의 인간'이 될 것이다. 국가와 헌법 이전에 존재하며, 자신의 오성을 사용하여 자유롭게 사고하고 결단하는 인간은, 자신에 관한 한 최고의 주권자로서 공동체 내에서 공존하는 '존엄한 개인'이다. 결

양성을 국가교육의 목표로 삼는 경우도 찾을 수 있다 (예컨대, 중국헌법 제24조 제2항, 북한헌법 제43조).

국, 자유주의 헌법이념이 구체화된 현대 입헌주의 헌법의 핵심가치이자 한국헌법의 인간상의 핵심을 구성하는 내용은 바로 '인간의 존엄(Menschenwürde, Human dignity)'이다. 그렇다면 인간의 존엄은 구체적으로 무엇을 의미하는가?

'인간의 존엄'은 쉽게 정의될 수 없고, 일률적으로 논증되기에도 어려운 개념이다. 법학의 영역에서 인간존엄은, 마치 Hans Kelsen의 근본규범과 같이, 그 실체와 근거를 논증하는 것이 적절하지도 용이하지도 않다. 또한, 인간의 존엄을 정의하는 실체적 표지(구성개념)를 일반적으로 확정하는 것도 쉽지 않다. 그럼에도 인간의 존엄을 실제의 사안에 적용하여야 할 법학의 사명은, 자명하게 인간의 존엄을 침해한 사례들로부터 인간의 존엄의 내용을 (소극적으로) 확인해내려는 노력으로 이어지기도 하였다. 그러나 인간존엄의 내용을 개별적 침해사례들로부터 사후적으로 축적하는데 그치는 경우, 헌법의 핵심가치에 파악하는데 - 그 격에 맞지 않게 - 소홀해질 수 있다. 그러나 다른 한 편, 적극적으로 요건을 구성하려 할 경우 중요한 표지를 빠뜨리게 되면 현대와 같은 예측불가능한 시대에 인간존엄성 보호에 불충분해질 수도 있다. 따라서 양 측면을 모두 고려하여, 인간존엄을 지키는데 최소한 유지되어야 할 네 가지 범주로 '인간성', '주체성', '정체성(고유성, Identity), 통일성(동일성, Integrity)'을 제시하는 견해도 있다.[22] 한편 실무적으로 '인간의 존엄'은, Immanuel Kant의 전

---

22) 김선택, 헌법 제9조 제1문 전단 「인간으로서의 존엄」의 의미와 법적 성격, 고려대학교 법학석사학위논문, 1983, 93~101쪽; 김선택, "헌법상 인격권의 보장체계와 보호법익", 헌법논총 제19집 (2008), 헌법재판소, 498쪽 이하.

통을 이어받은 독일의 공법학자 Günter Dürig가 만들어낸 객체공식(Objektformel)[23]을 통하여 법학의 영역에서 구체적인 생명력을 획득하기도 하였다.

독일 연방헌법재판소의 최근(2017. 1. 17) 판례는 "인간의 존엄의 보장은 특히 인격의 개별성, 동일성(아이덴티티), 일체성(인티그리티) 및 기초적인 법적 평등의 보장을 포함한다. 여기에는 인간을, 자유 속에서 자기자신에 대하여 결정하고 자신의 운명을 자기책임 하에 형성할 수 있는 인격으로서 파악하는 인간관이 기저에 놓여있다. 인간을 국가행위의 "단순한 객체"로 전락시키는 것을 금지하는 사회적 가치청구권 및 존중청구권은 인간의 주체성과 결합한다."[24]고 하면서, "이러한 '객체공식'은 인간의 주체성과 그로부터 도출되는 존중청구권이 원칙적으로 문제시되는 경우에는, 언제든지 인간존엄의 침해를 확인하기 위하여 적합하다. 이는 특히 집단을 개별적인 인간에 대하여 원천적으로 따라서 무조건적으로 우위에 두는 모든 관념에 대하여 타당하다. 인간의 존엄은, 개인이 비록 언제나 사회의 구속되어 있기는 하지만, 원칙적으로 자유롭게 대우받는 경우에만, 역으로 원칙적으로 비자유로, 상위에 있는 심급에 종속되는 존재로 취급되지 않는 경우에만 불가침으로 남는다. 인격을 어떤 집단 아래에, 어떤 이데올로기 아래, 또는 어떤 종교 아래에 무조건적으로 종속시키는 것

---

23) 인간의 존엄이라는 추상적 개념을 간명하고 적용가능하게 만들어낸 이 공식은 독일뿐 아니라 많은 나라의 헌법이론과 실무에 영향을 끼쳤다. 독일 연방헌법재판소의 2006년 항공안전법 결정(BVerfGE 1 BvR 357/05)과 2017년의 NPD(독일민족민주당) 해산위헌결정(BVerfG 2 BvB 1/13, 특히 Rn. 539f.)은 객체공식이 현실의 민감한 정치문제나 안보문제를 헌법적으로 해결하는 도구로서 유효하다는 것을 보여주었다.

24) 2 BvB 1/13, Rn. 539.

은, 모든 인간에게 그 자신을 위하여, 그의 인격존재성에 힘입어 부여되는 가치를 무시하는 것이다. 그렇게 종속시키는 것은 주체성을 침해하는 것이고, 인간의 존엄의 보장에 대한 침해이다."[25]라고 판시하였다. 여기에서 알 수 있는 것처럼 인간의 본원적인 자율성을 부정하고 그의 인격주체성을 특정한 이데올로기에 종속시키는 것은 인간의 존엄성을 침해하는 것이다.

3. '인간의 존엄' 의 규범적 효력

한국헌법 제10조에서 "모든 국민은 인간으로서의 존엄과 가치를 가지며, 행복을 추구할 권리를 가진다. 국가는 개인이 가지는 불가침의 기본적 인권을 확인하고 이를 보장할 의무를 진다"고 선언한 것은, 존엄한 인간, 즉 자신의 인간성, 주체성, 정체성(고유성)과 동일성(통일성)을 침해당해서는 안 될 인간상과 그것을 보장하여야 한다는 규범적 가치가 우리 헌법의 출발점임을 나타낸다. 그리고 그와 동시에, 헌법의 설계자이면서 동시에 헌법의 수범자인 인간은, 자기자신의 존엄뿐만 아니라 타인의 존엄도 지킬 수 있는 헌법적 제도를 디자인하고 그것을 수호하여야 한다는 임무도 가지고 있는 것이다.

기본권적 측면에서 인간의 존엄은, 모든 인간이 단지 인간이라는 이유만으로 자신의 인간성, 주체성, 정체성과 동일성을 보장받을 것을 보호법익으로 하는 독자적 기본권인 '존엄권' 또는 '(협의의) 인격

---

25) 2 BvB 1/13, Rn. 540.

권'으로서[26) 기능한다. 이러한 법익은 인간에게서 분리시킬 수 없는 인격적 핵심요소로서, 인간이 인간으로서 존재하기 위하여 필요한 기본적 품위를 보장하고자 하는 것이다.[27) 따라서 입법, 행정, 사법을 막론하고 모든 국가권력의 행사는 개인의 존엄권 또는 인격권을 부당하게 침범하여서는 아니되고, 만약 위반시에는 위헌적 공권력 행사로서 헌법소원의 대상이 된다.

나아가 "인간으로서의 존엄과 가치"는 한국 헌법이 보장하는 핵심적 가치로서 헌법질서, 나아가 전체 국가법질서의 주춧돌에 해당한다. 즉 한국의 국가법령 전체가 이 가치 위에 서 있다. 이 가치는 모든 법령의 입법에 있어서도, 해석에 있어서도 기준이 된다. 그리고 이 가치에서 벗어나는 순간 헌법국가로서의 정체성이 변경될 것이기 때문에 이 가치가 지향하는 바는 헌법개정에 있어서, 나아가 심지어 헌법제정에 있어서도 한계를 형성한다. 우리가 입헌주의를 포기하려고 하지 않는 한 '인간의 존엄성'은 침해할 수도 포기할 수도 없으며, 따라서 처분불가능한 가치이다.

---

26) 김선택, "헌법상 인격권의 보장체계와 보호법익", 헌법논총 제19집 (2008), 헌법재판소, 504쪽.

27) 이러한 취지는 헌법재판소 판례에서도 설시된 바 있다. 헌재 2001. 7. 19. 2000헌마546, 판례집 13-2, 103, 112: "청구인들로 하여금 유치기간동안 위와 같은 구조의 화장실을 사용하도록 강제한 피청구인의 행위는 인간으로서의 기본적 품위를 유지할 수 없도록 하는 것으로서, 수인하기 어려운 정도라고 보여지므로 전체적으로 볼 때 비인도적 굴욕적일 뿐만 아니라 동시에 비록 건강을 침해할 정도는 아니라고 할지라도 헌법 제10조의 인간의 존엄과 가치로부터 유래하는 인격권을 침해하는 정도에 이르렀다고 판단된다."; 헌재 2002. 7. 18. 2000헌마327, 판례집 14-2, 54, 63~64: "청구인들에 대한 이러한 과도한 이 사건 신체수색은 그 필요성에도 불구하고 그 수단과 방법에 있어서 필요한 최소한도의 범위를 벗어났을 뿐만 아니라, 이로 인하여 청구인들로 하여금 인간으로서의 기본적 품위를 유지할 수 없도록 함으로써 수인하기 어려운 정도라고 보여지므로 헌법 제10조의 인간의 존엄과 가치로부터 유래하는 인격권 및 제12조의 신체의 자유를 침해하는 정도에 이르렀다고 판단된다." 등.

V. 헌법의 인간상과의 연관 속에서 시민교육의 방향

'민주주의는 신들의 세상에서나 성공가능한 제도'라는 루소의 말처럼, 어쩌면 민주주의 정치체제는 인간의 본성에 합치하지 않는 제도이다. 그리고 '민주적 시민이 없는 민주주의는 실패한다'는 점을 우리는 역사적 경험을 통하여 확인해왔다. 그리하여 많은 학자와 교육자들이 민주주의를 공고히 하고 증진시킬 수 있는 방편으로서 '민주주의적 인격상', '민주주의 능력이 있는 시민', '민주적 시민'의 양성에 대하여 논의하여 왔다. 그러나 한편, '헌법의 인간상'을 구체적으로 상정하여 놓고, 복합적이고 전인격적인 인간에 대하여 '인간은 이러이러해야 한다'는 하나의 컨셉을 부여하는 것이 가능한가에 대한 회의, 그런 컨셉을 인간에게 기대하거나 강요하는 것이 '인간의 주체성'을 핵심으로 하는 헌법의 인간상에 반하고, 심지어 주제넘은 것이라는 비판 역시 존재한다.

그럼에도 불구하고 우리는 민주주의적 헌법질서를 실현시킬 수 있는 조건인 '헌법의 인간상'을 어떻게 하면 확보할 수 있는지에 대하여 고민할 필요가 있다. 국민주권과 민주주의적 정치시스템이 결합할 때만, 모든 인간이 공동체의 주권자로서 자유롭고 평등하게 살아갈 수 있는 조건이 보장되기 때문이다. '인간'이 중심에 서고 '인간의 존엄'을 핵심으로 한 근대적 헌법질서 내에서는, 누구나 인간으로서 대접받고 자신의 고유성(정체성)을 지킬 수 있으며, 자신과 관련된 일을 결정하는데 참여하고 공동체의 일(res publica)로부터 배제되지 않을 것이다. 이것이 곧 근대헌법이 보장하고자 하는 이상적인 인간 삶의 조건이다. 이 당연한 조건이 제대로 충족되지 않을 때, 기본적 자유가 확대되어온 수백 년에 걸친 역사적 발전을 겪은 현대의 - 과거와 달리 계몽된 - 인간들은 더 고통받을 수밖에 없다. 우리가 '헌법의 인간상'에 부합하는 '헌법적 시민'을 가져야만 하는 이유이다.

문제를 정확히 진단하고 그에 맞는 처방을 내리는 것은 무엇보다 중요하다. 현대의 민주주의의 위기는, 민주주의라는 정치이념 내지 정치체제가 본래적 한계를 가지거나, 인간의 본성이 악해져서가 아닐 수도 있다. 오히려, 이 시대의 변화를 현행 민주주의제도들이 제대로 반영하고 있지 못한 탓은 아닐까? 헌법이 상정한 존엄한 개인으로서의 시민이 형성되기 힘든, 사회적 · 정치적 문화 탓은 아닐까? 따라서 인간의 본성 자체는 민주적 헌법질서를 실현시키기 부적합하더라도, 그러한 인간의 자연적 본능을 스스로 통제하고 각자의 존엄과 자유를 최대화할 수 있는 체제인 민주주의 시스템을 제대로 운영할 수 있도록, 인간이 '민주시민' 내지 '헌법적 시민'으로 발전할 수 있도록 노력해야 할 것이다. 그렇다면, '헌법적 인간'과 '현실의 인간' 사이의 간극을 좁히기 위해 시민교육은 어떤 노력을 할 수 있을까?

헌법이 그리고 있는 인간상이, 스스로 결정하고 주인으로 참여할 수 있는 '민주주의 운영능력이 있는 시민'이라면, 시민교육 역시 그러한 인간의 잠재력이 최대한 발현될 수 있는 정치적 사회화 과정으로 최적화되어야 한다. 그러려면, 현재의 민주주의 시스템이 과연 현대의 발달한 커뮤니케이션기술과 통신기술, 정보처리능력을 향유하는 개인들에게 적합한 제도로 설계되어 있는지 살필 필요가 있다. 민주주의를 실천할 수 있는 사회적·문화적·기술적 조건들이 혁명적으로 변화하였다. 민주주의 정치체제는 시민들로부터 정당성을 획득해야만 생명력을 이어나갈 수 있다. 그러나 근본적으로 민주주의의 핵심은, '주권자의 대표에 대한 정당화'가 아니라 '주권자의 자기지배'이다. 대의민주주의를 불가피하게 만들었던 기술적, 물리적 장벽들이 상당부분 해소된 현재, 소수 엘리트중심의 대의민주주의에 시민들은 더 큰 불만을 폭발시키고 있는 것이다. 따라서, 현재의 민주주의의 위기상황을 해결하기 위한 선결문제는, 현재의 민주주의제도를 근대헌법의 인간상에 맞게 새로 디자인하는 일이다. 그리고 시민교육은, 시민들의 정치적 판단능력을 제고시키는 것과 민주적 정치제도를 잘 활용하는 방식을 전달하는 것에 충실하여야 할 것이다. 인간은 경험을 통해서 배우고, 그 경험을 통해서 방법과 한계를 인지하고 그것을 자신의 지식체계 내로 수용하게 된다. 정치참여와 정치적 판단능력 중 무엇이 우선되어야 하느냐에 대하여는 의견이 다를 수 있지만, 민주적 시민으로서의 자질은 민주주의 과정에의 참여를 통해 비로소 증대될 수 있기 때문이다.[28]

---

28) 윤정인, "국민의 이름으로 국민을 도구화? 포퓰리즘의 도전 앞에 선 정당민주주의와 시민교육", 헌법연구 제4권 제2호 (2017. 9), 헌법이론실무학회, 74~75쪽.

제4장

헌법적 시민과
시민교육을 받을 헌법적 권리

- 시민교육법제화를 위한 헌법적 시론 -

홍 석 노

(세종특별자치시교육청 장학사)

Ⅰ. 문제의 제기

1. 촛불의 '힘'과 '국민입헌주의(Popular Constitutionalism)'의 가능성

2016년 12월 9일 대통령에 대한 탄핵소추가 234명이라는 압도적 다수의원의 찬성으로 국회에서 가결된 이래, 2017년 3월 10일 헌법재판소는 이 사건 심판을 인용함으로써 우리 헌정 사상 처음으로 현직 대통령이 파면되었다(2016헌나1). 잠시 헌정의 위기를 겪기도 하였고,[1] 아직 관련자에 대한 재판이 진행 중이지만, 헌재의 이번 결정으로 현직 대통령이 중심이 된 국정농단 사태는 어느 정도 일단락된 것처럼 보인다.

이 과정에서 무엇보다 주목해야 할 것은 이른바 촛불혁명이라 부를만한 우리 국민이 광장에서 보여준 촛불의 '힘'이었다. 국회의 압도적 다수의원에 의한 탄핵소추의 가결에 이른 과정, 헌재가 이를 지체하지 아니하고 신속한 결정을 내리도록 이끈 것은 바로 이 '힘'으로부터 비롯된 것처럼 보이기 때문이다. 지난 2016년 11월부터 대통령 탄핵을 외치던 촛불이 100만을 넘어서고, 12월부터는 급기야 200만 이상에 이르자, 국회는 "더 이상 견디지 못하고" 정파를 초월하여 압도적 다수로 탄핵소추를 가결할 수밖에 없었기 때문이다.[2] 또한 헌재는

---

[1] 이른바 '선출되지 아니한 권력' 즉 대통령처럼 국민으로부터 직접 민주적 정당성을 확보하지 못한 현직 총리가 대통령 직무를 수행 중에 있다는 그 자체만으로도 이미 헌정의 위기 상황으로 볼 수 있기 때문이다.

[2] 이는 2017년 2월 27일 박근혜 대통령 탄핵심판 최후 변론에서 국회 측 소추위원인 권성동

이를 신속하게 인용 결정함으로써 "헌정의 위기를 최소화하라"는 국민의 요구에 응답한 것처럼 보이기 때문이다. 물론 우리 국민은 과거 국가가 위기에 처할 때마다 광장에 모여 그 힘을 보여준 바 있다. 예컨대 1987년 6월 시민혁명으로 성립한 현행 헌법체제 이래 2004년에는 국민이 직접 선출한 진보성향의 대통령에 대해 보수성향의 국회가 탄핵소추를 감행하자 이를 저지하기 위해 촛불을 들고 광장에 모였고, 2008년에는 수입산 소고기 파동에 맞서 광장에서 다시 촛불을 들고 대한민국 헌법 제1조를 노래 부르기도 하였다. 그리하여 과거와는 전혀 다르게 우리 국민은 이른바 '공화(共和)'를 위한 투쟁[3]을 전개하려는 모습까지 보여 왔기 때문이다.

그러나 이번에 우리 국민이 광장에서 보여준 힘은 현행 헌법시스템이 실제적으로 작동하도록 만든 원동력이었다는 점에서 과거와는 그 성격이 질적으로 다르다. 과거의 경우는 대체로 새로운 헌법체제의 개정 내지 국가적 위기 상황에 대한 국민의 정치적 의사를 관철하는데 주로 집중하였다면, 이번 경우는 국회의 탄핵소추의결 과정에서부터 헌재의 탄핵심판 인용결정에 이르기까지 우리 헌정의 전 과정에서 이를 압박하는 힘으로 작용하였기 때문이다. 특히 그 과정에서 우리 국민은 연설, 공연, 퍼포먼스 등 다양한 형태로 무수히 많은 '헌법적 대화(Constitutional Conversation)'를 시도하여 왔다는 점이다.

법제사법위원장의 마지막 변론에서도 드러난다: "국민이 승리했음을 선언해 달라 … (중략) … 이번 심판은 국민 전체에 대한 봉사자로서 국민에 대한 책임을 지는 대통령이 의무를 저버린 일련의 행위에 대한 것 … (중략) … 이에 주권자인 국민은 박 대통령의 파면을 요구했고, 국민을 대표한 국회가 234명의 압도적 찬성으로 탄핵소추를 의결해 오늘에 이른 것(이다.)"

3) 우리 국민은 과거 '민주'와 '자유'를 회복하려던 투쟁의 단계를 넘어 현재 '공화'를 위한 투쟁을 전개하고 있다는 지적으로는 김선택, "공화국원리와 한국헌법의 해석", 「헌법학연구」(제15권 제3호), 한국헌법학회, 2009, 217쪽 이하.

이는 우리 사회에서 헌법과 그 운영의 실제적 주인이 바로 국민이라는 이른바 '국민입헌주의(Popular Constitutionalism)'[4]의 가능성을 보여줬다는 점에서도 매우 의미 있는 사건으로 기록될 수 있을 것이다. 즉 국민의 의사가 헌법의 해석과 적용에까지 구체적으로 관철되었다고 보긴 아직 이르지만, 국회와 헌재의 국가기관에 의한 헌법행위에 사실상 통제력을 발휘하였다는 점에서 그 가능성은 충분해 보이기 때문이다.

2. 헌법적 대화의 확장을 위한 새로운 장(場)과 시민교육을 받을 헌법적 권리

문제는 이러한 '힘', 즉 국민의 의사와 헌법적 대화가 광장에만 머무르고, 그것도 오래 지속 되지 않을지도 모른다는 우려이다. 다시 말해

---

4) '국민입헌주의(Popular Constitutionalism)'는 현재 미국에서 활발히 논의되고 있는 개념이다. 이는 국민의 임무가 헌법을 제·개정하기 위한 과정에만 참여하는데 그치고 헌법의 해석과 적용은 국회와 법원 등 국가기관의 임무라는 종래의 주장에 반대하여, 헌법의 해석과 적용에까지 국민의 의사가 적극적으로 관철될 수 있도록 국민이 중요한 역할을 담당해야 한다는 것이다. 즉 현존하는 국민의 의사가 헌법의 해석과 적용에까지 적극적으로 수용되어야 한다는 입장을 의미한다. 국내에서 이를 '시민입헌주의(Civic Constitutionalism)'라는 개념으로 소개하고 있는 것으로는 김선택, "헌법과 혁명-시민입헌주의(Civic Constitutionalism)", 「동아법학」(제58호), 동아대학교 법학연구소, 2013, 21쪽 이하 참조; 이러한 '국민입헌주의(Popular Constitutionalism)'에 관한 최근 미국의 논의에 관하여는 위의 논문 각주[35, 36]에 인용된 문헌과, 특히 추가적으로 G. Alan Tarr, The People's Constitution: Popular Constitutionalism in State and Nation, Oxford University Press, 2016; Elizabeth Beaumont, The Civic Constitution: Civic Vision and Struggles in the Path Toward American Democracy, Oxford University Press, 2014; John E. Finn, Peopling the Constitution, University Press of Kansas, 2014; G. Alan Tarr, "Popular Constitutionalism in State and Nation", Ohio State Law Journal, Vol. 77, Issue 2 (2016), pp. 237-280; Michael Serota, "Popular Constitutional Interpretation", Connecticut Law Review, Vol. 44, Issue 5 (July 2012), pp. 1637-1676; Corey, Brettschneider, "Popular Constitutionalism Contra Populism", Constitutional Commentary, Vol. 30, Issue 1 (Winter 2015), pp. 81-88; Tom Donnelly, "Judicial Popular Constitutionalism", Constitutional Commentary, Vol. 30, Issue 3 (Fall 2015), pp. 541-566. 등을 참고할 것.

우리 국민이 이번 사태를 계기로 보여준 헌법적 대화(Constitutional Conversation)가 광장에만 갇혀 오래 지속되지 못하고, 그 대화의 장(場)마저 순간 닫혀버리는 것은 아닐까라는 두려움인 것이다. 게다가 전직 대통령의 지지자들 일부가 헌재의 이번 결정에 반대하여 보여준 폭력 시위의 양상은, 자칫 국론 분열의 조짐마저 안겨줬다는 점에서 새로운 사회통합의 과제까지 추가 되었다. 만일 이러한 대화가 광장에만 갇혀 일시적으로 중단된다면, 이는 새로운 헌법적 위기 상황으로 이어질 가능성이 매우 크다: "헌법은 당대의 대화를 넘어 세대를 넘어 계속 진행되는 대화의 장"이며, "우리의 과거의 의미에 관한, 우리의 현재의 과제에 관한, 우리를 우리의 미래에로 향하게 하는 가치와 열망에 관한 이른바 '세대를 관통하는 대화'를 생산하는 창조적 실제", 즉 "지속되는 대화야말로 헌법의 본질"이기 때문이다.[5] 다시 말해 헌법은 그 주체로서 헌법적 시민들이 끊임없는 대화를 통해 구성하는 '진화하는 역사적 실제'라고 보기 때문이다. 이런 맥락에서 헌법적 대화의 중단은 바로 헌법의 위기 내지 중단을 의미한다고 볼 수밖에 없는 것이다.

그렇다면 대안은 무엇인가? 어떻게 하면 우리 국민의 헌법적 대화가 광장에만 머물지 아니하고, 새로운 장(場)으로 확장될 수 있는가? 우리 국민이 각자의 생활을 영위하면서도, 그 대화를 지속시킬 수 있는 방법은 무엇인가? 어떻게 하면 우리 국민은 헌법시스템이 제대로 작동하는지 상시적으로 감시하고 이를 가동시킬 수 있도록 역량을 갖출 수 있을 것인가? 특히 우리 국민은 자신이 스스로 결단한 대한민

---

5) 이에 대하여는 김선택, 앞의 논문(주 4), 28-29쪽과 그곳 각주에 인용된 외국문헌 참조.

국 헌법의 실제적인 주권자이자 민주공화국의 헌법적 시민으로서의 지위를 어떻게 공고히 할 수 있겠는가?

이를 위해 우선 이번 광장에서 드러난 국민의 의사 즉 국민의 정치 참여 확대를 위한 개혁입법 등을 조속히 마련해야 할 것이지만,[6] 무엇보다 중요한 것은 우리 국민이 대한민국의 주권자 즉 민주공화국의 헌법적 시민으로서 자신을 형성할 권리인 시민교육(市民敎育)을 받을 권리가 헌법적으로 보장되어야 할 것이다. 바로 이곳 대한민국은 주권자인 국민이 다스리는 곳이면서도("Here, the People Rule!"), 그동안 그들이 스스로 내린 헌법적 결단마저 국민 자신과 그 후속세대에게 체계적으로 전해진 바가 없기 때문이다. 그리하여 광장을 제외하고는 국민 자신이 주권자로서, 다시 말해 민주공화국의 헌법적 시민으로서 스스로 자신을 형성할 기회조차 갖지 못하였기 때문이다. 이제는 새로운 장(場)에서 국민의 헌법적 대화가 지속적으로 확장되어야 할 것이며, 여기서 모아진 국민 의사가 정치권에 반영될 수 있도록 제도화될 수 있어야 하기 때문이다.

이러한 문제의식을 기초로 아래에서는 먼저 헌법적 시민의 의미와 시민교육을 받을 권리의 헌법적 근거를 살펴 본 후, 이러한 헌법적 권리에 상응하는 입법자의 입법의무의 내용과 판단 기준을 검토하여, 시민교육법제화의 기본 골격과 방향을 제시해 보고자 한다.[7]

---

6) 예컨대 우리 국민의 정치 참여 확대를 위해서는 우선 정당 설립 및 가입 요건 등을 완화하는 정당법 개정, 선거권 연령을 하향 조정하는 선거법 개정 등을 통한 개혁입법 등을 조속히 마련해야 할 필요성이 있다.

7) 그동안 국내에서 (민주)시민교육에 관한 논문들은 상당할 정도의 양이 발표된 바 있고(이러한 선행연구에 대한 정리로는 무엇보다 장은주/홍석노/김상무/이경옥/정경수, 「왜 그리고 어떤 민주시민교육인가한국형 학교민주시민교육의 이론적 기초에 관한 연구」, 경기도교육연구원, 2014, 7쪽 이하 참조), 어느 정도 의미 있는 성과들을 보여주고 있다. 그러나 아직까지 (민주)시민교육에 대한 개념, 목표, 내용, 방법 등에 관하여 사회적으로 합의된 논의를 찾는 것은 매우 어려운 실정이다. 그리하여 최근 2016년 한-독 국제학술회의(시민교육과 헌법)를 계기로 발표된 몇 편의 논문에서,

II. 헌법적 시민의 의미와 시민교육을 받을 권리의 헌법적 근거

1. 입헌주의를 내면화한 대한민국의 주권자(헌법적 대화의 주체)로서 헌법적 시민(Constitutional Citizen)

헌법적 시민(Constitutional Citizen)의 의미는 우리 헌법의 인간상(人間像), 즉 대한민국의 주권자로서 헌법적 시민상(市民像)에 대한 논의와 연결될 때 분명해 질 수 있다. 이는 종래 우리 사회에서 적지 않은 논의에도 불구하고 합의되지 아니한 시민상(市民像)에 대한, 이른바 규범력을 가진 기준을 제시한다는 의미가 있다.

우리 헌법 제10조는 '모든 국민은 인간으로서의 존엄과 가치를 가지며, 행복을 추구할 권리를 가진다. 국가는 개인이 가지는 불가침의 기본적 인권을 확인하고 이를 보장할 의무를 진다.'고 규정하여, 인간의 존엄과 가치를 헌법의 최고 이념이자 기본권으로 보장하고 있다. 이러한 인간은 바로 '존엄한 인격체'를 의미하며, 이는 자기 자신과 다른 이와의 관계맺음, 그리고 이들이 함께 살아야 할 국가공동체와의

우리나라에서는 처음으로 시민교육에 대한 사회적 합의로서 그 헌법적 토대를 논의한 바 있다(예컨대 김선택, "시민교육의 기초로서의 헌법적 합의", 「헌법연구」(제2권 제1호), 헌법이론실무학회, 2017, 19-46쪽; 홍석노, "헌법적 합의에 기초한 한국 학교 시민교육의 과제", 「헌법연구」(제4권 제1호), 헌법이론실무학회, 2017, 121-152쪽; 오정록, "한국의 학교 외의 시민교육 제도화를 위한 민주시민교육지원법안의 한계와 개선방안", 「헌법연구」(제4권 제1호), 헌법이론실무학회, 2017, 163-204쪽 등 참조). 그러나 이들 논문은 주로 시민교육에 관한 사회적 합의로서 헌법적 토대를 확인한 것이기 때문에, 여기서 제시된 과제들을 중심으로 다시 논의가 구체화될 필요가 있다. 특히 이들 과제들 중 시민교육에 관한 법제화는 가장 먼저 해결되어야 할 선결과제이기 때문에, 여기서 이를 집중적으로 다루고자 한다.

특별한 관계를 고려할 때 비로소 그 존재의 존엄함(dignity)이 드러날 수 있다.[8] 즉 헌법의 존엄한 인간은 한편 다른 이와의 관계에서 고유한 인격성(주체성)과 연대성(사회성)을 함께 가지고 있으면서, 특히 다른 한편 그들을 둘러싼 정치적 공동체를 공동으로 창설하고 이를 책임지는 이른바 '창조적(구성적)' 내지 '주권자적' 존재인 것이다(이른바 '국가공동체의 창조적 주권자'로서의 지위). 이러한 인간상은 1948년 8월 독일 헤렌킴제 섬에서 열린 독일기본법 제정 회의 바데(Baade)의 초안[9]과 독일 연방헌법재판소의 판례[10]에서도 확인되며, 우리 헌법 조문[11]과 헌법재판소의 판례[12]에서도 그 존재의 지위를 확

---

8) 이에 대하여는 홍석노, 「교육을 받을 권리의 헌법적 보장」, 고려대학교 법학박사학위논문, 2014, 16쪽 이하 참조.

9) 제1조: "인간은 신에 의해서 창조되었다. 그러나 국가는 인간들에 의해 창조되었다. 따라서 인간이 국가를 위해 존재하는 것이 아니고, 국가가 인간을 위해 존재한다(Der Mensch ist von Gott erschaffen, aber der Staat ist von Menschen gemacht. Darum ist der Mensch nicht um des Staates willen da, sondern der Staat um des Menschen willen~)."

10) 대표적으로 1954년 7월 20일 BVerfGE, 4, 7(15): "기본법의 인간상은 고립된 주권적 개인이라는 인간상이 아니다. 오히려 개인과 공동체의 긴장을 개인(인격체)의 공동체관련성과 공동체구속성의 의미에서 결정하고, 이 결정시 개인의 고유 가치를 침해하지 않아야 한다 … 개인은 자신의 행동의 자유를, 입법자가 사회적 공동생활을 관리하고 촉진하기 위하여, 해당 사안에 관하여 일반적으로 기대 가능한 것의 한계 내에서 그어놓은 한계를 준수하여야 하는데, 이는 개인의 독자성이 유지된다는 조건하에서 그렇다."

11) 예컨대 헌법 제10조 제1문(인간으로서의 존엄과 가치, 행복추구권), 제32조 제3항(근로조건의 기준으로서 인간의 존엄), 제36조 제1항(혼인과 가족생활의 기초로서 개인의 존엄) 등 규정에서 개인의 고유한 인격성과 그 주체성을, 그리고 헌법전문(국민의 책임과 의무), 제1조(대한민국의 주권자로서 국민의 지위), 제23조 제2항(재산권 행사의 한계로서 공공복리 의무), 제37조 제2항(기본권 제한 사유), 제38조(납세의 의무), 제39조(국방의 의무) 등을 규정함으로써 국가공동체를 창설하는 주체로서 주권자의 지위와 그 책임을 규정하고 있다.

12) 예컨대 기부금품모집행위를 금지하고 그 허가여부를 행정청의 자유재량으로 한 기부금품모집금지법 제3조 등 위헌제청사건(헌재 1998.5.28. 96헌가5, 판례집 10-1, 541, 555), 자동차 운전자에게 좌석안전띠 착용의무를 부과하고 위반시 범칙금 납부를 통고하도록 규정한 도로교통법 제118조 위헌확인사건(헌재 2003. 10. 30. 2002헌마518, 판례집 15-2하, 185, 200), 그리고 학원의설립 운영에관한법률 제22조 제1항 제1호 등 위헌제청, 학원의설립 운영에관한법률 제3조 등 위헌 확인사건(헌재 2000. 4. 27. 98헌가16 등, 판례집 12-1, 427, 460), 구 소득세법 제89조 제3호 등 위헌소원사건(헌재 2006. 2. 23. 2004헌바80, 판례집 18-1상, 208, 220), 교사의 학생 체벌에 대한 기소유예처분 취소청구를 기각한 사건(헌재 2006. 7. 27. 2005헌마1189, 공보 제118호, 1200, 1203) 등에서 독일 연방헌법재판소가 판시한 인간상과 거의 동일하게 판시하고 있다.

인할 수 있다. 이처럼 인간과 국가의 관계가 혁명적으로 전환된 것이 바로 '입헌주의(Constitutionalism)'[13]의 역사에서 핵심을 이룬다는 점은 주지하는 바와 같다.

어쨌든 이렇게 본다면 일단 헌법의 인간상에 부합한 '헌법적 시민(Constitutional Citizen)'은 '자신이 스스로 창조한 정치적 공동체 안에서 자율적 판단과 합리적 선택에 따라 행동하는 주체'이면서, '타인과의 관계에서는 연대와 책임을 동시에 지면서도 특히 주권자로서 자신이 창조한 국가공동체에 대한 책임과 의무를 지는 존재'로 이해할 수 있을 것이다. 그러나 여기서 중요한 것은 이러한 지위, 특히 자신들이 살아 갈 정치공동체를 스스로 창조하는 주권자라는 점을 강하게 인식하고 있어야 한다는 점이다. 즉 '자신의 지위와 국가의 관계를 정확히 파악하여, 국가가 주권자의 창조 목적에 기속될 수 있도록 행동하는 주체'여야 비로소 헌법적 시민으로 부를 수 있다는 점이다. 게다가 이들이 현재 통치하는 대한민국이라는 정치공동체는 과거 단한 명의 군주가 통치했던 군주국가와는 전혀 다르기 때문에, 이들은 자신의 주권을 서로 확인하고 그 행사에 대해 지속적으로 소통할 수밖에 없다. 따라서 일상생활에서의 대화와는 질적으로 전혀 다른 이른바 '헌법적 대화'를 이어갈 수 있는 주체를 우리는 '진정한 의미의 헌법적 시민'[14]으로 부를 수 있는 것이다.

---

13) 입헌주의(Constitutionalism)는 소위 자신이 살아가는 정치공동체의 근본 질서를 구성하고 있는 '헌법에 대한 일정한 이해와 태도' 내지 이에 대한 '관념과 사상'을 의미한다. 이러한 입헌주의의 역사적 전개 과정에서 가장 중요한 것은 바로 '인간대 국가(the man vs. the state)'의 관계부터 혁명적으로 전환되는데서 시작되었다는 점은 주지의 사실이다.

14) 비슷한 취지로 이를 '모범적인 헌법시민(exambulary constitutional citizen)'으로 일컫는 경우로는 Mark Tushnet(한상희 역), 「헌법은 왜 중요한가」, 아포리아, 2016, 171-173쪽 참조.

이런 의미에서 헌법적 시민은 '입헌주의를 내면화[15]한 대한민국의 주권자로서 헌법적 대화의 주체'라고 일단 정의할 수 있을 것이다. 즉 '대한민국의 주권자로서 자신이 스스로 결단한 헌법에 대한 충만한 이해와 충성(애국)적 태도를 바탕으로, 지속적인 헌법적 대화를 통해 그들의 헌법을 완성해 나가는 주체'를 의미한다. 따라서 이러한 주체로 성장할 권리, 즉 자신을 대한민국의 주권자로서 헌법적 시민으로 스스로 형성할 권리가 헌법적으로 보장되어 있어야 한다는 점은 의문의 여지가 없다.

2. 시민교육을 받을 권리의 헌법적 근거와 그 의미(실익)

우리 헌법은 전문에서 "유구한 역사와 전통에 빛나는 우리 대한국민은 …(중략)… 정치·경제·사회·문화의 모든 영역에 있어서 각인의 기회를 균등히 하고, 능력을 최고도로 발휘하게 하며…"라고 하여, 국가의 모든 영역에서 국민 스스로 자신들의 능력을 최고도로 발휘할 것을 결단하고 있다. 게다가 자신들이 다스릴 국가공동체를 민주공화국으로 규정하고(제1조 제1항), 그들의 주권을 기본권을 통해 행사하기 위한 제도적 장치를 마련하고 있다(제21조, 제24조, 제

---

15) 여기서 '입헌주의의 내면화(Constitutionalism Internalization)'는 입헌주의, 즉 자신이 속해 있는 정치공동체의 근본 질서를 구성하고 있는 '헌법에 대한 일정한 이해와 태도' 내지 '관념과 사상'이 주권자인 국민에게 내재되어 있는 상태를 의미한다. 이 용어는 일찍이 독일의 슈테른베르거(Dolf Sternberger)가 헌법과 애국심을 결합한 의미로 사용한 "헌법충성(애국)주의(Verfassungspatriotismus)"라는 용례, 이것을 오늘날 인권과 민주주의의 원칙에 대한 헌신이라는 의미로 풀이하여 일반화시킨 하버마스(Jürgen Harbermas)의 노력, 그리고 최근 이 용어에 대한 국내적 수용 가능성에 대한 시도와 더불어 특히 헌법의 기본정신과 그 근본 합의에 대한 내면화를 강조하고 있는 "입헌주의에 대한 충성심(Constitutional Patriotism)"이라는 표현과 그 맥을 같이하고 있다. 이 용어에 대한 소개로는 홍석노, "입헌주의의 내면화를 위한 한국 민주시민교육의 현황과 과제", 「헌법연구」(제2권 제1호), 헌법이론실무학회, 2015, 102쪽 이하 참조.

25조). 특히 그들의 권력을 입법권은 국회, 행정권은 대통령, 사법권은 법원이 대신하여 행사할 수 있도록 각각 규정하면서도(제41조 제1항, 제67조 제1항, 제101조 제1항), 국가의 운명을 좌우할만한 중대한 사안인 국가안위에 관한 중요정책과 헌법개정안 만큼은 국민이 직접 결정하겠다고 결단하였다(제72조, 제130조 제2항). 더하여 국가안전보장·질서유지 또는 공공복리를 위하여 필요한 경우에 한하여 법률로써 자신들의 기본권을 제한하고(제37조 제2항), 국가공동체의 존속을 위해 국방, 납세 등의 의무를 스스로 이행하겠다는 민주공화국 시민으로서의 책임까지 결단하고 있다(제38조, 제39조 등). 이처럼 우리 국민은 헌법에 '사적 생활 영역'에서 자아실현의 주체로서, '공적 참여 영역'에서 주권자로서 자신들이 어떻게 살아갈 것인지, 그리고 어떤 책임까지 짊어질 것인지를 분명히 밝히고 있는 것이다. 즉 국민 자신이 대한민국의 주권자로서 헌법적 시민임을 스스로 밝히고 있는 것이다.

여기에 특히 헌법 제31조는 '모든 국민은 능력에 따라 균등하게 교육을 받을 권리를 가진다.'고 규정하면서(제1항), 그 보호하는 자녀를 둔 국민에게 적어도 초등교육과 법률이 정하는 교육을 받게 할 의무를(제2항), 국가가 제공하는 의무교육은 무상으로 할 것과 국가의 평생교육진흥 의무를(제3항, 제5항), 그리고 모든 교육제도의 운영 등에 관한 "기본적인 사항"은 법률로써 정하도록 규정하고 있다는 점이다(제6항). 이는 우리 국민이 자아실현의 주체로서, 그리고 주권자로서 내린 헌법적 결단을 자신과 그들 후속세대가 교육 받을 권리를 보장한 것으로 해석할 수 있다. 이렇게 본다면, 앞서 언급한 헌법 조문들과 헌법 제31조가 결합하여 이른바 헌법적 시민으로 자신을 형성할 권리, 즉 시민교육을 받을 헌법적 권리가 보장된 것으로 볼 수 있다.

따라서 국가는 학교교육과 평생교육에 이르는 모든 과정에서 이 권리를 보장하기 위한 의무, 특히 입법자는 이를 보장하기 위해 헌법 제31조 제6항에 따라 그 "기본적인 사항"을 반드시 법률로써 구체화 시킬 입법의무가 발생하는 것이다.[16] 즉 입법자는 시민교육을 받을 헌법적 권리를 보장하기 위한 "기본적인 사항"은 반드시 법률로써 정 해야 하며, 만일 이를 이행하지 않는다면 입법부작위로 인한 헌법소 원도 가능할 것으로 보인다.

---

16) 특히 헌법 제31조 제4항과 동조 제6항에 부대된 법률유보는 '기본권 형성적 법률유보'의 성격을 가지기 때문에, 입법자는 반드시 이를 법률로써 구체화해야 할 입법의무를 지게 된다. 즉 제31조 제4항은 '교육의 자주성·전문성·정치적 중립성 및 대학의 자율성은 법률이 정하는 바에 의하여 보장된다.'고 규정하고, 동조 제6항은 '학교교육 및 평생교육을 포함한 교육제도와 그 운영, 교육재정 및 교원의 지위에 관한 기본적인 사항은 법률로 정한다.'고 규정하고 있다. 여기서 제4항의 "…법률이 정하는 바…"와 제6항의 "…법률로 정한다."는 문구는 종래의 해석처럼 '기본권 제한적 법률유보'가 아니라 '기본권 형성적 법률유보'를 의미하기 때문에, 입법자는 여기에 '완전히(voll)' 구속되어 이를 법률로써 구체화시킬 의무가 발생한다는 것이다. 이에 대해 상세한 것은 홍석노, "교육제도법정주의의 헌법적 의미와 기능(성격)-헌법 제31조 제4항과 동조 제6항에 관한 헌법재판소의 논증구조와 문제점-", 「안암법학」(통권 제27호), 안암법학회, 2008.9., 39-68쪽; 또한 동인, 앞의 논문(주 8), 163쪽 이하, 특히 183쪽 이하 참조.

Ⅲ. 시민교육을 받을 헌법적 권리의 내용과 시민교육법제화의 기본 방향

1. 입법의무(의회유보)로서 "기본적인 사항" 의 범위와 판단기준

그렇다면 이 권리를 보장하기 위해 입법자가 반드시 법률로써 정해야 할 "기본적인 사항", 즉 일차적으로 의회유보에 있어야 할 본질적인 내용의 범위가 어디까지인지가 의문이다.[17] 다시 말해 헌법적 시민으로서 자신을 형성하기 위해, 국가에게 요구할 수 있는 최소한의 내용과 범위가 어디까진가라는 점이다. 이는 그동안 한국 사회에서 시민교육의 목표, 내용, 방법 등에 대한 대체적인 합의점마저 찾지 못한 상태에서, 심지어 시민교육의 개념 자체에 대한 혼동(混同)이 다반사인 한국적 상황에서, 그 근본적 합의로서 입법자가 반드시 법률로써 정해야 할 시민교육에 대한 최소한의 범위와 한계를 확인하는 중요한 의미도 담겨있다.

문제는 이를 판단할 수 있는 기준이 무엇인가라는 점인데, 여기서는 다음 세 가지를 고려해 볼 수 있을 것이다: (ⅰ) 헌법 제31조 제4항과 제6항 규정의 기능과 성격, (ⅱ) 헌법의 명시적 기준 내지 이에 준하는 규정의 존재 여부, (ⅲ) 헌법 내재적 기준으로서 입헌주의

---

17) 이와 관련해서는 동 권리의 법적 성격 등이 동시에 문제될 것이다. 그러나 여기서는 동 권리의 보장 내용과 그 범위(한계)에 집중하여 논의하고자 한다. 교육을 받을 권리의 법적 성격 등에 관하여 자세한 것은 홍석노, 앞의 논문(주 8), 91쪽 이하; 또한 동인, "교육을 받을 권리의 헌법적 개념과 성격", 「공법연구」(제42집 제4호), 한국공법학회, 2014. 6., 115-146쪽 등도 참조.

(constitutionalism)의 이념과 역사적 맥락 등이다. (ⅰ)은 교육제도법정주의를 규정한 헌법 조항으로서 입법자가 준수해야 할 요건과 한계가 무엇인가라는 점에서, (ⅱ)는 헌법에서 시민교육을 위한 최소한의 내용과 범위를 찾을 수 있을 것인가라는 점에서, 마지막으로 (ⅲ)은 우리 헌법이 속한 입헌주의의 이념과 역사적 맥락을 참고하여 시민교육에서 다루어야 할 실질이 무엇인가를 고려해 볼 수 있다는 점에서 각각 의미를 가진다고 보기 때문이다. 입법자는 이들 기준을 종합적으로 고려하여 시민교육에 관한 "기본적인 사항"을 법률로써 정해야 할 것으로 보인다.

2. 헌법 제31조 제4항과 제6항의 관계: 입법자가 교육관련 법률 제정시 준수해야 할 헌법적 요건과 한계

먼저 헌법 제31조 제4항은 '교육의 자주성·전문성·정치적 중립성 및 대학의 자율성은 법률이 정하는 바에 의하여 보장된다.'고 하고, 동조 제6항은 '학교교육 및 평생교육을 포함한 교육제도와 그 운영, 교육재정 및 교원의 지위에 관한 기본적인 사항은 법률로 정한다.'고 규정하고 있다. 여기서 제4항 교육의 자주성은 대체로 교육이 국가권력을 포함하여 외부로부터 독립하여 운영되어야 할 것을 의미하고, 교육의 자주성은 넓은 의미의 교육의 자유로서 학교자치와 교육자치, 대학의 자율성, 그리고 교사의 교육의 자유까지 포함하는 교육 영역에서의 자유를 의미하는 것으로 보고 있다.[18]

---

18) 이에 대하여는 홍석노, 앞의 논문(주 8), 173쪽 이하 참조.

특히 교육의 정치적 중립성은 종래 교육이 국가권력이나 정치적 세력으로부터 부당한 간섭을 받지 아니하고, 또한 교육이 정치 영역에 적극적으로 개입하지 말아야 한다는 의미로 이해되어 왔으나, 그동안 이 조항이 주로 공무원과 교사의 정치활동의 자유를 제한하는 근거로 활용되어 왔기 때문에 이에 대한 재해석이 필요하다는 주장이 지속적으로 제기되고 있다. 즉 한편으로 이 조항은 공무원과 교원 및 교원 단체의 정치활동의 자유를 제한할 수 있는 근거 규정이 아니라는 점,[19] 그리고 다른 한편 시민교육의 측면에서 이 조항은 교육현장에서 정치적 사안 자체를 다루지 못하도록 제한하는 규정이 아니라는 점[20]을 강조하고 있는 것이다. 이는 오늘날 선거권 연령 하향 조정 논의와 관련하여 청소년의 정치적 참여의 확대 차원에서도 중요한 의미를 가진다고 볼 수 있다. 그밖에 대학의 자율성은 학문 연구와 교육을 동시에 수행하는 대학의 특별한 기능을 고려하여 헌법 제22

---

19) 예컨대 그동안 이 조항은 공무원과 교원 및 교원 단체의 정치활동을 제한할 수 있는 근거 규정으로 활용되도록 왜곡하여 해석함으로써, 공무원과 교원이 현존하는 국가권력(정권)에 무조건 충성하도록 강요하여 왔다는 것이다. 이러한 지적으로는 정태호, "한국에서 직업공무원 및 교원의 정치적 자유-정권의 도구로 전락하고 있는 한국의 직업공무원", 「헌법연구」(제3권 제1호), 헌법이론실무학회, 2016, 1-35쪽 참조. 오히려 이 조항은 헌법 제7조 제2항 공무원의 정치적 중립성 규정과 제31조 제4항 교육의 정치적 중립성 규정이 결합하여 보다 강화된 보장, 즉 종래의 해석처럼 기본권 제한적 법률유보 규정이 아니라 기본권 형성적 법률유보 규정으로 재해석하여 교사의 신분보장을 위한 논거가 될 수 있는지를 검토해 볼 여지가 있다.

20) 예컨대 이 조항은 시민교육의 측면에서 보다 적극적으로 해석하여 정치적 사안을 다룰 때 "특정한 정파나 진영의 정치적 이해관계나 정략 등으로부터 독립적이고 중립적일 수 있어야 한다."는 의미로 해석되어야 한다는 주장이다. 이에 대하여는 장은주/홍석노/김상무/이경옥/정경수, 앞의 보고서(주 7), 53쪽 이하; 장은주,「시민교육이 희망이다」, 피어나, 2017, 163쪽 이하; 홍석노, 앞의 논문(주 7), 143쪽 이하 등 참조. 우리 헌법재판소도 이와 유사한 견해를 제시한 바 있다: "교육의 자주성·전문성·정치적 중립성을 헌법이 보장하고 있는 이유는 교육이 국가의 백년대계의 기초인 만큼 국가의 안정적인 성장·발달을 도모하기 위해서는 교육이 외부세력의 부당한 간섭에 영향 받지 않도록 교육자 내지 교육전문가에 의하여 주도되고 관할되어야 할 필요가 있다. 이를 위해서는 … (중략) … 교육방법이나 교육내용이 종교 종파성과 당파적 편향성에 의하여 부당하게 침해 또는 간섭당하지 않고 가치중립적인 진리교육이 보장되어야 할 (것이다.)" 헌재 1992. 11. 12. 89헌마88, 판례집 4, 739, 761.

조와 함께 제31조 제4항에 이를 규정하여 대학 자치를 강화하고 있는 것으로 이해하고 있다.

여기서 중요한 것은 헌법 제31조 제4항이 동조 제6항과의 관계에서 갖는 다음과 같은 기능과 성격이다: 첫째, 헌법 제31조 제4항은 입법자에게 '교육의 자주성·전문성·정치적 중립성 및 대학의 자율성'을 보장하기 위한 법률을 제정할 것을 명령하는 규정으로 볼 수 있다. 즉 제4항 '법률이 정하는 바에 의하여 보장된다.'는 문구는 '교육의 자주성·전문성·정치적 중립성 및 대학의 자율성'이 의회의 법률로써 비로소 보장되는 것이 아니라, 이들 가이드라인(요건)을 준수하여 이를 구체적으로 보장하기 위한 법률을 제정하라는 헌법적 명령 규정으로 해석할 수 있다(이른바 헌법 위임 내지 요건 규정). 둘째, 이렇게 동조 제4항을 이해할 때 입법자는 이들 요건을 준수하여, 동조 제6항에 의해 교육제도 등의 "기본적인 사항"을 법률로써 구체화해야 한다는 것으로 해석할 수 있다. 즉 제4항의 요건을 준수하여 제6항에 따른 교육관련 입법의 골격을 짜야 한다는 점이다. 따라서 입법자는 교육관련 법률의 제정 단계마다 제4항의 요건을 반드시 준수해야만 할 것이다. 셋째, 특히 이들 조항에 부대된 법률유보는 '기본권 형성적 법률유보'의 성격을 가진다는 점은 앞서 언급한 바와 같다.[21] 즉 헌법 제31조 제4항 규정의 '…법률이 정하는 바에 의하여…'라는 문구와 동조 제6항 규정의 '…법률로 정한다.'는 문구는 종래의 이해처럼 '기본권 제한적 법률유보'가 아니라, '기본권 형성적 법률유보'의 성격을 가진다고 볼 수 있다. 이렇게 본다면, 헌법 제31조 제6항에 따라 교육제

---

21) 이에 대하여는 앞의 [각주 16] 참조.

도의 형성권을 가진 입법자는 동조 제4항에서 제시된 요건(교육의 자주성·전문성·정치적 중립성 및 대학의 자율성)을 반드시 충족하여 입법권을 행사할 수밖에 없다.

따라서 시민교육을 받을 헌법적 권리를 보장하기 위해 입법자가 반드시 법률로써 정해야 할 '기본적인 사항'도, 바로 헌법 제31조 제4항의 요건을 구체화한 것이어야 한다. 다시 말해 입법자가 법률로써 시민교육에 관한 제도를 형성할 때에도, '교육의 자주성·전문성·정치적 중립성 및 대학의 자율성'을 보장하기 위해 필수적으로 요구되는 사항들을 일차적으로 고려해야하는 것이다. 다만 그 사항들이 무엇인지, 그리고 입법의 유형과 영역에 따라 제4항 규정의 요건들 모두를 충족시킬 것인지, 아니면 그들 중 일부만으로 족할 것인지 여부를 판단해야 할 과제는 여전히 남아 있다.

3. 헌법의 명시적 기준에 준하는 규정의 존재 여부: 헌법 개정의 한계 조항 내지 '국가목표규정(Staatszielnorm)'

다음으로 우리 헌법에서 시민교육에 관한 법제화 과정에 입법자가 반드시 고려해야 할 기본적인 사항들을 명시적으로 제시하고 있는가 여부이다. 예컨대 독일의 경우 이른바 '항구성보장(Ewigkeitsgarantie)' 조항으로 부르는 독일기본법 제79조 제3항[22]은

---

22) "연방을 주로 나눈 것, 주가 입법에 원칙적으로 관여하게 한 것, 또는 제1조와 제20조 에 규정된 원칙들을 건드리는, 기본법 개정은 허용되지 아니한다. (Eine Änderung dieses Grundgesetzes, durch welche die Gliederung des Bundes in Länder, die grundsätzliche Mitwirkung der Länder bei der Gesetzgebung oder die in den Artikeln 1 und 20 niedergelegten Grundsätze berührt werden, ist unzulässig.)"

기본법의 동일성(독일 국가의 정체성)을 형성하는 핵심 규정으로서 헌법 개정의 한계 조항을 두고 있다. 즉 '연방을 주로 나눈 것, 입법에 관한 주의 원칙적 협력, 주 기본권으로서 인간의 존엄의 불가침성(제1조)', 그리고 제20조에 규정한 '민주적·사회적 연방국가로서 독일연방공화국(제1항), 국민주권주의(제2항), 법치국가(제3항), 저항권(제4항)' 등 기본법의 기본 원리 내지 국가 구성의 원칙들은 독일 국가의 근간(根幹)을 형성하는 것으로서, 어떤 경우에도 폐제될 수 없는 헌법 개정의 한계라는 것이다. 이 원칙들이 법률 제정 단계에서도 반드시 고려되어야 한다는 점은 당연하다.

그러나 우리 헌법은 이와 같은 명문 규정이 없다. 다만 독일기본법에 규정된 이들 원칙(리)들은 '국가목표규정(Staatszielnorm)'의 성격을 가지기 때문에, 여기에 해당하는 조항들을 대한민국이라는 헌법국가의 정체성을 형성하는 근간(根幹)으로 볼 수 있을 것이다. 예컨대 헌법의 최고 이념으로서 인간의 존엄과 가치(제10조), 국가 구성의 원리로서 공화국원리(제1조 제1항), 민주주의원리(제1조 제2항), 법치국가원리(제27조 제1항, 제103조, 제107조), 사회국가원리(제34조 제2항), 문화국가원리(제9조), 통일국가지향원리(제4조), 국제평화주의원리(제5조) 등이 여기에 해당된다고 볼 수 있다.

따라서 이들 조항은 대한민국 헌법의 동일성 내지 정체성을 형성하는 핵심적인 사항이므로, 입법자는 이를 반드시 고려하여 법률을 제정하여야 할 것이다. 적어도 이들은 시민교육을 받을 헌법적 권리를 보장하기 위해 제정되어야 할 법률의 '기본적인 사항'을 구성하는 내용과 실질을 구성할 것이기 때문이다.

4. 헌법 내재적 기준으로서 입헌주의의 이념과 역사적 맥락: 이른바 "헌법의 핵(Verfassungskern)"

마지막으로 고려되어야 할 것은 헌법의 내재적 기준으로서 '입헌주의(Constitutionalism)'라는 이념이 가지는 역사적 맥락 등이다. 이는 우리 헌법이 속한 근대적 입헌주의의 이념과 역사적 맥락에서 도출할 수 있는 내용들이, 앞서 논의된 헌법의 명시적 기준으로서 '국가목표규정' 등과 결합하여 시민교육을 위한 법제화의 실질을 구성하는 기준이 될 수 있을 것인가 여부이다.

일반적으로 근대적 입헌주의 이념의 맥락 속에서 도출될 수 있는 핵심 내용[23]은 다음 몇 가지로 정리할 수 있다: 첫째, 인간과 국가의 관계가 혁명적으로 전환되어 설정된 이른바 '인간의 존엄(Human dignity)'이다. 이는 국가가 인간에 선행한다고 보면서 인간을 마치 국가의 부속물처럼 여겨 온 종래의 관념에 정면으로 도전한 것으로서, 이른바 코페르니쿠스적 전환이라 부를 만큼 근대적 입헌주의 이념의 혁명적 소산물이다. 즉 인간은 국가의 관계에서 스스로 존엄하며, 따라서 국가는 스스로 존엄한 존재가 아닌 존엄한 인간의 창조 목적에 기속되는 존재에 불과하다. 따라서 인간은 어떤 인식과 평가의 대상이기 이전에, 이미 처음부터 믿어지는 존재로서 이것이 바로 '인간 존엄(Human dignity)'의 토대를 이룬다고 보는 것이다. 이렇게 입헌주의 이념적 기초를 이해할 때, 모든 헌법국가의 출발점은 바로 '인간의 존엄'에서부터 시작되어야 하며, 따라서 헌법적 시민을 형성하기 위

---

23) 이렇게 입헌주의의 이념적 맥락 내에서 도출할 수 있는 내용들을 통틀어 "헌법의 핵(Verfassungskern)" 이라고도 부르는 김선택, 앞의 논문(주 7), 30쪽 이하 참조.

한 시민교육의 첫 걸음도 바로 여기서부터 출발해야 할 것이다. 둘째, 이렇게 존엄한 인간 존재에게 '자율(Autonomy)'과 '자유(Freedom)'는 필수적이다. 즉 신에 의해 창조된 인간은 국가와의 관계에서 스스로 존엄한 존재이기 때문에, 자신을 스스로 형성할 책무가 있다. 이러한 자신의 실존적 책무를 이행하기 위해서 반드시 요구되는 것이 바로 '자율' 내지 '자유'인 것이다. 서로 다른 존엄한 인격체가 자신을 각자의 모습으로 형성해 나가려면, 이들은 필수적이기 때문이다. 셋째, 정치적 공동체에 대한 관계에서 요구되는 '자치(self-rule)'와 '책임(responsibility)'이다. 여기서 '자치'(self-rule)는 개인적 차원에서의 자율이 공동체적 차원으로 확대된 것으로서, 자신이 속한 공동체의 문제를 해결하기 위한 민주적 참여와 정치적 의사결정의 방식을 의미한다. 다만 이를 실현하기 위해 직·간접의 형태 중 어떤 방식을 취할 것인지가 문제된다. 마찬가지로 '책임(responsibility)'도 개인적 차원에서 자유의 의미가 공동체적 차원으로 확장된 것으로서, 공동체와 분리될 수 없는 자유 내지 공동체를 전제한 자유를 의미한다. 이로 인하여 타인과의 관계에서 자유의 한계로서 책임이 등장하고, 공동체를 향한 자유로서 자신이 속한 공동체를 유지·발전시켜야 할 책임이 부여된다고 보는 것이다.

이렇게 우리 헌법이 속한 입헌주의의 이념적 맥락을 통해 도출한 내용들은 이른바 '헌법의 핵(Verfassungskern)'으로 부를 만한 것으로서, 우리 헌법을 비롯한 거의 모든 국가의 헌법에 조문화되어 있다는 점은 주지의 사실이다. 따라서 시민교육에 관한 법률을 제정해야 할 입법자가 이를 반드시 고려해야 한다는 점은 의심의 여지가 없다.

5. 시민교육을 위한 구체화 입법의 기본 골격과 제정 방향

위에서 살펴 본 판단 기준을 종합적으로 고려할 때, 입법자가 시민교육을 받을 헌법적 권리의 보장을 위해 법률로써 구체화시켜야 할 기본 골격과 제정 방향은 다음과 같이 설정해 볼 수 있을 것이다. 즉 일차적으로 의회유보에 있어야 할 기본적인 사항들은 다음과 같다:

첫째, 이 법률의 기본 이념과 입법 목적이다. 여기서는 무엇보다 '입헌주의를 내면화한 대한민국의 주권자로서 헌법적 시민의 형성'에 두어야 한다. 이는 인간과 국가공동체와의 관계에서 '인간 존엄'의 혁명적 전환을 선포한 이른바 헌법 내재적 기준으로서 입헌주의의 이념적 맥락에 의하거나, 인간의 존엄과 가치를 우리 헌법의 기본 이념이자 기본권으로 규정한 헌법의 명시적 태도에 의할 때(제10조), 그리고 이러한 헌법의 인간상은 바로 앞서 언급한 '입헌주의를 내면화한 대한민국의 주권자'로서 '헌법적 대화의 주체인 헌법적 시민(constitutional citizen)'을 의미한다는 해석론에 의할 때 분명해지기 때문이다. 더하여 특히 우리 헌법이 시민교육을 받을 권리를 보장한 근거 규정들을 통해, 입법자에게 이를 구체화시킬 입법의무를 지우고 있다는 점 등을 종합적으로 고려할 때 더욱 그러하다.

둘째, 이 법률에서 담아야 할 기본적인 내용과 실질이다. 여기서는 이른바 '헌법의 핵(Verfassungskern)'이라 부를만한 우리 헌법의 기본 원리로서 공화국원리(제1조 제1항), 민주주의 원리(제1조 제2항), 인간으로서의 존엄과 가치(제10조)를 비롯한 기본권 규정(제11조 내지 제37조 제1항)과 의무 규정(제38조, 제39조) 등과 관련된 내용은 필수적 입법 사항으로, 그밖에 '국가목표규정(Staatszielnorm)'에 해당하는 법치국가(제27조 제1항, 제103조, 제107조), 사회국가(제34조 제2항), 국제평화주의(제5조), 통일지향국가(제4조) 원리 등은 입법적 고려 사항으로 구분해야 할 것이다. 전자는 우리 헌법상 '국가목표규정(Staatszielnorm)'에 해당하는 조문들 중에서 입헌주의적 판단 기준으로서 이른바 '헌법의 핵(Verfassungskern)'과 합치한 내용들을 필수적 입법 사항으로, 후자는 우리 헌법상 국가목표규정에는 해당하지만 입헌주의적 판단 기준과 합치하지 아니하는 조문들을 입법적 고려 사항으로 각각 구분한 것이다. 주의할 것은 이들 헌법 조문이 그대로 법제화되거나, 이와 관련된 구체적인 해석이 법제화의 내용과 실질을 이룰 수 없다는 점이다. 다만 입법자는 해당 헌법 조문들을 아우를 수 있는 헌법적 가치와 법익을 중심으로 그 실질을 형성하거나, 이들 카테고리에 포섭될 수 있는 헌법적 문제들을 중심으로 의회유보 사항 여부를 판단해야 할 것으로 보인다. 어쨌든 이들 헌법적 가치와 법익 내지 그 카테고리에 포섭될 수 있는 헌법적 문제들만큼은 시민교육의 장(場)에서 반드시 다뤄져야 할 것이다.

셋째, 이 법률의 구체적인 적용 방법이다. 여기서는 이 법률의 입법 목적과 이념, 내용을 실현할 수 있는 가장 적합한 방식을 찾아 그 방향성을 제시해야 한다. 여기서 특히 주목할 만한 사례로는 독일의 정치교육(정치적 판단능력 교육, Politischen Urteil- Bildung)의 대전제로서 이른바 '보이텔스바흐 합의(Beutelsbacher Konsens)'이다. 이 합의는 1976년 가을 독일 남부 바덴-뷔텐베르크의 작은 마을 보이텔스바하에서 채택된 독일 정치교육을 위한 방법적 대전제로서, 크게 1. 강요의 금지, 2. 논쟁성 유지, 3. 학습자 지향성의 세 부분으로 구성되어 있다.[24] 이 합의는 오늘날 시민교육을 위한 방법적 합의가 전무하다시피 한 한국적 상황에서 중요한 의미를 가진다. 특히 이 합의는 앞서 입법자가 시민교육관련 법제화 과정에서 준수해야 할 기준으로서 제시된 헌법 제31조 제4항과 제6항 규정 요건을 어느 정도 충족한 사례처럼 보이기 때문이다. 즉 헌법 제31조 제4항은 입법자에게 '교육의 자주성·전문성·정치적 중립성 및 대학의 자율성'을 보장하기 위한 법률을 제정할 것을 요구하는 헌법적 명령 규정으로서, 이들 가이드라인(요건)을 준수하여 입법자는 동조 제6항에 따라 교육관련 입법의 골격을 짜야하기 때문이다. 특히 앞서 언급한 바처럼 제4항의 '교육의 자주성'은 넓은 의미에서 교육 영역의 자유를, '교육의 정치적 중립성'은 시민교육의 측면에서 보다 적극적으로 해석할 때 교육현장에서 정치적 사안 자체를 다루지 못하도록 제한하는 규정이 아니다. 이렇게 본다면, 입법자는 '교육의 자주성' 요건에 따라 시민교육의 장(場)에서 자율과 자치를 법률로써 보장해야 하며, '교육의 정치적 중

---

24) 이 합의는 1972년 독일 헷센(Hessen)州가 발표한 기본교육방침이 계기였다. 당시 독일사회민주당(SPD)이 이끌던 헷센(Hessen)州가 발표한 기본교육방침과 교과서가, 좌파 마르크스주의 교육을 위한 것이라고 학부모들이 거세게 저항하면서 시작된 것이다. 이듬해인 1973년 프랑크푸르트에서 열린 대토론회에서는 무력충돌 조짐까지 나타났고, 특히 노르트라인 베스트팔렌州가 발표한 기본교육방침을 두고 똑같은 상황이 벌어졌다. 이러한 갈등이 1975년 독일 전역의 정치권 갈등으로까지 확대되자, 1976년 독일 남부 바덴-뷔르템베르크 주정치교육원에서 독일 정치교육을 담당하는 주요 기관과 관계자들이 모여 이 합의를 채택하기에 이른 것이다(자세한 것은 Walter Gagel, "역사적 사건으로서 보이텔스바흐 협약", Siegfried Schile, Herbert Schneider(편),「보이텔스바흐 협약은 충분한가? (원제: "Reicht der Beutelsbacher Konsens?"」, 바덴-부템베르크주 정치교육원 교수법 시리즈, 민주화운동기념사업회, 2009, 31쪽 이하 참조). 이 합의는 크게 다음 3가지 원칙으로 구성되어 있다: 1. 강요의 금지: 학생이 스스로 독자적인 판단을 형성하는 것을 방해하거나 또는 젊은 사람들에게 정치적 사회적으로 바람직한 태도와 견해를 강요하는 것은 허용되지 아니한다. 정치교육과 강제주입 사이의 원칙적인 경계는 학생들의 성숙도를 전제로 한다. 2. 학문과 정치에서 논쟁적인 것은 수업에서도 논쟁적으로 다뤄져야 한다. 따라서 서로 다른 입장들이 토론되어야 하고, 대안들이 언급되지 못한 채로 있어서는 안된다. 교사의 개인적인 입장, 학설상의 배경, 정치적 견해는 기껏해야 다수의 것들 중 하나일 뿐이다. 3. 학생들은 정치적인 상황과 그들 자신의 이해관계를 분석할 수 있는 상태에 있어야 한다. 이해관계가 민주주의에서 어떻게 표현되고 관철될 수 있는지, 그 수단과 방법을 찾아야 한다.

립성' 요건에 따라 적어도 교육현장에서 정치적 사안을 다룰 때 '특정 정파나 진영의 정치적 이해관계나 정략 등으로부터 독립적이고 중립성'을 지킬 수 있도록 법률로써 보장해야 할 것이다.

이런 의미에서 독일의 '보이텔스바흐 합의(Beutelsbacher Konsens)'의 3대 원칙은 시민교육법제화의 과제 앞에 놓여있는 입법자가 반드시 참고할만한 사례처럼 보이기 때문이다. 특히 이 합의 가운데 두 번째 원칙인 '논쟁성 재현'의 원칙은 우리 헌법 제31조 제4항 '교육의 정치적 중립성'을 재해석하여 구체화할 수 있는 가능성을 보여주고 있다는 점에서 주목할 만한 것이다.

마지막으로 이 법률의 실행 주체와 장소이다. 우선 이 법률은 우리 국민의 시민교육을 받을 헌법적 권리에 상응하여 제정된 법률이라는 점에서, 여기에 기속될 수밖에 없는 국가가 실행 주체라는 점은 분명하다. 다만 국가는 이를 효과적으로 이행하기 위해 국가가 직접 주도하거나 다른 국가 기관이나 지자체와 협력 체제를 구축할 수도 있고, 그 일부를 전문 기관에 위탁할 수도 있을 것이다. 중요한 것은 이 과정에서 준수해야 할 헌법적 요건과 원칙을 입법적 차원에서 다시 확인하는 작업일 것이다. 예컨대 헌법 제31조 제4항의 '교육의 자주성·전문성·정치적 중립성 및 대학의 자율성'이라는 요건과 헌법 내재적 기준으로서 입헌주의의 역사적 이념이 요구하는 '자율과 자치', 그리고 공동체에 대한 '책임'이라는 원칙을 염두에 둔다면, "국가는 지원하되 '특별한 경우'를 제외하고는 간섭하지 아니한다."는 원칙을 입법적 차원에서 확인할 수 있을 것으로 보인다. 다만 그 '특별한 경우'에 해당하는가 여부를 판단하기 위해서는 독일의 '보이텔스바흐 합의(Beutels- bacher Konsens)'와 같은 최소한의 원칙에 대한 합의가 마련되어야 하며, 독일 연방정치교육원과 같은 중앙정부 차원의 컨트롤 타워가 설치되어야 할 것이다.

이러한 기본 원칙과 최소한의 합의를 바탕으로 이 법률에서 정한 시민교육을 이행하기 위한 구체적인 장소가 모색되어야 할 것이다. 예컨대 시민교육의 장(場)을 학교 '안'과 '밖'으로 구분하여, 여기서 이를 이행하기 위한 한국적 현실과 조건 등을 면밀하게 검토하여 법제화를 시도해야 할 것이다.[25] 여기서 특히 학교는 그동안 다양한 방식으로 시민교육을 교육과정 등에 구현하기 위해 상당한 노력을 해 왔음에도 불구하고, 여전히 시민교육을 담당하는데 충분치 않다는 지적이 제기되어 왔다는 점을 염두에 두어야 한다.[26] 예컨대 시민교육을 그동안 주로 사회과를 위시한 특정 교과교육에 맡김으로써 가져 온 지엽적 한계성, 그것도 사회과 교과간 목표, 내용, 방법 등에 대한 체계적 부정합성, 게다가 현재 「인성교육진흥법」(2015)에 따라 인성교육이 학교현장에 시행됨으로써 가져 오는 시민교육과의 긴장관계, 그리고 시민교육의 장(場)으로서 학교조직과 구조가 여전히 안고 있는 비민주성, 특히 교육의 정치적 중립성에 대한 왜곡된 해석과 관행 때문에 학교현장에서 이른바 '보이텔스바흐 합의'와 같은 논쟁을 재현하기 어렵다는 점 등의 문제 제기가 그것이다. 그리하여 오늘날 그

---

25) 이에 대하여는 홍석노, 앞의 논문(주 7), 121-152쪽; 오정록, 앞의 논문(주 7), 163-204쪽 등을 각각 참고할 것.

26) 대표적으로 김성수/신두철/유평준/정하윤, 「학교 내 민주시민교육 활성화 방안」, 교육부정책연구보고서(정책 2015 위탁-9), 한양대학교 국가전략연구소, 2015; 강대현, "한국 사회과 교육과정의 변천과 양상-교수요목기에서 2009 개정 교육과정까지-", 「사회과교육」(제54권 제1호), 한국사회과교육연구학회, 2015, 63-89쪽; 강대현/모경환, "한국 사회과 교육과정 개정의 양상-2007, 2009 개정 교육과정을 중심으로-", 「교육연구와 실천」(제79권), 서울대학교 교육종합연구원, 2013, 1-22쪽 등 참조. 여기서는 종래 사회과를 위시한 특정 교과 중심으로 전개되어 온 시민교육의 한계 등을 지적하고, 그 대안으로서 독립교과의 필요성 등을 언급하고 있다.

대안으로서 학교시민교육을 위한 독립교과의 편성, 이를 담당할 교원 양성체제의 재편, 학교자치의 실현과 학교민주주의 지수의 개발, 특히 교육의 정치적 중립성에 대한 재해석 논의 등이 활발히 진행되고 있는 것이다.

IV. 맺음말 - 헌법적 대화의 제도화를 통한 헌법적 시민의 형성과 시민 헌법의 완성

헌법이 국민의 헌법으로 완성되는 것은 진행 중에 있다. 헌법은 어떤 의미에서 스토리텔링에 관한 것이기 때문이다.[27] 헌법을 주권자인 국민 자신이 정치적 공동체의 삶에 대해 내린 근본적인 결단이라고 본다면, 특히 이러한 결단을 그들의 헌법적 상상력을 통해 축적·공유된 추상적·개방적 규범으로 이해할 수 있다면, 이는 오늘날 우리들의 헌법적 대화를 통해서만 완성해 갈 수 있기 때문이다. 이를 통해 우리 국민은 진정한 의미의 헌법적 시민으로 자신을 형성할 수 있고, 비로소 헌법은 국민의 헌법으로 거듭날 수 있는 것이다.[28] 다행이도 우리 국민은 지난 촛불 혁명의 과정에서 이러한 헌법적 대화를 어

---

27) 이에 대하여는 Tom Donnelly, "Popular Constitutionalism, Civic Education, and the Stories We Tell Our Children", The Yale Law Journal, Vol. 118, No. 5, 2008-2009, pp. 948-1001: "Constitutional law is, at least in part, about storytelling. Through the exercise of our collective constitutional imagination, vague words written centuries ago are given life … In the process, the American Constitution becomes our Constitution. As Jack Balkin explains, this imaginative process focuses on constructing a 'constitutional story-a constructive narrative … ' (p.951)."

28) 이러한 취지의 언급으로는 Tom Donnelly, 위의 논문, p.952: "It is through these imaginative acts and on going disputes that we become citizen … It is through constructing these narratives that we truly become "We the People.""

느 정도 경험하였다. 게다가 노래, 춤, 다양한 퍼포먼스까지 과거 광장에서는 결코 찾아 볼 수 없었던 광경이 펼쳐졌고, 이는 우리 헌정사에 초유의 사건으로 기록될 현직 대통령에 대한 파면결정까지 이끌어냈다. 국가적 위기 상황 앞에서 헌법에 마련된 절차를 끝까지 신뢰하고 그 분노를 자제했던, 우리 국민의 놀라운 인내력과 위대한 시민성을 보여준 역사적 사건으로 기록될 것이다.

그러나 아쉽게도 여기까지일 수 있다. 모처럼 활짝 열린 우리 국민의 헌법적 대화가 다시 광장에 갇혀 사라질 수도 있다. 문제는 광장에서의 일회적 경험만으로는 입헌주의를 내면화한 진정한 의미의 헌법적 시민(주권자)으로 자신을 형성할 수도, 헌법을 국민의 헌법으로 완성할 수도 없다는 점이다. 이러한 헌법적 대화가 광장에만 머물러 중단된다면, 이를 우리 국민의 일상적 대화의 장(場)으로 끌고 올 수 없다면, 그리하여 헌법을 진정한 의미의 시민의 헌법으로 완성해 갈 수 없다면, 어쩌면 새로운 헌법적 위기 상황을 초래할지도 모르기 때문이다.

따라서 헌법적 대화의 제도화를 위한 시민교육의 법제화는 더 이상 미룰 수 없는 시급한 과제이다. 특히 입법자는 우리 헌법에서 시민교육을 받을 권리를 보장하고 있기 때문에, 반드시 이를 법률로써 구체화시켜야 할 입법 의무를 진다. 따라서 헌법 제31조 제6항 규정에 따라 입법자는 이에 대한 기본적인 사항은 반드시 법률로 정해야 하는 것이다. 다만 입법자가 반드시 법률로써 정해야 할 기본적인 사항이 무엇인가에 대한 판단 기준이 문제인데, 이는 교육제도법정주의를 규정한 우리 헌법 제31조 제4항과 제6항 규정의 기능과 성격, 헌법의 명시적 기준 내지 이에 준하는 규정의 존재 여부, 그리고 헌법 내재적 기준으로서 입헌주의의 이념과 역사적 맥락 등을 종합적으로 판단하여 입법의 방향과 골격을 짜야 할 것으로 보인다.

제2편

헌법적 시민교육의 과제

제1장

입헌주의의 내면화를 위한 한국 민주시민교육의 현황과 과제

홍 석 노

(세종특별자치시교육청 장학사)

I. 문제의 제기

1. 민주주의 퇴행의 계기적 출현:
우리 국민은 진화하고 있는가?

지난 2014년 12월 19일 대한민국 헌정 사상 초유의 정당해산심판이 선고되었다. 2013년 11월 5일 정부의 통합진보당에 대한 정당해산심판청구가 있은 지 겨우 1년 남짓한 시간에 불과하다. 과거 독일 연방헌법재판소는 1951년 11월 독일공산당(KPD)에 대한 해산심판청구로부터 1956년 8월 판결 선고까지 약 5년의 기간을 숙고했다. 그것도 처음 3년 동안은 변론 기일조차 잡지 않고 미뤄오다가, 독일정부의 강압에 의해 심사를 개시했다는 점을 상기한다면, 우리 헌법재판소의 결정은 납득하기 어려운 상황이었다. 무엇보다 당시 우리 국민은 해산된 정당에 대한 호불호 내지 헌법재판소결정의 이유에 대한 법리적 판단에 대한 충격보다는, 자신의 손으로 직접 뽑은 국회의원과 그 정당을 민주적 정당성이 상대적으로 취약한 사법기관(헌법재판소)의 판단에 따라 제거될 수 있다는 사실에 더 깊은 상처를 입었던 것처럼 보인다. 일부 보수단체는 헌재의 결정을 적극 지지한다는 성명서를 내걸고 환영 집회까지 열었는가 하면, 여기에 대통령(박근혜)까지 판결에 대한 지지 발언을 함으로써 당시 헌재 결정을 둘러싼 국민의 갈등은 확대될 조짐까지 보였다.

1987년 6월 민주항쟁으로 성립된 현행 헌법하에서 우리 국민은 지난 수십 년간 민주헌정의 경험을 축적해 올 수 있었다. 적어도 평화적 정권교체를 5차례나 이루었고, 헌법재판소의 창설을 통해 헌법의 규범력 회복과 입헌정치를 경험하여 왔다. 무엇보다 1997년 시작된 외환위기는 과거 경제개발의 주역이었던 보수층과 노년층의 개발독재자에 대한 향수를 불러왔음에도 불구하고, 이를 10여 년 동안 극복해오는 과정에서 두 차례의 선거를 통해 평화적인 정권교체까지 이뤄냈다. 그리하여 대한민국에서 민주적 입헌정치가 적어도 외양적으로는 공고화되었다는 평가가 전혀 어색하지 않게 들리기도 하였다. 특히 2004년에는 국민이 직접 선출한 진보성향의 대통령에 대해 보수성향의 국회가 탄핵소추를 감행하자 이를 저지하기 위해 촛불을 들고 거리로 나왔는가 하면, 2008년에는 이른바 수입산 쇠고기파동에 반대하여 다시 촛불을 들고 대한민국 헌법 제1조를 노래로 부르는 상황까지 펼쳐졌다. 급기야 2017년 3월에는 헌법재판소가 현직 대통령에 대한 탄핵심판결정을 내리도록 이끌기까지 하였다(2016헌나1). 이로써 우리 국민들은 1987년 6월 민주항쟁으로 성립한 현행헌법의 실제적 주인이자 대한민국의 주권자임을 다시 선포한 것이다. 마치 우리 국민은 "'민주'와 '자유'를 회복하는 투쟁의 단계를 넘어 '공화'를 위한 투쟁"[1]까지 전개하려는 한층 진화된 모습을 보여 준 것이 사실이다. 즉 우리 사회의 민주주의가 위기의 교착 상태[2]에 빠져 퇴행의

---

1) "2008년 현재 우리는 국가의사결정을 자기 책임으로 이해하고 자기 참여와 토론(심의 deliberation)을 통하여 관철하고자 하는 의지와 욕구를 가진 국민을 목격하고 있다. 국민은 진화한다. 우리 국민은 '민주'와 '자유'를 회복하는 투쟁의 단계를 넘어 '공화'를 위한 투쟁을 하고 있다고 말한다면 지나치다고 할 것인가." 김선택, 공화국원리와 한국헌법의 해석, 헌법학연구(제15권 제3호), 한국헌법학회, 2009. 9., 217쪽.

2) 한국의 민주주의가 교착상태의 함정에 빠져 순항과 역행(퇴행)의 흐름을 반복하고 있는 상태에 놓여있다는 진단으로는 김선택, 한국 민주주의에 있어서 역사의 미래, 법과사회(제46호), 법과사회이론학회, 2014. 6., 14-27쪽 참조. 여기서 그는 한국의 민주주의가 교착상태에서 순항과 역행을 반복하는 것은 무엇보다 이를 막을 수 있는 '제도화의 지체'가 중요한 원인이라고 보고 있다.

조짐을 보일 때마다, 국민들은 과거와는 전혀 다른 모습으로 사후 처방적 대응을 지속해 온 셈이다.

그러나 민주주의의 교착상태에서 퇴행의 조짐은 정치적 상황의 외부적인 계기 또는 이를 막지 못한 제도화의 지체로부터만 출현하는 것일까? 민주주의에 대한 반복적 또는 계기적 위기 가능성에 대한 예민한 감수성이 우리 국민에게 있을까? 더하여 우리 국민은 지금까지 헌정 질서의 위기를 온 몸으로 막아온 이후, 다시 되돌릴 수 없는 조치들을 충분히 마련하고 있는가? 그럴 역량은 갖추고 있는가? 과연 우리 국민은 대한민국의 주권자로서 충분히 진화해 온 것일까?

2. 시초적 민주시민과 주권자로서 헌법적 시민

조금 더 자세히 들여다보면 우리 국민은 2007년 12월부터 2008년 4월까지 짧은 기간 동안 대선과 총선을 동시에 치르면서, 사실 헌법의 민주주의나 기본권적 가치 등에 관하여는 거의 무관심한 태도로 일관해 왔다 해도 과언이 아니다. 특히 2007년 12월 대선 당시 우리 국민의 초미의 관심사는 소위 경제만능주의(경제대박영합주의)에 집중되었던 것처럼 보인다.[3] 당시 우리 국민은 미국발 금융 위기가 닥쳐오는 것을 체감하면서도 결코 포기하지 않았던 펀드 열풍과 부동

---

3) 이와 같은 문제 제기에 관하여는 무엇보다 홍윤기, "국력으로서 민주정치와 국가자원으로서 민주시민교육", 「독일 정치교육의 현장을 가다」, 독일 정치교육기관 탐방 연방정치교육원 연수보고서, 민주화운동기념사업회, 2008. 12., 203-208쪽 이하 참조: "2007년 대선은 "민주주의가 밥 먹여주나?"라고 요약되는 민주주의 허무담론을 저변에 깔고 진행되는 분위기 안에서 경제의 어려움을 이 국가 시민의 자율적 역량으로 극복할 수 있다는 의지와 패기가 전혀 보이지 않았다. 그러면서 "민주주의가 밥 먹여주나?"라는 냉소적 담론으로 민주주의 허무론을 공범처럼 나누면서 그 모든 것을 유보하고 경제대박영합주의로 휩쓸려갔다(204쪽)."

산 투기 등이 재산 증식에 별다른 효과를 보이지 않자, 이 모든 책임을 진보 성향의 전임 정권의 무능력에 책임을 돌리면서 강한 경제적 리더십과 카리스마를 갖춘 인물에 의지하고픈 열망을 드러낸 것처럼 보이기 때문이다. 중요한 것은 이와 동시에 입헌민주주의에 대한 담론들은 자취를 감췄다는 사실이다. 그리고 2008년 대선 이후에야 우리 국민은 이른바 수입산 쇠고기파동을 계기로 다시 촛불을 들고 광장으로 나왔다. 사정은 조금 다르지만 2012년 대선 당시에도 산업화와 경제적 압축 성장을 상징했던 개발독재자의 신드롬이 부활되는 조짐이 보였고, 여기에 보수층과 노년층의 권위주의 정부에 대한 향수, 그리고 관권 선거 개입까지 결합되면서 현재 신보수정부가 가동되고 있으며, 2014년 12월 현재 통합진보당이 해산되는 헌정 사상 초유의 사태까지 목격하고 있다.

　여기서 문제는 국민이 어떤 성향의 정부를 선택하였는지가 아니라, 대한민국의 주권자로서 특히 민주공화국의 운명을 책임져야 할 헌법적 시민[4]으로서 태도를 보여 왔는지 여부이다. 다행이도 우리 국

---

4) 그동안 민주적 헌법국가에서 시민(국민) 책임의 범위가 어디까지인가에 대하여는 논란이 있어 왔다. 예컨대 현실정치에서 대의제를 전제한 실용적 시민 책임의 개념화를 시도하는 입장에서는 "시민은 법률을 준수하고 자신에게 부과된 과제를, 그것을 최선을 다하여 이행하여야 하는 곳에서, 즉 가정, 직업, 사회 또는 정치의 각 영역에서 이행한다면 자신의 책임을 다하는 것이다… 즉, 시민책임의 가장 기본적 전제인 법을 준수하지 않는 데 있는 것이다. 그들에게 그와 같은 책임을 넘어가는 공동체 전체에 대한 직접적 책임의 해태를 말하는 것은 의미도 없을 뿐만 아니라 사치이며 우리의 미숙한 모습을 은폐하는 것으로 유해하기까지도 하다(정태호, 헌법국가에서의 시민의 책임 - 실용적 시민책임 개념의 구체화, 인권과 정의[통권 제316호], 대한변호사협회, 2002, 21-22쪽)."는 견해가 있는가 하면, 자유주의적 법치주의의 한계를 지적하면서 공화주의 내지 공동체주의적 헌법이론의 관점에서 국가공동체에 대한 시민적 덕성(virtue)과 책임을 강조하는 견해도 있고(대표적으로 이국운, 공화주의 헌법이론의 구상, 법과사회[제20호], 법과사회이론학회, 2001, 129-152쪽 등), 민주공화국의 헌법원리성을 특별히 강조하면서 그 해석학적 과제로서 시민의 덕성(civic virtue)과 공화국시민교육의 필요성을 주장하는 견해도 있다(예컨대 김선택, 앞의 논문[주 1], 242-243쪽). 이와 관련하여 철학적으로는 최근 자유주의적 전통과 공화주의적 관점의 장점이 적절히 조화된 듀이(J. Dewey)의 시민 개념으로서 이른바 '공중(The Public)'의 개념이 제시되고 있기도 하다(예컨대 장은주 외, 「왜 그리고 어떤 민주시민교육인가」, 경기도교육연구원, 2014). 이러한 시민개념은 민주적 헌법국가에서 '헌법적 시민(The constitutional citizen)'의 개

민은 민주주의가 퇴행의 조짐을 보일 때마다 이를 다시 막아보려는 적극적인 의지를 보여 왔다. 그러나 그것은 어디까지나 계기적 위기의 출현에 대한 대응적 처방의 수준에 불과한지도 모른다. 이러한 국민의 임기응변식 처방적 태도는 이른바 '시초적 민주시민(primitive democratic citizen)'[5]의 모습과도 매우 흡사하기 때문이다. 즉 어느 사회에서건 민주주의의 정착 초기 단계에서 나타나는 이러한 시민은, 민주사회 건설에 대한 충만한 열정과 의욕을 가지고 출현한다는 특징이 있다. 다만 이들은 그 목표가 달성되거나 좌절되는 경우, 그리고 국가적 위기에 지속적으로 노출되는 경우 그들의 신념을 포기할 우려가 있다는 점이다. 최근 2011년 '아랍의 봄' 당시 민주투사로서 활동했던 한 시민이 이집트 민주사회 건설에 실패하자, 무장 단체인 이슬람국가(IS) 대원으로 활동하다가 전사했다는 기사[6]는 이와 같은 시초적 민주시민의 성격을 단적으로 보여주는 사례라고 볼 수 있다.

이처럼 국가적 위기상황에 직면하여 민주주의를 외면하고 권위주의적 통치에 의지하려는 태도를 보이거나, 민주주의 퇴행의 계기적 출현에 대응하여 그때그때 임기응변식 처방에 의존하려는 태도 등은 헌법의 주권자로서 이른바 민주공화국의 헌법적 시민으로 진화한 것이라고 보기 어렵다. 어쩌면 이러한 태도는 어떤 경우에라도 포기할

념과 매우 유사하다고 볼 수 있다. 자세한 것은 홍석노, 교육을 받을 권리의 헌법적 보장, 고려대학교 법학 박사학위논문, 2014, 16쪽 이하.

5) 일반적인 학술 용례인지는 분명하지 않지만 대체로 '시초적 민주시민(primitive democratic citizen)'은 민주주의의 정착 초기 단계에서 나타나는 민주주의에 대한 충만한 신념을 가진 시민들을 의미한다고 볼 수 있다. 이른바 '좋은 시민(Good citizen)'과 의미상 통하는 면도 없지 않으나, 민주주의에 대한 확신과 운영체제, 그리고 시민적 덕성 등에 대한 훈련이 되지 않았다는 점에서 정확히 일치하는 것은 아니다. 이에 대한 상세한 설명은 없지만 시초적 민주시민에 대한 간단히 언급한 것으로는 홍윤기, 앞의 책(주 3), 212-213쪽.

6) 자세한 것은 http://media.daum.net/v/20141204182806830(기사검색일: 2014. 12. 21.) 참조.

수 없는 우리 헌법의 민주주의에 대한 강한 신념과 확신, 즉 입헌주의 (constitution- alism)에 대한 강한 애정과 충성심이 우리 국민 모두에게 내면화되어 있지 않기 때문인지도 모른다.[7]

이러한 문제의식을 바탕으로 아래에서는 입헌주의의 내면화가 갖는 의미와 민주시민교육의 필요성(과제)을 시작으로(II), 모범적인 선례로서 특히 우리와 분단의 역사적 상황과 경험이 유사하면서도 자신의 역사적 과오에 대한 기억과 중단 없는 청산 과정을 통해 독일 연방공화국의 질적인 도약을 모색하는 독일 정치교육의 사례를 검토한 후(III), 우리나라 민주시민교육이 나아가야 할 길을 모색해 보고자 한다(IV).

II. "입헌주의 내면화(Constitutionalism Internalization)"의 의미와 민주시민교육의 필요성(과제)

여기서 입헌주의 내지 입헌민주주의를 내면화한다는 의미는 "헌법충성(애국)주의(Verfassungspatriotismus)" 내지 "입헌주

---

7) 21세기 초반 전 세계에 확산되고 있는 입헌(민주)주의의 위기적 징후들의 주요 원인은 입헌주의에 대한 사랑 내지 충성이 부족한데에서 기인한 것이라고 보는 김선택, "입헌주의에 대한 충성심" 없는 헌법화, "21세기 한국과 독일의 입헌민주주의" – 헌법은 무엇이었고, 무엇이며, 무엇이 될 것인가?, 한–독 국제학술회의 발표문(제1권), 고려대학교법학전문대학원 · 콘라드아데나워재단 · 헌법이론실무학회, 2014. 10., 1–24쪽 참조: "자유보다는 안전을 앞세우는 것, 민주주의로부터 도피하여 권위주의적 통치에 귀의하려고 하는 것, 보편적 이상보다는 쉽게 이해되는 민족주의적 내지 국수주의적 정서에 기꺼이 빠져드는 것, 모두가 근대적 이성에 입각한 입헌주의와 대척점에 서는 태도이다. 이러한 위기를 극복하고 헌법이 정상적으로 기능하기 위하여는 헌법의 주체이며 동시에 수범인 국민들에게 입헌주의에 대한 애정 내지 충성심을 배양하는 국민적 입헌주의를 추구하여야 한다(23쪽)."

의에 대한 충성심(constitutionalism patriotism)"이란 표현과 그 맥을 같이 하는 것이다. 주지하는 것처럼 "헌법충성(애국)주의(Verfassungspatriotismus)"라는 용어는 일찍이 독일에서 슈테른베르거(Dolf Sternberger)가 헌법과 애국심을 결합한 의미로 사용한 것을,[8] 하버마스(Jürgen Harbermas)가 인권과 민주주의 원칙에 대한 헌신이라는 의미에 초점을 두어 일반화시킨 것으로 알려져 있다.[9] 최근 국내에서는 이 개념에 대한 수용가능성에 대한 논의가 활발하게 진행되고 있으며,[10] 특히 헌법의 기본정신 즉 입헌주의를 내면화한다는 의미에서 "입헌주의에 대한 충성심(constitutionalism patriotism)"이라는 표현을 강조하고 있기도 하다.[11] 즉 국가공동체의 구성원들에게 입헌주의에 대한 충성심이 없는 한 헌법이 제 기능을 할 수 없고, 이러한 입헌주의에 대한 충성심 없는 헌법화는 헌법 본래의 정신과 부합되는 헌법실현을 기대할 수 없다는 것이다.

그러나 무엇보다 국민의 입헌주의에 대한 내면화 내지 충성심이 갖는 의미는 대한민국의 주권자 즉 민주공화국의 책임 있는 주체로서 헌법적 시민의 지위를 회복한다는 점을 중심으로 이해해야 할 것

---

8) Dolf Sternberger, Verfassungspatriotismus, Insel Verlag, 1990.

9) Jürgen Harbermas, Die nachholende Revolution, Klein Politische Schriften VII, Frankfurt/M, 1990, S.147; Jan-Werner Müller, On the Origins of Constitutional Patriotism, 5 Contemporary Political Theory 278, 2006; ders., Constitutional Patriotism, Princeton Univ. Press, 2007 등 참조.

10) 예컨대 이덕연, '헌법적 정체성'의 확립과 '자기교육'으로서 헌법교육, 연세 공공거버넌스와 법(제4권 제2호), 2013. 8., 3-20쪽. 그밖에 "헌법충성(애국)주의(Verfassungspatriotismus)" 개념의 국내적 수용에 대한 논의를 소개한 것으로는 장은주 외, 앞의 책(주 4), 45쪽 [각주 41] 참조.

11) "국민이 헌법의 기본정신, 즉 입헌주의를 내면화하지 않는 한 헌법이 국가를 운영하는 기본적인 룰로서 관철력을 가지기 어려울 것이다. 나는 이러한 입헌주의의 내면화를 입헌주의와 애국심을 결합하여 '입헌주의에 대한 충성심(constitutionalism patriotism)'이라고 부르고자 한다." 김선택, 앞의 논문(주 7), 21쪽 이하 참조.

이다. 이것은 그동안 우리 국민이 국가적 위기상황에 직면할 때마다 대한민국의 주권자로서 지위와 책임을 망각하고, 쉽게 좌절하거나 소극적으로 회피하려는 태도를 보여 왔다는 점에서 더욱 중요한 의미를 갖는다. 즉 입헌주의에 대한 내면화 내지 충성심은 곧 대한민국 주권자로서의 자긍심과 그 지위의 회복으로 이어지고, 다시 입헌민주주의를 더욱 공고화시킬 것임은 분명하기 때문이다. 이런 의미에서 입헌주의의 내면화, 즉 주권자의 지위와 책임을 강화시킬 수 있는 구체적인 방법으로서 민주시민교육은 반드시 필요하다. 그동안 세계 각국을 비롯하여 우리나라는 민주시민교육 내지 정치교육의 관점에서 이를 다양하게 시도해 왔다. 예컨대 미국을 비롯한 영국, 프랑스 등은 시민교육(civic education) 내지 시민권교육(education a la citoyenete)으로, 독일은 정치교육(Politische Bildung)으로, 우리나라는 민주시민교육으로 다양하게 부르며 전개되어 왔다. 그러나 이에 대한 용례가 다양한 만큼이나, 그 개념, 목적, 기본원칙, 내용, 방법 등도 나라마다 매우 상이하다는 점이 문제이다. 특히 우리나라는 민주시민교육에 대한 역사가 매우 짧은 만큼 기본원칙이나 목적, 내용과 방법 등에서 아직 대체적인 합의점마저 찾지 못하고 있는 실정이다. 그리하여 "입헌민주주의의 내면화를 위한 민주시민교육"이라는 어쩌면 당연해 보이는 논제도, 현재 우리 민주시민교육의 실태에 비추어보면 아직 합의되지 아니한 담론의 하나로 비쳐질 가능성이 매우 크다.

이를 염두에 둔다면 아래에서 살펴 볼 독일 정치교육의 사례는 우리가 반복적으로 직면하고 있는 입헌정치의 위기상황과 민주시민교육의 방향에 대한 해결의 실마리를 제공해 줄 수 있는 가장 모범적인 선례가 될 수 있다. 특히 독일은 우리와 분단의 역사적 경험이 유사하면서도, 자신의 역사적 과오에 대한 기억과 중단 없는 청산과정을 통해 독일연방공화국의 질적인 도약을 모색하고 있기 때문이다.

III. 독일 정치교육(Politische Bildung)의 선례와 그 함의

1. 독일 정치교육의 출발점
- 역사의 "명암(明暗)" 드러내기

(1) 퇴행의 방지턱으로서 과거의 기억과 청산

무엇보다 독일 정치교육의 출발점은 역사적 과오의 기억과 청산으로부터 시작한다. 즉 독일 국민들은 지난 역사에서 자신들의 잘못된 판단과 선택의 결과가 독일연방공화국뿐만 아니라, 인류사회에 어떤 해악을 끼쳤는지에 대한 과오를 분명히 드러내고 이를 청산하는 과정부터 정치교육을 시작한다(이른바 기억과 청산의 정치교육).

독일 국민은 자신의 역사에서 민주주의를 회피 또는 전면 부정함으로써 국가가 파탄에 이른 세 차례의 경험이 있다. 이를 통해 다시는 똑같은 실수를 반복하지 않도록 독일 국민에게 경고함으로써, 입헌민주주의가 퇴행하지 않도록 방치턱을 설치하고 있다고 볼 수 있다. 이것은 역사적 과오에 대한 독일 연방차원에서의 합의가 있었기 때문

에 가능한 것인지도 모른다.[12] 그 역사적 과오에 대한 대체적인 합의
는 다음 세 가지로 요약된다[13]:

첫째, 군주(황제) 체제하의 형식적·제한적 민주정치 상황에서 무
참히 끌려들어 갔던 제1차 세계대전과 그 패배;

둘째, 바이마르공화국의 허약한 민주주의와 정치·경제적 위기 상
황을 틈타 등장한 나치에 대한 전폭적인 지지와 이에 따른 인종학살
및 제2차 세계대전의 패배;

셋째, 독일사회주의통일당(SED)의 독재 아래 전면적 감시체제로
국가를 유지하려고 했던 독일민주공화국(DDR, 당시 동독)의 자체 붕
괴 등이 그것이다.

이렇게 세 가지 차원에서 합의된 독일의 역사적 과오는 당시 독일
사회에서 그 어떤 민주주의가 전혀 존재하지 않아서가 아니라, 민주
주의가 충분히 작동하지 않음으로써 그것이 민주주의의 적들에게 오
남용 되어 전체주의의 길로 들어섰다는 반성으로부터 출발한다. 특
히 나치에 의한 파시스트 전체주의와 동독의 국가독점 전체주의는
이들이 붕괴되면서 거대한 역사적 과오의 기념물(억압장치)들을 남

---

12) 그러나 독일이 역사적 과오에 대한 합의를 '스스로' 이뤘다고 단정하긴 어렵다. 제2차 세계대전
후 독일을 점령했던 미국은 다시는 독일이 전쟁을 주도하지 못하도록, 그리고 과거 군주체제와
나치 전체주의 체제가 부활하지 못하도록 다음 두 가지 제도의 설치를 요구했다는 바는 주지의
사실이기 때문이다. 하나는 반민주세력들에 대한 정치사찰을 목적으로 국가안보임무를 수행하는
이른바 '헌법수호청(Verfassungsschutz)'이고, 다른 하나는 독일국민의 역사적인 과거 청산과
민주시민교육을 담당할 '연방정치교육원(BpB, Bundeszentral für politische Bildung)'이다. 특히
연방정치교육원에 의한 정치교육은 미군정에 의한 독일 국민의 재교육(reeducation)의 성격을 가진
전환교육이었다. 이러한 제도적 강제를 통해 과거청산이 시작된 것이기 때문에, 처음부터 독일국민
'스스로' 과거 청산 대상으로서 역사적 과오에 대한 합의를 이뤄간 것이라고 보긴 어렵다.

13) 자세한 것은 홍윤기, 앞의 책(주 3), 218-227쪽.

겼고, 이것은 오늘날 독일 정치교육의 과거사 기억의 시청각자료로 활용되고 있다. 예컨대 나치 당시 독일은 자국과 점령지 전역에 유태인과 전쟁포로 등을 조직적으로 학살하고, 비인간적인 생체 실험 등을 집행했던 이른바 '강제수용소(KZ)'를 백여 개나 온전하게 남겨 놓았다. 스탈린식 전체주의를 지향했던 당시 동독은 우리가 영화('타인의 삶', Das Leben der Anderen)를 통해서도 익숙한 구동독국가보안부(Stasi)에 의해 총연장 180km에 달하는 자국 국민 사찰 기록을 남겨놓은 바 있다. 특히 이 기록물들은 독일연방법에 의해 설치된 구동독 국가보안부 기록물관리소에 의하여 관리 · 보존될 뿐만 아니라, 실제 기록물에 대한 열람신청을 허용함으로써 후속세대에게 반민주국가에서의 삶이 어떻게 왜곡될 수 있는가를 전해주고 있다. 그밖에 1998년부터 추진된 홀로코스트 추모비 건립 등 독일이 막대한 재정을 투입하여 과거 기억을 보존하려는 것은, 독일 국민이 민주주의를 외면하고 전체주의를 택했던 과오를 되풀이 하지 않기 위해서이다. 이러한 독일의 과거사는 베를린 '독일저항기념관(Gedenkstatte Deutscher Winderstand)' 내에 있는 '과거사기억협회(Gegen vergessen für Demokratie)'에서 체계적으로 관리하고 있다.

이와 같은 과거의 기억뿐만 아니라 이미 독일은 패전 후 연합군에 의한 뉘른베르크 재판을 통해 사법적 과거 청산을 시작한 이래, 1945. 5. 29. 헷센(Hessen)州가 제정한 '나치범죄처벌에관한특별법'에 의해 스스로 나치전범을 처벌한 바 있고, 1960년대부터 본격적인 사법적 과거청산 작업을 수행하며 1990년대까지 총 98,042건을 처리했다는 점은 주지하는 바와 같다.[14] 이러한 과거청산 작업은 현재까지도 중단 없이 진행됨으로써,[15] 독일 국가의 과거사를 철저히 반성하고 퇴행하려는 조짐조차 철저히 차단하고 있다.

그러나 우리에게는 이런 불법적 과거에 대한 사법적 청산은 차치하더라도, 역사적 과오에 대한 합의마저 존재하는지 의문이다. 독립기념관은 있되 친일기록관은 없고, 민주화운동기념사업회와 5 · 18 기념 재단은 존재하되 권위주의 독재에 대한 기록관은 찾아 볼 수 없는, 오히려 독재를 미화하기까지 하는 우리 사회의 현재 모습은 과오의 역사를 애써 지우고 싶은 민낯처럼 보이기 때문이다.

(2) 헌법적 일화(네러티브)의 발굴과 전파

다른 한편으로 독일은 이러한 과오의 역사 속에서도 독일의 입헌민주주의를 지키기 위해 목숨을 걸고 저항했던 감동적인 일화들을 지속적으로 발굴하여 전파하고 있다. 예컨대 우리에게 영화('발키리', Valkyrie)로도 친숙한 슈타우펜베르크 대령은 최근까지 우표에 등장할 만큼 비중 있는 인물로 소개되고 있으며, 그의 이름을 딴 베를린의 거리에 바로 '독일저항기념관(Gedenkstatte Deutscher Winderstand)'

---

14) 그 결과 유죄 판결 대상자는 6,486명, 이 가운데 12명이 사형, 162명이 종신형, 114명이 벌금형을 받았으며, 강제노동자에 대한 보상비가 약 84조원이 지급되었다. 자세한 것은 정영훈, 소급입법의 헌법적 정당성과 한계 - 형사소급입법을 중심으로 - , 고려대학교 법학석사학위논문, 2006, 64~70쪽.

15) 서울신문 나우뉴스 2014. 12. 18. 기사 일부: [끝없는 과거청산, 前 나치 친위대 93세 노인 내년 봄 재판] "…독일의 '과거청산'은 정말 끝이 없는 것 같다. 최근 독일 언론은 "지난 9월 기소된 전직 나치 친위대(SS) 소속 경비원 오스카 그로닝(93)이 내년 봄 재판을 받게 될 예정"이라고 보도했다. 무려 93세의 나이에 단죄(斷罪)될 위기에 놓인 그로닝은 과거 아우슈비츠 수용소의 경비원 혹은 회계사로도 통했던 인물이다. 독일 하노버 검찰이 공개한 그의 혐의는 지난 1944년 5월 16일부터 7월까지 단 2개월이 대상이다…"

과 '과거사기억협회(Gegen vergessen für Demokratie)'가 위치하고 있다. 특히 이 '과거사기억협회(Gegen vergessen für Demokratie)'는 앞서 독일의 역사적 과오를 적나라하게 드러내는 한편, 그 안에서도 정의로운 저항을 시도했던 평범한 독일 시민들의 삶을 발굴하여 전파하는 일을 계속하고 있다.[16] 이렇게 反입헌민주주의에 대항한 무명의 저항자들을 대대적으로 발굴하는 작업은 소위 "6·8운동"[17]으로 알려진 독일의 문화대혁명 이후, 이른바 '아래로부터의 역사(Geschichte von unten)'의 원칙이 받아들여지면서 본격적으로 추진된 것으로 알려져 있다.

이와 같은 독일 사회의 노력은 바로 '헌법적 일화(Constitutional Narrative)'의 발굴을 통해, 이를 독일 국민에게 널리 전파함으로써 그들 자신이 만든 독일기본법을 진정으로 사랑하는 계기를 만들어 주는 과정으로 이해할 수 있을 것이다.[18] 즉 그들의 역사적 상황에 고유한 민주주의와 헌법에 대한 이야기가 국가와 국민 일반에 널리 전파됨으로써 '헌법적 대화(Constitutional Conversation)'를 촉진시키는 작업을 독일은 이미 국가 차원에서 활발히 전개하고 있는 것이다. 이것이 바로 앞서 언급한 "입헌주의의 내면화(Constitutionalism

---

16) 예컨대 1936년 베를린 시내를 순방하던 히틀러를 암살하려다 미수에 그쳤던 엘자(Elsa)라는 평범한 수공업자의 흉상을 개막하는 조촐한 의식을 주관한다거나, 히틀러 암살을 모의했던 독일 고백교회의 디트리히 본회퍼 목사 기념 전시관을 정기적으로 개최하는 것 등을 이 협회가 주관하고 있다. 자세한 것은 홍윤기, 앞의 책(주 3), 224-225쪽.

17) 이 운동은 독일사회의 반독재 민주화투쟁이 아니라, 자유분방한 대학생들이 이전에는 당연하다고 여겼던 사회적 권위와 위계에 대해 반기를 든 문화적 사회혁명으로 평가된다. 이 운동 이후부터 독일은 사회 각 영역에서 질적으로 업그레이드 된 것으로 평가하기도 한다. 정세윤, "독일 정치교육은 네트워크다", 「독일 정치교육의 현장을 가다」, 독일 정치교육기관 탐방 연방정치교육원 연수보고서, 민주화운동기념사업회, 2008. 12., 144-146쪽.

18) 이러한 '헌법적 일화(Constitutional Narrative)'가 헌법의 주체이며 동시에 수범자인 국민들에게 입헌주의에 대한 애정 내지 충성심을 배양할 수 있을 것이라는 김선택, 앞의 논문(주 7), 23-24쪽 참조.

Internalization)" 또는 "입헌주의에 대한 충성심(Constitutionalism Patriotism)"을 국가 차원에서 실현하고 있는 과정이라고 볼 수 있다.

2. 독일 정치교육의 기본 구조와 원칙

독일 정치교육은 연방공화국 내무부 소속 '연방정치교육원(BpB)'과 16개 '주정치교육원(LpB)'을 기본 골격으로 하면서, 각 정당 소속 정치재단(Politische Stiftung), 시민대학, 시민단체, 교회, 학교 등이 실제적인 주체로서 참여하는 구조이다.

여기서 특히 독일 정치교육 전반을 총괄·지원하는 '연방정치교육원(BpB)'[19]은 제2차 세계대전 이후 미군정이 나치 전체주의의 부활을 막기 위해 독일에게 요구했던 '헌법수호청(Verfassungsschutz)'과 함께 1952년 설치된 것이다.[20] 이 두 기구는 연방의회의 통제를 받으면서도 내무부에 소속되어 운영되며, 그 기능상의 독립성을 보장받으면서 정치교육의 실제적인 주체로서 참여하는 각 정당 소속 정치재단(Politische Stiftung), 시민대학, 시민단체, 교회, 학교 등에 재정지원

---

19) 독일 연방정치교육원 설치를 위한 법적 근거는 수차례의 개정 이후 현재「2001년 1월 24일자 연방정치교육원에 대한 규정(Erlass über die Bundeszentrale für politischeBildung vom 24. Januar 2001)」인 연방내무부장관이 발령한 내무부령에 근거하고 있다. 모두 8개 조항으로 구성되어 있다: 구체적으로는 소(원)장의 임명권자 및 직속상관으로 연방내무부장관을 규정한 제3조(2), 구체적인 사업활동시 연방내무부장관이 임명한 12명의 학술자문위원회의 자문을 받도록 규정한 제5조(1) 내지 동조(5), 연방교육원이 정치적 균형을 유지하였는지 여부와 그 영향력에 대하여는 독일 연방의회 의원 22명으로 구성된 감독위원회의 감독을 받도록 규정한 제6조 등이다. 이 규정에 대한 전문 내용은 중앙선거관리위원회, 민주시민정치교육 실시의 법적 근거 및 운영실태, 2013.6, 4-15쪽; 또는 좌세준, "시민교육을 위한 법 제도의 현황과 개선방안",「오늘의 시민교육을 돌아보다」, 2014 시민교육 심포지움, (사)시민, 2014. 12., 24-25쪽에 소개되어 있다.

20) 정확히는 1952년 11월 25일 독일 국민들에 대한 민주주의 재교육 내지 전환교육을 목적으로 설립된 '연방조국봉사원(Bundeszentrale für Heimatdienst)'을 모태로 하여, 1963년 현재의 연방정치교육원으로 개칭된 것이다. 자세한 것은 신형식, 한국 시민사회와 민주시민교육의 제도화 방안, 경기대학교 정치학박사학위논문, 2010, 99-104쪽.

등을 담당하고 있다. 이렇게만 보면 외견상 독일 정치교육은 국가주도의 시스템처럼 보인다.

그러나 독일 '연방정치교육원(BpB)'과 '주정치교육원(LpB)'은 재정지원을 주로 담당하고, 정치교육의 내용이나 방법 등은 이를 실제적으로 주도하는 기관들에 위임하고 있다.[21] 즉 '지원하되 개입하지 않는다'는 원칙을 준수하고 있는 것이다(이른바 국가기관의 정치적 중립성 의무[22]). 그리하여 독일 사회 전반의 다양한 관점과 목소리가 정치교육에 반영될 수 있도록 배려하고 있다. 다만 독일 정치교육에 참여하는 기관들이 반드시 지켜야 할 원칙, 즉 독일 정치교육의 근본 합의라 부르는 이른바 "보이텔스바흐 합의(Beutelsbacher Konsens)"를 준수하지 아니하는 경우, 연방 및 주(州) 정치교육원은 여기에 적극 개입하고 재정 지원을 중단한다.

3. 합의된 전제로서 "보이텔스바흐 합의(Beutelsbacher Konsens)"

(1) 역사적 배경

이 합의는 1976년 독일 남부 바덴-뷔르템베르크 주(州) 정치교육원이 독일의 한 소도시 '보이텔스바흐(Beutelsbach)'에서 개최한 '전문가

---

21) 물론 연방정치교육원이 재정지원만을 담당하는 것은 아니다. 신문, 잡지와 같은 정치관련 간행물 발간 및 서적 출판, 학술회의 개최 등 다양한 활동을 전개하고 있다. 특히 이 기관에서 발간하는 「의회, Das Palament」는 유럽 및 연방, 주 의회, 각 지방자치단체 등에서 주요 쟁점으로 다뤄지는 사안을 정리하여 매우 싼 값으로 국민 일반에게 공급하는 의정신문으로서 독일 정치교육의 중요한 자료로 활용된다. 신형식, 앞의 논문(주 20), 100쪽.

22) 실제 독일 연방정치교육원은 22명으로 구성된 '감독위원회'에 의해 지속적으로 정치적 중립성 준수 여부를 심사받는다고 한다. 자세한 것은 신형식, 앞의 논문(주 20), 99쪽 이하.

토론회 결과물'에서 유래된 것이다.[23] 이 합의는 독일 정치교육을 위한 최소 조건으로서, 당시 독일 사회가 정치교육을 둘러싼 이념적 갈등을 해소하기 위한 사회적 대타협으로 평가된다. 이를 1980년대 중반 이후 연방차원에서 받아들여 현재 독일 정치교육을 위한 근본적 합의로 적용하고 있다.

이 합의의 직접적 계기는 1972년 헷센(Hessen)州의 기본 교육방침 때문이었다. 당시 헷센(Hessen)州 정부는 독일사회민주당(SPD)이 이끌고 있었으며, 그 주(州)가 1972년 발표한 기본 교육 방침과 교과서가 학부모들이 좌파 마르크스주의 교육이라고 거세게 저항하면서 시작되었다. 이를 두고 이듬해 1973년 프랑크푸르트에서 열린 대토론회에서는 무력 충돌 조짐까지 보였고, 특히 노르트라인 베스트팔렌州의 기본 교육 방침을 두고 똑같은 상황이 벌어지면서, 독일 정치교육을 둘러싼 갈등은 1975년까지 독일 전역의 정치권 갈등으로까지 확대되었다. 그리하여 1976년 독일 남부 바덴-뷔르템베르크 주정치교육원에서 독일 정치교육을 담당하는 주요 기관과 관계자들이 모여 지그프리트 쉴레(Siegfried Shiele)박사를 중심으로 이른바 "보이텔스바흐 합의(Beutelsbacher Konsens)"를 체결하기에 이르렀다.

---

23) 이 합의는 현재 여러 문헌을 통해 국내에 상세히 소개되고 있다. 이에 대한 자세한 소개로는 무엇보다 김혜정, 「보이텔스바흐 합의에 대한 이해와 공감」, 경기도교육연구원, 2018와 그곳에 소개된 참고문헌을 참고할 것. 또한 합의를 협약으로 오역한 문서이긴 하지만, Walter Gagel, "역사적 사건으로서 보이텔스바흐 협약", 지그프리트 쉴레, 헤르베르트 슈나이더(편), 「보이텔스바흐 협약은 충분한가? (원제: Reicht der Beutelsbacher Konsens?)」, 바덴 뷔템베르크주 정치교육원 교수법 시리즈, 민주화운동기념사업회, 2009, 31쪽 이하도 참조.

(2) 내용

이 합의의 내용은 다음과 같다.[24] :

첫째, 강압·교화 금지. 학생에게 -어떤 수단으로든지 - 바람직한 견해라는 의미로 제압하여 "자립적인 판단 획득"을 방해하는 것은 허용되지 않는다. 바로 여기에 정치교육과 교화간의 경계가 있는 것이다. 교화는 민주사회의 교사 역할과 또한 - 일반적으로 수용되고 있는- 학생의 성숙이라는 목표 개념과 양립될 수 없다.

둘째, 학문과 정치에서 논쟁적인 것은 수업에서도 논쟁적으로 나타나야 한다. 이 요청은 앞서 말한 것과 밀접히 관련되어 있으며, 이유는 다양한 입장들이 무시되고, 선택가능성이 은폐되며, 대안들이 논의되지 않는다는 것은 바로 교화의 길로 가는 것이기 때문이다. 제기될 수 있는 문제로는 교사가 교정기능을 가져야 하는가, 즉 교사가 학생들에게 (그리고 정치교육 행사의 다른 참여자들에게) 그들의 정치적, 사회적 배경 면에서 볼 때 낯선 입장과 대안들을 특별히 강조해야 하는가 하는 문제이다.

셋째, 학생은 정치적 상황과 자신의 이해 상황을 분석할 수 있고 또한 자신의 이해관계의 의미에서 현실 정치적 상황에 영향을 미치는 방법과 수단을 찾을 수 있어야 한다. 그러한 목표 설정은 두 가지 원칙의 논리적 귀결로서 실제 활동적 능력에 대한 상당한 강조를 포함하는 것이다. 이와 관련하여 간혹 - 헤르만 기제커와 롤프 슈미데러

---

24) 뵐링(Wehling)이 정리한 이 합의의 전문은 강혜정, 앞의 보고서(주 23), 55~56쪽에 소개된 번역문을 그대로 옮긴 것이다.

에 반대하며- 내용을 수정할 필요가 없는 "형식으로의 귀환"이라는 비난은, 여기서 찾고자 하는 것이 최대합의가 아니라 최소합의인 한 맞지 않는 것이다.

위의 세 원칙에 대하여는 '내용 없는 형식적 합의가 아닌가?'라는 문제 제기로부터 다양한 논의가 있어왔지만,[25] 현재까지 독일 정치교육의 근본 합의로서 큰 이상 없이 작동하고 있는 것으로 평가되고 있다. 특히 독일기본법은 이 합의의 기본 전제이기 때문에, 기본법이 허용하는 범위에서 좌우의 양극단을 제외한 정치교육의 스펙트럼을 최대한 넓게 허용하고 있을 뿐이다. 그리하여 정치교육의 내용은 상당히 넓게 펼쳐져 있고, 변화하는 국내 상황과 세계 정세를 지속적으로 반영하여 구성되고 있다.

어쨌든 이 합의만 준수한다면 독일 연방정치교육원은 정치교육에 참여하는 각 기관(정치재단, 시민단체, 학교, 교회, 노조 등)들의 활동에 직접적인 개입은 하지 않고, 재정 지원의 역할에만 그친다. 따라서 독일의 정치교육은 이 합의와 국가의 재정 지원을 바탕으로, 다양한 기관에서 실시하고 있다고 볼 수 있다. 이 가운데 특히 주목 받는 기관은 각 정당 소속 정치 재단이다.

---

25) 예컨대 Bernhard Sutor, "보이텔스바흐 협약 - 내용 없는 형식의 최소화인가?", 지그프리트 쉴레, 헤르베르트 슈나이더(편), 「보이텔스바흐 협약은 충분한가? (원제: Reicht der Beutelsbacher Konsens?)」, 바덴 뷔템베르크주 정치교육원 교수법 시리즈, 민주화운동기념사업회, 2009, 101쪽 이하.

3. 각 정당 소속 "정치재단(Politsche Stiftung)"을 통한 정치교육

독일 정치교육에서 가장 특이한 점은 각 정당 소속 정치재단 (Politische Stiftung)[26]이 정치교육을 직접 담당한다는 점이다. 즉 독일 정치교육의 주체로서 정당은 배제되지만, 그 소속 정치재단은 정치교육의 실제적인 주체로서 참여한다. 그리하여 정당별 정치재단은 연방 및 주정치교육원의 가장 비중 있는 파트너이며, 연방정치교육원과 함께 독일 정치교육을 책임지는 양대 축으로까지 평가받고 있다.[27] 이들 정치재단은 정당과 무관하게 연방정치교육원으로부터 직접 재정을 지원받아, 독일 정치교육과 세계 민주시민교육을 매개로 한 국제연대 사업에 집중하고 있다.[28] 즉 정치재단은 연방정치교육원으로부

---

26) 독일 정치재단의 현황은 다음과 같다('2007기준):

재단명	소속 정당	설립연도 및 이념 성향
프리드리히-에버트 재단 (FES, Friedrich-Ebert Stiftung)	독일사회민주당 (사민당, SPD)	1925년(1945년 재설립, 본) / 사회민주주의
프리드리히-나우만 재단 (FNS, Friedrich-Naumann Stiftung)	자유민주당 (자민당, FDP)	1958년(포츠담) / 보수적 자유주의
콘라드-아데나워 재단 (KAS, Konrad-Adenauer Stiftung)	기독교민주연맹 (기민련, CDU)	1964년(상크트 아우그스틴) / 기독교 민주주의
한스-자이델 재단 (HSS, Hans-Seidel Stiftung)	기독교사회연맹 (기사련, CSU)	1967년(뮌헨) / 기독교 민주주의
하인리히-뵐 재단 (HBS, Heinrich-Böll Stiftung)	동맹90/녹색당 (Bündnis90/Grüne)	1997년(베를린) / 녹색주의
로자-룩셈부르크 재단 (RLS, Rosa-Luxemburg Stiftung)	좌파당 (Die Linke)	1990년(베를린) / 민주사회주의

출처: 정창화, 「독일의 민주시민교육」, 민주시민교육핸드북, 오름, 2007, 473쪽에서 재구성함.

27) 자세한 것은 신형식, 앞의 논문(주 20), 104쪽 이하.

28) 이들의 주요 사업은 ①정치교육, ②대학생 및 대학원생에 대한 장학사업, ③사회과학중심의 학술연구,

터 재정을 독자적으로 지원받기 때문에, 재단의 재정과 인사에서 정당의 통제를 받지 아니하고, 특히 정치교육 등 주요 사업의 내용에 정당의 간섭을 받지 아니한다.

그러나 이들 정치재단은 정당에 소속되어 있기 때문에, 실제 정치교육의 과정에서 각 정당의 노선과 이념으로부터 완전히 자유롭지 못하다. 오히려 각 정치재단은 선거운동기간을 제외하고는 소속 정당의 노선과 이념을 적극적으로 정치교육에 반영하고 있다.[29] 그럼에도 불구하고 정치교육의 본질적인 내용에서는 큰 차이를 보이지 않는다고 한다.[30] 즉 각 정치재단은 '독일기본법'과 '보이텔스바흐 합의(Beutelsbacher Konsens)'의 범위 안에서, 소속 정당의 정치적 노선과 이념을 경쟁적으로 정치교육에 반영하고 있다는 점이다. 다시 말해 정치교육의 스펙트럼을 상당히 넓게 인정하고 있는 것이다. 이것은 아마 독일기본법상 합법적으로 활동하는 정당에 대한 신뢰, 즉 정당정치 내지 정당민주주의에 대한 확고한 신뢰가 바탕이 되었기 때문에 가능했던 것으로 보인다.

---

④해외 및 제3세계 국가의 시민교육 내지 국제 연대 사업 등이지만, 이들은 주로 독일의 정치교육과 외국의 민주시민교육에 재정의 대부분을 투입하고 있다. 홍윤기, 앞의 책(주 3), 241쪽 이하.

29) 자세한 것은 신형식, 앞의 논문(주 20), 104쪽 이하; 주은경, "민주주의 교육은 국가발전의 힘이다", 「독일 정치교육의 현장을 가다」, 독일 정치교육기관 탐방 연방정치교육원 연수보고서, 민주화운동기념사업회, 2008. 12., 24쪽 이하 등 참조.

30) 신형식, 앞의 논문(주 20), 105쪽.

4. 함의(含意)
- 입헌민주주의의 공고화를 위한 기초로서 정치교육

무엇보다 독일의 정치교육은 그들의 입헌민주주의를 공고화하기 위해 이를 국가 차원에서 제도적으로 시행한다고 볼 수 있다. 특히 그 출발점으로서 부끄러운 과거에 대한 기억과 청산을 통해 입헌민주주의의 퇴행을 막는 방지턱을 설치함과 동시에, 그들 자신의 헌법적 일화(constitutional narrative)를 지속적으로 발굴 · 전파함으로써 헌법적 대화의 창구를 열고 있다는 점이다. 이것은 역사적 과오에 대한 합의마저 존재하는지 의심스러운 - 오히려 과거의 기념과 미화에만 관심 있어 보이는 - 우리에게 시사하는 바가 매우 크다.

특히 독일 정치교육의 최소한의 전제로서 독일기본법과 '보이텔스바흐 합의(Beutelsbacher Konsens)'를 엄격히 준수한다는 조건하에, 각 정당 소속 정치재단이 정치교육을 주도할 수 있도록 허용한다는 점은, 오늘날 정당해산심판을 목격하고 있는 우리 사회에서 독일의 정당정치 내지 정당민주주의에 대한 신뢰 수준이 어느 정도인지를 가늠해 볼 수 있을 것이다.

IV. 한국 민주시민교육의 현황과 과제

1. 경과 및 현황

우리나라 민주시민교육의 전개 과정은 1987년 6월 민주화 운동을 기점으로 그 전과 후로 구분하여 볼 수 있다. 이를 다시 해방 이후 1960년대 까지를 태동기(胎動基), 1960년대부터 1987년 6월 시민혁명까지를 잠복기(潛伏基), 그 이후부터 현재까지를 정착기(定着基) 등으로 각각 구분하기도 한다.[31]

먼저 해방 이후 민주화 운동 이전까지 우리나라의 민주시민교육은 반공교육 내지 권위주의 정권의 체제 유지를 위한 매우 형식적인 성격에 머물러 있었다. 즉 해방 후 미군정이 처음 의도했던 일제 식민지 잔재 청산 및 미국식 민주주의 모델은 한국전쟁 이후 반공·안보 교육의 성격으로 변질되고, 이승만 정권 및 군부 독재 정권을 거치면서 체제 유지 강화를 위한 수단으로 전락하였다. 다만 1960년대 주한 미국공보원(USIS)의 재정 지원으로 중앙교육연구소가 중심이 된 민주시민교육운동이 전개되었으나 곧 좌절되었고,[32] 이후 한국의 민주

---

31) 예컨대 김남근, 한국 민주시민교육의 활성화 방안에 관한 연구, 관동대학교 교육학박사학위논문, 2008, 72-79쪽; 이와 유사한 분류로 심익섭, 민주시민교육의 필요성과 접근방법, 「제주특별시 민주시민교육 지원 조례」제정을 위한 정책 토론회 자료집, 2008. 6.; 종래의 3단계를 제도화 추진기와 정착기로 세분화 한 것으로 신두철, 한국 국가기관의 민주시민교육, 「한국과 독일의 민주시민교육: 정당연구소, 국가기관, 시민사회」, 중앙선거관리위원회 선거연수원, 2010, 32쪽 이하.

32) 이 시기 중앙교육연구소는 대한교육연합회와 공동으로 주한미국공보원(USIS)의 재정 지원을 받아 1962년부터 1967년까지 매년 1회 민주시민교육세미나를 개최하고, 민주시민교육 저변 확대를 위해 민주시민교육연구회를 결성 및 민주주의 월요 강좌, 민주시민 웅변대회 등 여러 가지 사업을 전개하였으나, 군사정권의 직□간접적인 방해로 성과를 거두지 못하고 곧 좌절되었다. 자세한 것은 김남근, 앞의 논문(주 31), 73쪽 이하.

시민교육은 1970년 노동자 전태일의 죽음을 계기로 대학가와 시민단체, 종교단체, 노동자 단체 등을 중심으로 제도권 밖에서 전개되어 왔다.

1987년 6월 민주화 운동 이후에는 시민사회단체의 수가 양적으로 팽창하면서, 이들을 중심으로 한 민주시민교육이 광범위하게 전개되었다.[33] 그러나 이들 시민단체가 주도한 민주시민교육은 어떤 사회적 합의에 의한 체계적인 성격을 가진 '민주'시민교육이라기보다는, 각 단체의 설립취지와 성격에 따라 어떤 의미에서는 취미, 직업교육 등 이른바 '교양' 교육에 가까운 것들도 많았다. 즉 그 목적, 내용, 방법 등이 모두 천차만별이었다. 그러다가 1997년 10월 경실련, 참여연대 등 11개 시민단체가 '민주시민교육포럼'을 구성하고, 독일 연방정치교육원처럼 국회 소속으로 초당적인 민주시민교육원 설치를 골자로 하는 이른바 「민주시민교육지원법(안)」 (박명환 의원 대표발의)을 제15대 국회에 제출하면서 민주시민교육의 체계적인 법제화를 시도한 바 있다. 이후 2000년 「시민교육진흥법(안)」 (김찬진 의원 대표발의)이 제16대 국회에, 2007년 「민주시민교육지원법」 (이은영 의원 대표발의)이 제17대 국회에 각각 제출된 바 있으나, 모두 국회임기만료로 자동 폐기되었다. 최근에 다시 일부 의원을 중심으로 법제화가 시도되고 있으나, 아직 입법화 단계까지 이르지 못하고 있다. 다만 현재는 각 시·도의 지방자치단체를 중심으로 조례를 통한 민주시민교육 법제화가 활발히 추진되고 있다. 예컨대 처음 서울시는 2014년 「서울특별시 민주시민교육에 관한 조례」를 제정한 것을 시작으로, 경기

---

33) 이 시기 시민사회단체들의 양적 팽창과 이들을 중심으로 한 (민주)시민교육의 전개과정에 대하여는 신형식, 앞의 논문(주 20), 71-74쪽 참조.

도는 2015년 2월 「경기도교육청 학교민주시민교육 진흥 조례」를 제
정·공포한 바 있다. 다만 전자는 일반 시민을 대상으로, 후자는 단
위학교 교육당사자들을 대상으로 한다는 점에서 차이가 있다. 어쨌
든 이 두 조례를 중심으로 현재 각 시·도에서 조례가 제정되고 있
다. 이는 종래 입법차원에서 해결하지 못한 법제화의 과제를 자치입
법의 단계에서나마 해결하고 있다는 의미만이 아니라, 그동안 민주시
민교육의 목표와 내용 등에 관한 합의의 부재 문제를 어느 정도 해소
하고 있다는 점에서 중요한 의미를 가진다.

한편 정부에서는 그동안 각 부처와 기관에서 관계 법령에 근거하
여 독자적으로 민주시민교육을 각각 진행하여 온 것처럼 보인다.[34]

---

34) 자세한 내용은 다음 〈표〉와 같다:

	시행주체	주요 내용	관련법령
행정부 / 위원회	교육부	- 학교교육을 통한 시민교육 - 평생교육, 인성교육 등	- 교육기본법 - 인적자원개발법 - 평생교육법 - 인성교육법(추진중)
	안전행정부	- 시민교육지원사업	- 비영리민간단체지원법
	여성가족부	- 양성평등교육	- 양성평등기본법
	고용노동부	- 직업교육, 직업윤리의식교육	- 노동위원회법
	통일부	- 통일교육	- 통일교육지원법
	기획재정부	- 경제교육	- 경제교육지원법
	외교부	- 재외동포교육	- 재외동포지원법
	환경부	- 환경교육	- 환경교육지원법
	법무부	- 법교육	- 법교육진흥법
	문화체육관광부	- 문화예술교육	- 문화예술교육진흥법
	중앙선거관리위원회	- 유권자교육	- 선거연수원 운영규칙
	국민권익위원회	- 반부패교육	- 부패방지법시행령
	국가인권위원회	- 인권교육	- 국가인권위원회법
입법부	국회, 국회사무처	- 입법교육, 시민의정연수 등	- 국회규칙 등
사법부	헌법재판소, 법원, 사법연수원 등	- 헌법교육, 법원견학, 법조윤리교육 등	- 내부규칙 등

출처: 이병준 외, 민주화운동기념사업회 교육사업 중장기 발전방안 연구, 민주화운동기념사업회,
2007, 131쪽에서 재구성함.

즉 학교민주시민교육과 직접 관련 있는 교육부를 제외하고는, 대부분 각 부처가 갖는 목적과 기능, 역할에 비추어 부대적인 사업으로 진행하여 온 감이 적지 않았다. 그리하여 국가차원에서 민주시민교육에 대한 체계적인 지원을 기대하기란 매우 어려웠다. 다만 교육부는 그동안 사회과 도덕과 등 특정 교과를 중심으로 학교민주시민교육을 추진하여 오다가, 2018년 1월 민주시민교육과를 설치하고 1년간의 숙고 끝에 그해 12월 「민주시민교육 활성화를 위한 종합계획」을 발표하여 변화를 모색한 바 있다. 이로 인해 각 시도교육청은 민주시민교육과를 신설함으로써 적어도 학교민주시민교육은 국가와 지방차원에서 체계적으로 실시될 수 있을 것이라는 기대감이 높아졌다. 그러나 현재 관련 예산 삭감 등으로 처음 세운 계획마저 시행하기 어려운 상태에 놓여 있다는 점은 주지하는 바와 같.[35]

2. 민주시민교육에 대한 근본적 합의의 부재

무엇보다 우리나라 민주시민교육은 아직까지 다음과 같은 영역에서 최소한의 합의가 부재하다는 점이 문제로 지적되어 왔다:

첫째, 목표와 기본 원칙, 방향에 대한 합의의 부재이다. 이것은 1987년 6월 민주화 운동 이후부터 지금까지 우리나라 민주시민교육을 거의 주도하다시피 해온 시민사회단체 내부에서 뿐만 아니라, 특히 진보와 보수 진영 간에 두드러지게 나타난다. 즉 시민사회단체 내

---

35) 현재 우리나라 학교민주시민교육이 처한 상황에 관해 보다 자세한 것은 김원태, 학교 민주시민교육의 현황과 과제-교육부·교육청 정책을 중심으로-, 국회토론회자료집, 2020.1., 13-89쪽을 참고할 것.

부에서는 그동안 광범위하게 진행되어 온, 그리하여 마치 교양·직업교육으로 부르기에도 적합해 보이는, 시민교육의 기본 원칙과 방향에 관한 합의의 문제가 남아있다. 특히 그동안 진보와 보수 진영 간에는 민주시민교육이 마치 이념간 합의의 부재에서 나타나는 갈등처럼 비쳐지기도 하였다. 아마도 오랜 기간 시민사회단체가 민주시민교육을 제도권 밖에서 추진하여 오면서 생긴 오해에서 비롯된 것일 수도 있다. 어쨌든 1997년부터 2007년까지 발의된 「민주시민교육법안」이 정치권의 무관심 속에 모두 국회임기만료로 자동폐기 된 것이나, 2015년을 전후하여 보수 성향을 가진 정권에서는 「인성교육진흥법」 제정을 추진하고, 반대로 진보 성향을 가진 각 시·도 지방자치단체(예: 서울시, 경기도 등)에서는 「(학교)민주시민교육조례」 제정을 추진하여 왔다는 사실은, 그동안 우리사회에서 민주시민교육을 둘러싼 합의가 부재하다는 현실을 여실히 보여주는 사례이다. 다만 최근 2019년 11월에는 일부 진보 성향 단체와 보수 성향 단체가 함께 주관한 '민주시민교육 사회적 합의 선포식'을 열고, 민주시민교육을 위한 사회적 합의의 첫걸음 떼려고 시도했다는 점에서 의미 있는 진전을 이룬바 있다.[36]

둘째, 개념과 내용, 방법에 대한 합의의 부재이다. 즉 민주시민교육이 '민주'시민교육인지 단지 '시민'교육으로 충분한 것인지에 대한 논의가 아직까지 진행 중에 있다. 다시 말해 우리 교육기본법 제2조[37]

---

36) 2019년 11월 18일 서울글로벌센터 국제회의장 9층에서는 국무총리비서실과 대한민국시도지사협의회 후원으로 민주화운동기념사업회, 바르게살기운동 중앙협의회, 새마을운동중앙회, 전국민주시민교육네트워크, 한국자유총연맹이 공동 주최한 '민주시민교육 사회적 합의 선포식'이 개최된 바 있다. 여기서는 첫 만남-민주시민교육 사회적 합의를 위한 공론화 과정 보고, 첫 걸음-필요성과 추진 원칙 합의문 발표, 큰 걸음-향후 비전 제시를 내용으로 행사가 진행되었다.

37) 제2조(교육이념) 교육은 홍익인간(弘益人間)의 이념 아래 모든 국민으로 하여금 인격을 도야(陶冶)하

가 교육의 목적으로 '민주시민'을 양성해야 한다고 규정하였기 때문에 '민주'시민교육으로 정의해야 한다는 주장부터, '시민'은 이미 민주적 시민을 전제한 개념이기 때문에 그것으로 충분하다는 주장까지 매우 다양하다. 그러나 이러한 개념에 관한 논의는 단지 레토릭에 불과한 것이 아니라, 교육의 내용과 방법 등을 확정함에 있어 중요한 의미를 가진다.[38] 예컨대 미국은 시민교육(civic edcucation), 프랑스는 시민권교육(education a la citoyennete), 독일은 정치교육(Politische Bildung) 내지 정치적 판단 능력 교육((Politische-urteil Bildung)으로 각각 다르게 부르면서, 그 교육의 내용과 방법도 다르게 구체화시키고 있다. 즉 미국은 교양 및 직업 교육 등을 망라하여 그 내용을 상당히 넓게 설정하는 한편, 프랑스와 독일은 헌법(기본법)의 기본가치와 내용을 중심으로 설정하고 있다. 그리하여 독일의 경우 '보이텔스바흐 합의(Beutelsbacher Konsens)'에 적시된 바와 같이 교육의 방법도 '강제성 금지의 원칙(제1원칙)', '논쟁성 재현의 원칙(제2원칙)' 등으로 각각 구체화시켜 나가는 것처럼 보이기 때문이다.

그러나 우리는 아직까지 민주시민교육에 대한 개념과 내용 그 방법에 있어 아직 구체적인 합의에까지 이르지 못하고 있다.[39] 특히 반성해야 할 과거의 과오에 대한 역사마저 합의되지 않고 있는 우리 현실에서, 이 부분에 대한 논의는 처음부터 다시 시작해야 하는지도 모

고 자주적 생활능력과 민주시민으로서 필요한 자질을 갖추게 함으로써 인간다운 삶을 영위하게 하고 민주국가의 발전과 인류공영(人類共榮)의 이상을 실현하는 데에 이바지하게 함을 목적으로 한다. [전문 개정 2007. 12. 21]

38) 이러한 용어 사용이 갖는 의미에 관하여 자세한 것은 김기수 외, 「사회정의교육의 방향과 과제」, 경기도교육연구원, 2019, 53쪽 이하; 이병희 외, 「경기도 학교민주시민교육 발전 방안 연구」, 경기도교육연구원, 2018, 31쪽 이하 등 참고.

39) 다만 이에 대한 시론적 연구로 의미 있는 것으로는 장은주 외, 「왜 그리고 어떤 민주시민교육인가? - 한국형 학교 민주시민교육의 이론적 기초에 대한 연구 -」, 경기도교육연구원, 2014 참조.

른다.

3. 민주시민교육의 실현 조건의 부재

(1) 학교민주주의의 제도적 기반과 학교자치조례의 위법성 논란

그동안 학교차원의 민주시민교육은 관련 교과 - 특히 사회과와 도
덕과 - 를 중심으로 전개되어 왔다. 이러한 특정 교과 중심의 민주시
민교육은 그 효과성 측면에서 한계가 있다는 지적이 꾸준히 있어왔
고, 따라서 민주시민교육 관련 독립 교과를 별도로 편성해야 한다는
주장과 함께, 단위학교 자체를 민주적인 문화와 구조로 재편성함으로
써 '민주적인 삶의 양식'을 체득해야 한다는 주장이 설득력을 얻어 왔
다.

특히 그동안 단위학교의 의사결정구조는 비민주적이라는 문제가
지속적으로 제기되어 오다가, 2012년 대선에서는 '학교민주화를 위한
학교자치의 법제화'가 공약사항으로 떠오르기도 하였다. 구체적으로
는 현행법상 학교운영위원회를 정점에 놓고, 그 하위 기구로서 학생
회, 학부모회, 교사회를 각각 법제화하여 이들 교육당사자의 참여를
제도적으로 보장해야 한다는 내용이었다. 그러나 이러한 노력은 구
체적인 결실을 맺지 못하였고, 단지 학교운영위원회를 활성화하는 방
안을 모색하는데 그치면서, 결국 손발이 없는 기형적인 자치기구라는
비난까지 받아왔다. 각 시 · 도 자치단체에서는 이러한 불완전 입법
을 조례로써 보충하기 위한 노력을 계속해 왔다.

그 결과 현재 세 건의 학교자치에 관한 조례가 제정되어 시행 중에

있다. 하나는 「광주광역시 학교자치에 관한 조례」(2019)이고, 다른 하나는 「전라북도 학교자치조례」(2019), 그리고 「경기도 학교자치조례」(2019)이다. 특히 광주시와 전락북도 학교자치조례는 이전 2016년(광주)[40], 2017년(전라북도)[41] 대법원의 '조례안재의결무효확인' 결정으로 각각 효력이 정지되었다가, 올해 초 다시 제정·공포된 것이다. 그동안 위법성 논란에 시달려 온 만큼 우여곡절도 많은 조례이다.[42]

지금도 각 시·도 자치단체에서는 학교자치조례 제정을 준비하고 있다. 문제는 위법성 논란을 피해가기 위해 문제될 수 있는 조항들을 수정·삭제하다 보니, 애초 법제화를 통해 학교민주주의의 제도적 기반을 마련하고자 했던 입법적 실익은 크지 않을 것이라는 우려의 목소리가 나오고 있다. 어쨌든 학교자치법제화는 교육당사자들이 단위학교 차원에서 민주시민교육을 직접 체험하고 실천할 수 있는 제도적 기반, 즉 민주주의의 훈련장 내지 민주주의의 정원(The Gardens of Democracy)을 만들기 위한 기초라는 점에서 중요한 의미를 가진다.

---

40) 대판 2016. 12. 29., 선고. 2013추36.

41) 대판 2017. 1. 25., 선고. 2016추5018.

42) 학교자치조례의 법적 쟁점 등에 관한 최근의 논의에 관하여는 홍석노, 학교자치조례안의 법적 쟁점과 입법적 과제(시사점): 경기도 학교자치조례안을 중심으로, 교육법학연구(제31권 제2호), 대한교육법학회, 2019, 95-120쪽; 동인, 학교자치조례의 제정 범위와 한계-「광주광역시 학교자치에 관한 조례」의 법적 쟁점과 적법성 판단을 중심으로-, 고려법학(제82호), 고려대학교 법학연구원, 2016, 141-181쪽; 동인 외, 「학교민주주의를 위한 학교자치조례의 제정 가능성과 한계」, 경기도교육연구원, 2014, 70-78쪽 등 참조.

(2) 헌법상 교육의 정치적 중립성의 해석과 적용의 문제

우리 헌법 제31조 제4항은 "교육의 자주성 · 전문성 · 정치적 중립성 및 대학의 자율성은 법률이 정하는 바에 의하여 보장된다."고 규정하고 있다. 이러한 교육의 정치적 중립성을 교육기본법 제6조 제1항에서는 "교육은 교육 본래의 목적에 따라 그 기능을 다하도록 운영되어야 하며, 정치적 · 파당적 또는 개인적 편견을 전파하기 위한 방편으로 이용되어서는 아니된다."고 구체화하고 있다. 그동안 교육의 정치적 중립성은 교육이 국가권력이나 정치적 세력으로부터 부당한 간섭을 받지 아니할 뿐 아니라, 그 본연의 기능을 벗어나 정치영역에 개입하지 말아야 한다고 해석하여 왔다.[43]

그러나 이를 마치 종래 교육행정관청의 관례처럼 매우 소극적 · 제한적으로 해석하여 학교교육에서 정치적 사안 자체를 다루지 못하도록 하는 것은, 헌법의 의사를 왜곡함으로써 오히려 민주시민교육을 방해하는 것이다. 특히 독일 보이텔스바흐 합의의 제2원칙 논쟁성의 원칙처럼 보다 적극적으로 해석해야 할 것이다.[44]

(3) 그밖에 정당정치 기반의 취약성

앞서 검토한 바와 같이 독일 정치교육은 각 정당 소속 정치재단이

---

43) 예컨대 계희열, 「헌법학(중)」, 박영사, 2007, 745쪽 등 참조.
44) 이에 대하여는 최근에 논의가 전개되고 있다. 예컨대 곽노현, 교육의 정치적 중립성, 보이텔스바흐 원칙만으로 충분하다, HUFFPOST, 2016.8.24.; 안성경, 교육에서 정치적 중립성이란 무엇인가? - 독일 보이텔스바흐 합의의 함의, 법과인권교육연구(제10권 제1호), 한국법과인권교육학회, 2017, 25-38쪽 등 참조.

적극적인 주체로서 참여한다. 특히 이들 정치재단은 각 정당의 노선과 이념에 따라 경쟁적으로 정치교육을 실시한다. 이것이 가능한 이유는 독일기본법에 의해 보호되는 정당에 대한 신뢰가 매우 높기 때문이다.

우리 정당법 제38조 제1항은 "…정책의 개발·연구 활동을 촉진하기 위하여 중앙당에 별도 법인으로 정책연구소를 설치·운영하여야 한다."고 규정하고, 제2항에 "국가는 정책연구소의 활동을 지원할 수 있다."고 규정하고 있다. 그리하여 독일의 경우처럼 정당에 의한 민주시민교육의 가능성을 가늠해 볼 수도 있을 것이다. 그러나 위헌정당해산이 현실화된 우리나라에서는 이들을 통한 민주시민교육은 현재로선 상상조차 하기 어렵다.

4. 시론적 대안 - 입헌주의의 내면화를 위한 민주시민교육

결국 한국 민주시민교육은 우리 입헌민주주의의 내면화를 위한 교육이어야 할 것이다. 앞서 살펴 본 우리 사회의 민주시민교육을 둘러싼 소모적인 이념대립, 그 목적과 기본방향, 개념, 내용, 방법 등에 관한 합의의 부재 등 모든 문제의 해결은, 반드시 우리 국가공동체의 근본 합의인 헌법으로부터 출발하여 접근해야 한다. 이 당연한 요청마저 민주시민교육의 역사가 결코 짧다고도 볼 수 없는 우리 사회에서 쉽게 합의되지 않는다는 점이 오히려 기이한 현상이다. 우리가 민주시민교육의 모델로 여기는 독일의 정치교육도 어디까지나 독일기본법으로부터 출발하고 있다는 점을 명심해야 할 것이다.

그러나 무엇보다 우리사회에서 입헌주의의 내면화를 위한 민주시민교육이라는 의미는 대한민국의 주권자로서 지위를 회복시키는 훈련의 과정이라는 점이다. 스스로의 지위를 망각하고 국가의 위기 앞에 좌절할 때마다 다시 일어설 수 있는 '힘'을 길러주는 것이야 말로 한국 민주시민교육의 출발선이어야 할 것이다. 특히 민주주의가 교착상태에 빠져 퇴행하는 것을 막을 마지막 보루는 결국 입헌민주주의가 내면화된, 다시 말해 민주주의에 대한 신념으로 훈련된 국민(헌법적 시민) 자신이기 때문이다.

V. 맺음말

2014년 12월 정당해산심판이 선고된 이후 후폭풍이 거세다. 그동안 우리 국민은 대한민국의 민주주의가 퇴행의 조짐을 보일 때마다 한층 진화된 모습으로 이를 온몸으로 막아왔다. 그러나 지난 통합진보당에 대한 정당해산심판건 등으로 퇴행하기 시작한 입헌민주주의를 우리 국민은 이번에도 의연히 막아설 수 있을까? 과연 우리 국민은 대한민국의 주권자로서 충분히 진화하였다고 단정할 수 있을까? 어떤 경우에라도 흔들리지 않은 입헌주의에 대한 강한 애정과 충성심으로 훈련된 시민의 모습으로 성숙하였을까?

입헌민주주의에 대한 강한 애정과 충성심은 바로 교육을 통해 길러질 수 있다. 즉 입헌주의를 내면화함으로써만 가능한 것이다. 일찍이 독일은 자신들의 잘못된 판단으로 독일 입헌주의가 파탄에 이른 경험을 각인하여, 과거에 대한 철저한 기억과 청산으로 역사의 과오를 되풀이하지 않도록 훈련하고 있다. 특히 그 암흑의 역사 속에서도 민주주의에 대한 신념을 잃지 않고 그 적들과 의연히 맞선 평범한 독일국민들의 일화를 발굴・전파함으로써, 헌법적 대화의 창구를 활짝 열고 있다. 이 모든 민주주의에 대한 훈련과정을 국가차원에서 제도화함으로써, 독일 국민들에게 체계적인 정치교육이 이뤄지도록 지원하고 있다. 무엇보다 독일 연방차원에서 합의된 이른바 "보이텔스바흐 합의(Beutelsbacher Konsens)"과 독일기본법을 이탈하지 않는 한, 정치교육의 주체가 정치재단이던, 시민사회단체이건, 교회나 노조이던 불문하고 적극적인 지원을 아끼지 않는다는 점이다. 이것은 과거의 역사에 대한 합의, 그리고 독일기본법에 대한 합의, 그리고 보이텔스바흐 합의라는 최소한의 합의가 있었기 때문에 가능한 것인지도 모르겠다.

그러나 한국의 민주시민교육의 현실은 이러한 독일의 정치교육의 모습과 전혀 다르다. 무엇보다 우리에겐 민주주의가 거꾸로 퇴행하는 것을 막아줄 방지턱조차 마련되어 있지 아니하다. 즉 우리가 기억하고 청산해야 할 역사적 과오에 대한 합의마저 존재하고 있는지 의심스럽기 때문이다. 한국 민주시민교육은 과거의 역사에 대한 기억과 반성, 그리고 청산으로부터 다시 시작해야 한다. 다시 말해 입헌주의의 퇴행을 막는 방지턱부터 설치해야 한다. 이렇게 반드시 합의해야 할 부분에서조차 합의가 이뤄지지 않는 상태에서, 한국 민주시민교육의 기본 목표와 방향, 개념과 내용, 방법 등에 대한 합의가 쉽게 이뤄지길 바라기는 어려울 것이다. 즉 한국 민주시민교육의 출발점은 입헌주의의 퇴행을 막았던 과거의 역사에 대한 합의와, 그 기본목표와 방향 모두 입헌주의를 내면화하는 과정에 맞추어져야 한다는 합의가 동시에 이뤄지지 않는다면, 대한민국의 입헌민주주의와 주권자로서의 국민의 삶은 매우 험난할 것임이 분명하다.

*"Democracy without a well-educated and well-informed public is
an insidious and dangerous sham."*

제2장

헌법적 합의에 기초한
한국 학교 민주시민교육의 과제

홍 석 노

(세종특별자치시교육청 장학사)

Ⅰ. 문제의 제기

1. 왜 "(학교)민주시민교육" 인가?
- 군왕교육(君王敎育)에서 시민교육(市民敎育)으로

얼마 전 영화 "사도(思悼, The Throne)"가 흥행한 바 있다. 조선왕조의 부왕(父王) 영조(1694-1776)가 그의 아들 세자 선(愃)을 뒤주에 가둬 죽음에 이르게 한 이른바 '임오화변(壬午禍變, 1762)'을 다룬 내용이다. 그 직접적 원인은 후계자인 아들 세자의 광적(狂的)인 비행과 무능함이었지만, 이렇게 세자를 비극으로 몰고 간 근본적인 원인은 바로 부왕 영조의 지나치게 엄격한 훈육방식 때문이었다는 점은 주지하는 바와 같다.[1] 사실 영조는 조선왕조 500년 역사상 그 재위기간(약 52년)이 가장 긴 왕으로 기록되어 있으며, 자신의 출신 성분에 대한 콤플렉스까지 겹쳐 그 왕권을 유지·계승하는데 온 힘을 쏟아부은 인물로 알려져 있다. 이는 과거 자신의 왕권을 물려 줄 후계자를 양성하는 군왕교육(君王敎育)이 얼마나 엄격하고 잔혹했는지를 보여주는 상징적인 사례라고 할 수 있다.

대한민국은 민주공화국이다(헌법 제1조 제1항). 이제 주권은 국민에게 있고 모든 권력은 국민으로부터 나온다(헌법 제1조 제2항). 군

---

[1] 예컨대 영조는 아들 선(愃)이 태어난지 2살 되던 해에 후계자인 세자로 책봉한 이후부터 조선 최고의 학자들을 동원하여 글공부에 전념토록 하였고, 영특했던 어린 세자가 자신의 하인인 상궁들과 전쟁놀이에 빠져 글공부를 게을리 하기라도 하면 그 하인들을 처형하기도 했다. 세자가 15세가 되던 해부터는 이른바 '대리청정(代理聽政)'에 임명하여 13년여 동안 왕권을 대리하게도 하였는바, 이 기간 동안 영조의 세자에 대한 책망과 비난은 극에 달하여 세자가 광적(狂的)인 증세와 비행을 일삼게 되었다는 사실은 널리 알려진 바와 같다.

왕은 사라지고 대한민국 국민이 주권자로 부활한 것이다. 과거 단 한 사람이 휘둘렀던 권력 – 즉 '부자지간에도 나눌 수 없다'던 그 권력 – 을 이제 5천만 국민이 분점하게 되었다. 특히 그 국민들이 결단한 민주공화국이라는 정치시스템은 과거 어떤 정치체제와도 비교할 수 없을 정도로 그 운영체제나 작동방식이 매우 복잡하게 짜여져 있다. 그리하여 '민주주의는 그 어떤 정치제도 가운데 배우지 않으면 실행할 수 없는 "유일한" 정치체제'라는 말이 널리 회자되고 있는 것이다.

그러나 대한민국의 주권자로서 국민은 이를 체계적인 방식으로 훈련받고 있는가? 과거 군왕교육(君王敎育)의 수준에는 결코 미치지 못하더라도, 최소한 주권자로서의 지위나 갖추어야 할 역량을 체계적으로 교육받은 적이 있는가? 오늘날 민주정치가 대의제라는 이유로 자신의 권력을 대신 행사할 대표자를 뽑기 위한 소위 유권자 교육만으로 충분한 것인가? 특히 국민 스스로 대한민국의 주권자라는 인식을 가지고는 있는가? 오랜 독재를 청산하고 민주정치체제를 다시 회복한 우리 국민이 이제 대한민국의 주권자로서 충분히 진화하였다고 단정할 수 있을까?[2] 여기서 대한민국의 주권자로서 국민이 받아야 할 시민교육(市民敎育)의 필요성이 제기되는 것이다. 바로 "여기는, 국민이 다스리는 곳(Here, the People Rule)"이기 때문이다.

---

[2] 안타깝게도 우리 국민은 스스로 독재를 청산한 오늘날에도 '정치'에 대한 두려움 때문인지 아니면 누적된 좌절의 경험 때문인지, '정치'를 가능한 한 멀리 하여야 할 '더러운 일' 내지 '점잖은 사람은 관여해서는 안 될 막일'처럼 경원시하는 경향이 팽배해져 있는 것처럼 보인다(이러한 지적으로는 김선택, "2016년 총선의 헌법적 의의와 정치개혁입법의 방향", 헌법이론실무학회_4.13총선 결산 특별학술회의(세션 1 발제문), 2016, 1-21쪽 참조). 그나마 대한민국의 민주주의가 퇴행의 조짐을 보일 때마다 이를 다시 막아보려는 적극적인 의지를 보여온 것은 사실이지만, 이러한 국민의 임기응변식 처방적 태도는 마치 민주주의의 정착 초기에 주로 나타나는 이른바 '시초적 민주시민(Primitive Democratic Citizen)'의 모습과도 매우 유사하다. 이에 대하여는 홍석노, "입헌주의의 내면화를 한국 민주시민교육의 현황과 과제", 헌법연구(제2권 제1호), 헌법이론실무학회, 2015, 100-102쪽 참조.

2. 대한민국의 주권자로서 학교 민주시민교육을 받을 헌법적 권리

특히 우리 헌법은 전문에서 "우리 대한국민은 …(중략)… 정치·경제·사회·문화의 모든 영역에 있어서 각인의 기회를 균등히 하고, 능력을 최고도로 발휘하게 하며…"라고 명시하여, 주권자인 국민 스스로 국가의 모든 영역에서 자신들의 능력(자아실현)이 최고도로 발휘될 수 있도록 결단하고 있다. 또한 우리 대한국민은 자신들이 다스릴 국가를 민주공화국으로 규정하고(제1조 제1항), 자신들의 주권을 입법권을 행사하는 국회, 행정권을 행사하는 대통령이 대표로 행사할 수 있도록 규정하면서도(제41조 제1항, 제67조 제1항), 국가안위에 관한 중요정책과 헌법개정안과 같이 국가공동체 운명을 좌우할만한 중대한 사안은 국민이 직접 결정하겠다고 결단하고 있다(제72조, 제130조 제2항). 여기에 국가안전보장·질서유지 또는 공공복리를 위하여 필요한 경우에 한하여 법률로써 자신들의 기본권을 스스로 제한하고(제37조 제2항), 국방, 납세 등 의무를 이행하겠다는 공화주의적 책임까지 결단하고 있다(제38조, 제39조). 즉 우리 국민은 대한민국의 주권자로서 어떤 국가공동체에서 어떻게 살아갈 것인지, 그리고 어떤 책임까지 질 것인지를 스스로 결단하고 있는 것이다.

중요한 것은 이런 결단이 주권자인 국민 자신과 그 후속세대에게 체계적으로 교육되어야 한다는 점이다. 바로 이런 의미에서 교육을 받을 권리를 규정한 헌법 제31조 제1항부터 제6항까지 규정한 교육에 관한 조항들은, 학교교육제도를 포함한 국가의 모든 교육의 영역에서 관철되어져야 한다. 여기서 대한민국의 국민이 학교 민주시민교육을 받아야 할 헌법적 권리가 도출될 수 있으며, 국가는 이를 이행할 의무가 발생하는 것이다.

그러나 오늘날 우리 한국사회에서 이러한 학교 민주시민교육을 보장하여 왔는지 의문이다. 이러한 문제의식을 기초로 아래에서는 한국 학교 민주시민교육의 현황과 문제점을 살펴 본 후(II), 헌법적 합의에 기초한 한국의 학교 민주시민교육을 어떻게 디자인해야 하는지를 모색해 보고자 한다(III).

II. 한국 학교 민주시민교육의 현황과 문제점

1. 그간의 경과와 현황

(1) 특정 교과 중심의 학교 민주시민교육

종래 한국의 학교 민주시민교육은 학교 내 공식적인 교육과정으로서 '사회과(社會科)'를 중심으로 전개되어 왔다. 여기에 학교 밖에서 여러 유관 기관들이 학교 민주시민교육을 위한 지원 체제를 형성하여 온 셈이다. 최근 들어 일부 지자체를 중심으로 학교 안과 밖의 민주시민교육을 위한 조례 제정이 추진되고 있고, 특히 학교에서 독립 교과의 성격을 가진 민주시민교과서를 발간하는 노력을 보이고 있다.

먼저 1945년 해방 이후 미군정에 의해 처음 도입된 사회과는 1946

년에 공민, 지리, 역사, 직업 등을 총괄하는 이른바 '사회생활과(社會生活科)'로 출발하였다(이른바 교수요목기, 1946~1954).[3] 이는 미국 콜로라도(덴버)의 사회과 교육과정을 공식적으로 수용한 것을 계기로, 당시 한국 내 민주주의와 민족주의 세력 간 타협의 결과물로서 초등단계에서는 '통합교과'로, 중등단계에서는 '분리교과'로 시작하게 된 것이다. 당시 사회과는 '새로운 민족 문화 건설을 앞둔 신생 국민이 공민(公民)으로서 정치에 관심을 가지고 향토 개발 의무와 자치 정신을 배양하는데 필요한 기초'를 주로 습득하는데 목표를 두고 있었다. 이 교육과정은 초창기 교수요목기로부터 공식적으로 7차례의 교육과정기를 거쳐, 수시 개정 교육과정 체제로 전환된 현재 '2007, '2009 개정 교육과정 논의가 진행 중에 있다. 시기별 변화 양상의 주요 특징은 다음과 같다:

첫째, 국가 주도의 교육과정기이다. 교수요목기(1946~1954)로부터 제1차 교육과정기(1955~1963), 제2차 교육과정기(1963~1973), 제3차 교육과정기(1973~1981), 제4차 교육과정기(1981~1987), 제5차 교육과정기(1987~1992)가 여기에 해당된다. 이 시기는 당시 국가적 필요성 내지 권위주의 정권의 성격에 따라 교육과정의 실질이 좌우되던 때이다. 예컨대 초창기 교수요목기에는 주로 일제 청산과 민

---

3) 당시 사회과는 종래 일제에 의한 수신(修身)과를 미군정이 폐지하고, 공민(公民) 과목을 새로 만들어 초등학교에서 주당 2시간씩 가르침으로써 시작된 것으로 알려져 있다. 그러나 교육과정상으로는 미군정 하에서 콜로라도(덴버)의 교육과정을 참고하여 사회과 교수요목을 만든 것이 한국 학교 사회과의 공식적인 출발이었다고 한다. 한국 사회과 교육과정의 변화와 그 양상에 대해 자세한 것은 강대현, "한국 사회과 교육과정의 변천과 양상 - 교수요목기에서 2009 개정 교육과정까지 -", 사회과교육(제54권 제1호), 한국사회과교육연구학회, 2015, 63-89쪽 참조(특히 67쪽 이하); 강대현·모경환, "한국 사회과 교육과정 개정의 과정과 양상 - 2007, 2009 개정 교육과정을 중심으로-", 교육연구와 실천(제79권), 서울대학교 교육종합연구원, 2013, 1-22쪽 등 참조(특히 8쪽 이하); 김성수 외, 「학교 내 민주시민교육 활성화 방안」, 교육부 정책 연구보고서(정책 2015 위탁-9), 한양대학교 국가전략연구소, 2015, 15쪽 이하 등 참조.

주주의 정착 등이 주요 과제였고, 제1차 교육과정기에는 반공 이데 올로기와 민족의식 교육 강화를 위해 도덕 교과의 신설 및 역사 교과 의 세분화가 추진되었으며, 제2차 교육과정기에는 '반공'과 '통일' 교 육을 더욱 강화하기 위해 초·중등학교 도덕 내용을 '반공·도덕' 영 역으로 분리·강화하고 고등학교 도덕을 '국민윤리'로 변경하기도 하 였다. 특히 제3차 교육과정기에는 당시 유신헌법 체제 유지를 위한 국민정신교육과 국사교육 강화 방침에 따라, 도덕(반공·도덕, 국민 윤리)과 국사는 사회과로부터 독립시키면서 체제 정당성을 위한 수 단으로 활용하고자 하였다. 그리고 제4차 교육과정기에도 다시 군사 쿠데타로 집권한 권위주의 정부의 방침에 따라 국민정신교육 강화에 이바지할 사회과 내용 선정이 주요 개정 방향이었고, 이러한 흐름은 제5차 교육과정기에도 그대로 반영되어 민주화를 쟁취한 새 시대에 마치 과거의 낡은 옷을 걸치고 있는 우스꽝스러운 모습이었다. 어쨌 든 이 시기는 사회과 본래의 이념과 목적에 따른 교과 내용 선정이 개 정의 주된 관심 사항이 아니었고, 오로지 국가적 필요성과 특히 당시 권위주의 정권의 성격에 따라 그 실질이 일방적으로 결정되던 때였 다고 볼 수 있다.

둘째, 전환기의 교육과정기이다. 제6차 교육과정기(1992~1997)가 여기에 해당된다. 그나마 이 시기는 권위주의 시대가 막을 내리고 민 주화 시대가 본격적으로 전개된 시점에서 개정 논의가 진행되었다. 그리하여 사회과 개정의 총괄 목표도 '국민 양성'이 아니라 '시민 양성' 으로 잡고, 이를 위해 당시 '현대사회와 시민'이라는 교과 구상이 반영 된 통합교과적 성격을 가진 이른바 '공통사회'를 고등학교 1학년에 신 설하였으며, 국민윤리에서 '국민'을 삭제한 윤리 교과로의 변경 등을 꾀하였다. 그러나 이 교육과정은 아직까지 권위주의 문화가 지배적이던 당시 상황으로 미루어 "진보적이지만 현실을 도외시한" 교육과정이라는 평가를 받기도 하였고, 교과관련 이해집단으로부터 많은 저항에 부딪히기도 하였다.[4] 그럼에도 불구하고 이 시기의 교육과정기는 권위주의 시대를 반영한 교육과정을 탈피하여 민주화 시대의 요청을 반영한, 즉 민주시민교육을 위한 사회과의 사명을 상징적으로 재확인한 때였다고 볼 수 있다.

셋째, 분화 및 해체의 교육과정기이다. 이 시기는 제7차 교육과정기(1997~2007), 이후 수시 개정 교육과정 체제로 전환된 '2007 개정 교육과정기(2007~2009, 2011), '2009 개정 교육과정기(2011~현재)까지가 여기에 해당된다. 이 시기는 개정 교육과정 논의에 있어 여전히 국가주도의 관행이 남아 있긴 하지만, 사회과의 배경 학문군(學問群)을 이루는 교과간 영역 다툼과 갈등이 본격화된 때이다(이른바 교과이기주의기). 그리하여 교육과정이 점차 학문 영역별로 세분화되고 해체되는 과정을 반복하게 된다. 예컨대 제7차 교육과정기에서는 그 이전에 도입된 '통합 사회과(공통사회)'를 둘러싼 교과 영역간 다툼이 주요 쟁점이었으며, 특히 '2007 개정 교육과정기에서는 주제 중심의 공통사회 교과에 대한 경제학 및 경제교육 전문가들의 강한 저항으로 경제 단원이 독립되어 신설되었다는 에피소드가 전해기도 하고, 실제 시수 문제로 교과 영역별 고교 선택 과목을 균등 배분하는 정부 방침이 발표되기도 하였다.[5] 이러한 영역간 다툼은 '2009 개정

---

4) 자세한 것은 김영석, "제6차 사회과 교육과정 개정 과정에 대한 기억의 재구성 - 국민에서 시민으로 -", 사회과교육연구(제20권 제2호), 한국사회과교육학회, 2013, 13-28쪽 참조.

5) 자세한 것은 강대현, 앞의 논문(주 3), 79쪽.

교육과정기에서 더욱 심화되는 양상을 보이고 있고, 여기에 사회과 교육과정에서 인성교육 강화 방안까지 동시에 논의하고 있는 상태이다.

(2) 학교 밖 유관 기관을 통한 지원 양상과 최근의 동향

한편 학교 밖에서는 관련 법령에 따라 다양한 유관 기관들과 단체들이 학교 민주시민교육을 지원하고 있다.

우선 국가는 그동안 각 부처와 산하 기관 등에서 관계 법령에 따라 독자적으로 시민교육을 진행하거나 학교 민주시민교육을 지원해 오고 있다.[6] 현재 학교 시민교육과 직접 관련이 있는 교육부와 특히 중앙선거관리위원회 선거연수원에서 실시하고 있는 미래유권자 교육

---

6) 그 지원 현황은 다음 〈표〉와 같다:

	시행 주체	주요 내용	관련 법령
행정부 / 위원회	교육부	-학교교육을 통한 학교민주시민교육 -인성교육, 평생교육 등	-교육기본법 -인성교육법 -인적자원개발법 -평생교육법
	안전행정부	-시민교육지원사업 등	-비영리민간단체지원법
	여성가족부	-양성평등교육 등	-양성평등기본법
	고용노동부	-직업교육, 직업윤리의식교육 등	-노동위원회법
	통일부/국방부	-통일교육 -남북관계, 통일·안보관련 학습자료개발, 체험 코스 운영 등	-통일교육지원법
	기획재정부/ 금융위원회	-경제교육 -경제연구학교 지정, 교과서개정 지원	-경제교육지원법
	외교부	-재외동포교육 등	-재외동포지원법

출처: 이병준 외, 「민주화운동기념사업회 교육사업 중장기 발전 방안 연구」, 민주화운동기념사업회, 2007, 131쪽; 김성수 외, 앞의 연구보고서(주 3), 95쪽 이하에 제시된 〈표〉를 현행 법령과 직제에 따라 재구성함.

및 민주시민정치 이해교육 등을 제외하고는, 대부분 각 부처의 목적과 기능에 따라 부대적인 사업처럼 인식되어 매우 다양한 모습으로 전개되어 왔다. 그리하여 그동안 국가 차원에서 학교 민주시민교육에 대한 지원이 체계적으로 이루어지기 어려웠다. 여기에 2015년 1월 20일 「인성교육진흥법」이 제정되어 동년 7월 21일부터 시행됨으로써, 주무 부서인 교육부는 현재 여기에 집중하고 있는 상태이다.

시민사회단체의 상황도 크게 다르지 아니하다. 1987년 6월 민주화 시민혁명 이후부터 시민단체의 수가 급격하게 증가하면서, 이들을 중심으로 한 시민교육도 광범위하게 전개되었다.[7] 그러나 이들이 주도한 시민교육은 당시 정치적 상황을 고려한 어떤 체계적인 성격을 가

시행 주체		주요 내용	관련 법령
행정부 / 위원회	환경부	-환경교육 등	-환경교육지원법
	법무부/법제처	-법교육, 생활법 경시대회 개최 -학생자치법정 시범학교 운영 등	-법교육지원법
	문화체육관광부	-문화예술교육 등	-문화예술교육진흥법
	중앙선거관리위원회 선거연수원	-유권자 교육 및 민주시민정치이해 교육 등 (온오프라인 초·중등 학생 및 교사 대상)	-선거연수원 운영규칙
	국민권익위원회	-반부패교육 등	-부패방지법시행령
	국가인권위원회	-인권교육 -국가인권위원회 방문 프로그램운영 등	-국가인권위원회법
	국가보훈처	-나라사랑 시범학교 운영 -한국전쟁 참전 유공자·탈북자 보훈 특강 등	-국가보훈처법
입법부	국회, 국회사무처	-입법교육, 시민의정연수 -어린이 국회 체험 프로그램 운영 등	-국회규칙 등
사법부	헌법재판소, 법원, 사법연수원 등	-헌법교육, 법원견학, 법조윤리교육 등	-내부규칙 등

7) 해방 후 1987년 민주화 시민혁명 이전까지의 학교 밖 시민교육은 당시 학교시민교육과 별반 다르지 않았다. 즉 반공 이데올로기 교육과 권위주의 정권 체제 유지를 위한 국민정신강화 교육 등에 관변 단체들이 총 동원되어 왔기 때문이다. 다만 1960년대 주한 미국공보원(USIS)의 재정 지원으로 중앙교육연구소가 중심이 된 시민교육 운동이 전개된 바 있으나 군사정권의 직·간접적 곧 좌절되었고, 이후 한국의 시민교육은 1970년 노동자 전태일의 죽음을 계기로 대학가와 시민단체, 종교단체, 노동자 단체 등을 중심으로 제도권 밖에서 전개되어 왔다. 자세한 것은 홍석노, 앞의 논문(주 2), 112~114쪽 참조.

진 것이라기보다, 각 단체의 설립 취지와 성격에 따라 - 어떤 의미로는 취미, 직업 등 '교양' 교육으로 부르기에 적합해 보이는 - 그 목적, 내용, 방법 등이 천차만별이었던 것으로 보인다. 이후 1997년 10월에 이르러 경실련, 참여연대 등 11개 시민단체가 '민주시민교육포럼'을 결성하여, 국회 소속의 초당적 독립기구인 민주시민교육원 설치를 골자로 한 「민주시민교육지원법안」 (박명환 의원 대표발의)을 제15대 국회에 제출한 바 있다. 이를 계기로 2000년 제16대 국회, 2007년 제17대 국회, 2015년 제19대 국회에도 각각 법안이 제출된 바 있으나 의원 임기만료로 모두 자동 폐기되고 말았다.[8] 최근에도 관련 입법 발의가 꾸준히 시도되고 있다. 어쨌든 현재까지 시민사회단체에서 주도하는 학교 시민교육 관련 프로그램은 민주화운동기념사업회, 흥사단, YMCA, 교육공동체 프로젝트 등이 대표적이다.[9]

그러다가 최근 서울, 경기, 전북 등 일부 자치단체를 중심으로 (학

---

[8] 2000년 제16대 국회에는 「시민교육진흥법안」(김찬진 의원 대표발의)이, 2007년 제17대 국회에는 「민주시민교육지원법안」(이은영 의원 대표발의)이, 2015년 제19대 국회에는 「민주시민교육지원법안」(남인순의원 대표발의), 「민주시민교육지원법안」(이언주의원 대표발의)이 각각 제출된 바 있다.

[9] 이를 〈표〉로 정리하면 다음과 같다:

시민단체	주요 활동
민주화운동기념사업회	-민주화 운동 계승 사업 및 민주시민교육 사업 등
흥사단	-역사 및 헌법강좌, 평화·통일 민주시민교육강사 양성 과정 운영 등
교육공동체프로젝트	-학교와 지역사회 연계 교육 공동체와 삶이 있는 학교 운영 등
YMCA	-시민운동, 사회체육운동, 국제교류 및 협력 운동 등
나눔국민운동본부	-나눔 교육사 양성, 학교 나눔 방문 교육 등
전경련	-경제교육 등
신문사	-신문활용교육(NIE) 등
삼성꿈나무재단	-더불어 사는 배움 공동체 구현 사업(장학 지원 사업) 등

　　출처: 김성수 외, 앞의 연구보고서(주 3), 105쪽에서 제시된 〈표18〉 '민간차원의 민주시민교육 운영 및 체계'를 재구성함.

교)시민교육을 위한 법제화를 조례로써 시도하고 있다. 예컨대 서울시는 2014년「서울특별시 민주시민교육에 관한 조례」를, 경기도는 2015년「경기도교육청 학교민주시민교육 진흥 조례」와「경기도 민주시민교육 조례」가 각각 제정된 바 있다. 특히 학교 시민교육과 관련해서는 경기도가 2015년 2월 제정한「경기도교육청 학교민주시민교육 진흥 조례」가 처음으로 "헌법적 합의에 기초한 학교시민교육"을 위해 여러 가지 의미 있는 조문들을 담고 있지만,[10] 아쉽게도 이는 현재 휴면 상태에 놓여있는 것처럼 보인다.

2. 특정 교과 중심의 학교 시민교육의 한계

그동안 특정 교과 – 특히 사회과와 도덕과 – 를 중심으로 전개되어 온 한국의 학교 시민교육은 어느 정도 의미 있는 기여를 해 온 것이 사실이지만, 다음과 같은 점에서 한계가 드러난다:

첫째, 국가적 필요성과 목적에 봉사하는 수단으로 활용되어 왔다는 점이다. 이는 그간의 사회과 교육과정의 전개 과정에서 입증되어 왔다. 해방 후 교수요목기를 제외하고는 – 엄밀하게 말하면 이 시기도 자유로울 수 없지만 - 권위주의 정권이 막을 내린 제6차 교육과정

---

10) 이 조례는 학교 시민교육에 대한 법제화를 처음 시도한 것으로서 여러 가지 의미 있는 조문들 – 어떤 의미에서는 다소 도발적으로 보일 수 있는 내용들 – 을 담고 있다. 예컨대 제4조(기본원칙) 각호에서는 민주주의, 공화주의, 기본권 보장 등 헌법의 기본 가치와 이념 계승과 민주주의의 발전을 위해, 우리 사회에서 논쟁적인 것은 학교에서도 논쟁적으로 다뤄져야 한다는 논쟁성 원칙, 교화금지의 원칙 등 이른바 '한국형 보이텔스바흐 합의(Beutelsbacher Konsens)'이라고 불릴만한 내용들을 규정하고 있다. 제5조(교육의 내용)에서는 헌법의 기본가치와 이념 및 기본권, 민주주의를 비롯한 제도의 이해와 참여방식에 관한 지식, 논쟁 문제를 해결하기 위한 합리적 의사소통 방식, 비폭력적 갈등 해소 방안, 설득과 경청 등에 대한 기능과 태도, 그리고 단위학교의 민주적 의사결정구조와 절차 및 참여 방식 등을 교육하도록 규정하고 있다. 자세한 내용은 [별첨]을 참고할 것.

기 이전까지, 거의 대부분 사회과는 이들 정권의 입맛대로 개편을 반복하여 왔기 때문이다. 다만 이들 정권이 막을 내린 제6차 교육과정기에서야 비로소 사회과의 본질을 회복하려는 시도가 있었지만, 이마저도 교과 간 영역 다툼 등으로 좌초되고 말았다. 특히 오늘날에도 교육과정 개정 논의에 있어 국가 주도의 관행이 여전히 남아있고, 그리하여 국가가 주도하는 '총론' 중심의 개정 논의가 주를 이루고 있다는 연구 보고[11]를 가볍게 들을 수 없는 상태에서, 지금까지 사회과는 민주시민육성이라는 자신의 과업을 제대로 달성하고 있지 못하다는 의심을 받고 있는 것처럼 보인다. 물론 이를 구조적으로 가능케 만든 현행 법제의 문제가 제기되지만, 어쨌든 이를 개정하지 않는 한 이런 근본적인 한계를 사회과가 넘어서기 쉽지 않을 것으로 보인다.

둘째, 교과 간 영역 다툼이 심화·지속될 가능성이 매우 크다는 점이다. 그리하여 사회과의 본질과 그 목표에 충실하기보다, 즉 "무엇을, 왜 교육과정으로 결정하는가?"라는 문제보다 "누가 더 많은 시수를 확보하여 가르칠 것인가?"에 대한 이른바 교과 간 시수 확보를 위한 영토 분쟁이 심화되고 있다는 지적이다.[12] 과거에는 국가가 사회과 내용을 자신의 입맛대로 재편하더니, 이제는 그나마 있던 실질(내용)에 대한 논의도 사라지고 현행 개정 교육과정 논의는 공동화(空洞化)되어 가고 있다는 것이다. 이를 빗대어 과거 권위주의 정권이 권좌에서 물러나면서, 이를 교과이기주의가 차지했다고 말하기도 한다. 실제 사회과 교육과정기 전체를 통틀어 민주시민교육 부활의 계기를

---

11) 예컨대 사회과 교육과정의 국가 주도의 개정과 국가주의 요소의 반영을 지적한 강대현, 앞의 논문(주 3), 83쪽 이하; 그리고 오늘날 교육과정 수시 개정 체제로 전환된 상태에서 사회과 교육과정이 소수 관료들과 특정 세력의 자의에 따라 쉽게 개정될 위험성에 놓여 있음을 지적한 강대현·모경환, 앞의 논문(주 3), 2-3쪽 참조.
12) 강대현·모경환, 앞의 논문(주 3), 17쪽.

만든 전환기의 교육과정으로 평가받는 제6차 교육과정마저, 이를 좌초시킨 주범이 바로 '교과이기주의'로 지목되고 있다[13]는 점을 유의해야 할 것이다.

셋째, 사회과 교육과정의 적용 범위가 매우 한정될 수 있다는 점이다. 즉 현재 고등학교 대부분의 사회과 관련 교과가 선택과목으로 확대·편제되어 있는 상태에서, 교과목의 선택 여하에 따라 그 적용 대상 범위가 한정될 수 있기 때문이다. 이는 학생들이 수능 과목 선택 여하에 따라 달라진다는 점에서, 사회과가 사실상 입시에 기속되어 있다는 것을 보여준다. 그리하여 모든 학생이 대한민국의 주권자로서 받아야 할 시민교육을 사회과만으로 충족시켜줄 수 없다는 문제가 제기되는 것이다. 물론 사회과의 일부 교과를 선택이 아닌 필수 과목으로 대체시켜 이를 강화하는 방안 등을 고려할 수 있지만,[14] 이는 오늘날 우리 사회가 학교시민교육이 처한 문제점과 그 해결 방안을 종합적으로 검토하여 결정할 수 있는 다양한 선택지 중 하나에 불과하다.

넷째, 교과 간 목표, 내용 등 체계의 부정합성이 나타날 수 있다는 점이다. 실제 사회과의 배경 학문을 이루는 교과목은 매우 다양하고, 이들 교과 간 목표나 내용 요소도 체계적이지 못하다는 지적이 있어 왔다.[15] 이는 종래 국가 주도의 총론 중심의 개정 논의가 교과 시수나 편제의 재편에 그치면서 교과 간 각론 개정 논의에까지 이르지 못한

---

13) 이를 지적한 것으로 김영석, 앞의 논문(주 4), 26-27쪽 참조.

14) 장기적인 관점에서는 민주시민교육을 위한 독립교과가 편성되어야 한다는 점을 강조하면서도, 사회과의 필수과목 전환을 고려해야 한다는 김성수 외, 앞의 연구보고서(주 3), 117쪽 이하 참조.

15) "현행 학교 정규교육의 경우 사회과 등을 중심으로 운영되고 있으나 정작 관련 교과의 목표 등에서 민주시민교육의 구성요소나 정확한 방향에 대한 내용을 찾을 수 없을 정도로 민주시민교육이 학교 정규교육에서 명확한 위치를 갖고 있지 못하다." 김성수 외, 앞의 연구보고서(주 3), 114쪽.

것이기도 하고, 오늘날 심화되고 있는 교과 간 영역 다툼 등이 종합적으로 영향을 미쳤기 때문인 것으로 보인다.

마지막으로, 교육의 효과성 측면에서 한계가 있다는 점이다. 민주적인 시민의 양성은 민주적인 학교 문화와 조직이 형성되어 있을 때 비로소 가능하다. 즉 민주적인 시민은 그가 속한 단위학교의 총체적인 장면이 민주적인 시스템으로 재편성되어 있을 때, 이를 통해 민주적인 삶의 양식을 체득할 수 있기 때문이다. 그러나 이를 총체적으로 건드리지 않고 공식적인 교육과정으로서 특정 교과에만 의존하는 시민교육은 한계가 있을 수밖에 없다는 것이다.

3. 학교 밖 통일적 지원 체제의 미비
– "Everything is Nothing?"

현재 학교 밖 지원 체제도 전혀 체계적이지 않다. 국가 기관은 관계 법령에 따라 각자 다양한 시민교육 관련 프로그램을 운영하고 있고, 시민사회단체도 단체의 성격에 따라 천차만별로 전개되고 있다. 그리하여 학교시민교육을 위한 지원이 효과적으로 이루어지고 있지 않다는 문제가 오래 전부터 제기되어 왔다.

이 문제를 해결하기 위해 2000년 제16대 국회부터 2015년 제19대 국회까지 민주시민교육관련 법안이 제출된 바 있으나 모두 회기 만료로 자동폐기 되었고, 지금도 관련 입법 발의는 꾸준히 시도되고 있다는 점은 주지의 사실이다. 다만 세월호 참사 이후 소위 '이준석 방지법'이라고 불리던 「인성교육진흥법」만이 2015년 제정·공포되어 현재 학교 현장에서 시행 중에 있다. 이는 아직까지 우리 사회에 민주시민교육에 대한 합의가 존재하지 않는다는 반증이기도하고, 어쩌면 '이미 모든 것을 다 하고 있다'는 인식이 은연중에 깔려있기 때문인지도 모른다. 그러나 '모든 것은 아무것도 아닐 수 있다'는 함정에 빠질 수도 있음을 주의해야 할 것이다.

4. 인성교육과 학교시민교육의 긴장과 갈등

특히 2015년 제정·공포된「인성교육진흥법」에 따라 현재 학교 현장에서 시행 중인 '인성교육'은 – 그것이 학교 현장에서 실효적으로 이행되고 있는가는 별개로 – 학교시민교육과 긴장과 갈등 관계에 놓일 수 있다는 점도 유의해야 한다. 현재 교육부가 중심이 된 중앙정부 차원에서는 인성교육을 추진하고 있고, 주민 직선 교육감 시대가 본격화된 지방정부 차원에서는 민주시민교육을 강화하고 있기 때문이다.

문제는 학교시민교육이 아직까지 근본적인 합의점에도 이르지 못한 상태에서, 인성교육은 현재 법률로써 학교 현장에서 시행되고 있다는 점이다. 그리하여 인성교육이 학교 (민주)시민교육을 공동화(空洞化) 내지 형해화(形骸化)시킬 가능성도 전혀 배제할 수 없다는 우려도 나온다. 따라서 이들 관계를 조화롭게 정서(整序)하지 않는다면, 이들 상호 간섭 효과로 인해 한국의 학교시민교육이 더욱 혼란에 빠질 가능성이 매우 크다는 점에서 주의를 요한다.

5. 시민교육을 담당할 최적지로서 "학교"와
　그 실현 조건의 부재

무엇보다 현재 학교시민교육을 실현하기 위한 조건이 형성되어 있는지가 문제이다. 특히 "학교"는 시민교육을 담당할 실행 주체로서 다른 어떤 기관과도 비교할 수 없을 정도로 그 비중이 매우 큰 영역이기 때문이다. 예컨대 분단국가의 현실에서 국민개병제와 의무복무가 제도화된 한국에서 '군대'가 시민교육의 최적지로서 거론되기도 하지만, 현재 대학을 제외한 모든 학교급이 사실상 보통의무교육기관처럼 되어 있는 – 심지어 최근 고등학교 진학률도 거의 100%에 육박하면서 이제 무상교육을 넘어 의무교육 논의가 활발하게 진행되기까지 하는 – 현실을 고려한다면, 오히려 병영보다 학교가 시민교육의 최적지로서 적합해 보인다. 게다가 학교는 오직 교육이라는 특수한 행위를 담당하기 위해 조직된 장소이고, 그 대상도 대한민국의 주권자로서 성장도상에 있는 남녀 모두를 포함하고 있다는 점, 특히 '민주적인 시민교육이 제대로 되려면 교육장소도 민주화되어야 한다'는 요청에 부응할 수 있는 최적의 장소가 바로 학교이기 때문이다.

그러나 현재 학교가 이를 제대로 담당할 수 있는 실현 조건이 형성되어 있는지 의심스럽다. 대표적으로는,

첫째, 학교 문화와 조직의 비민주성이다. 학교는 시민교육의 효과를 검증해야 할 시험대이다. 특히 공식적인 교육과정보다 비공식적 교육과정이 시민교육에 지대한 영향을 미칠 수 있다는 점에서, 이를 담당해야 할 학교의 문화와 조직에 이르기까지 총체적인 장면에서 반드시 민주적일 것을 요청한다(이른바 학교민주주의의 요청). 그

러나 아직까지 우리의 학교 문화와 조직 등은 이러한 요청에 부응하고 있다고 보기 어렵다. 예컨대 단위학교 의사결정구조의 비민주성은 그동안 교육계에서 오랫동안 제기해 온 문제이지만, 이를 해결하기 위한 여러 시도들이 우여곡절 끝에 최근에야 비로소 그 결실을 조금씩 맺고 있기 때문이다.[16]

둘째, 특히 교육의 정치적 중립성에 대한 왜곡 문제이다. 우리 헌법 제31조 제4항은 '교육의 자주성 · 전문성 · 정치적 중립성 및 대학의 자율성은 법률이 정하는 바에 의하여 보장된다.'고 규정하고 있고, 이를 교육기본법 제6조 제1항에서 '교육은 교육 본래의 목적에 따라 그 기능을 다하도록 운영되어야 하며, 정치적 · 파당적 또는 개인적 편견을 전파하기 위한 방편으로 이용되어서는 아니된다.'라고 구체화시키고 있다. 이는 교육이 그 본연의 기능을 벗어나 정치 영역에 적극적으로 개입하거나, 정치권력이나 특정 세력으로 부당한 간섭을 받지 아니할 뿐만 아니라 그 수단으로 활용될 수 없다는 의미이다.

그러나 한국 사회에서 교육의 정치적 중립성에 대한 논의는 주로 교원과 교원단체의 정치활동의 자유와 관련된 사안에서 이에 대한 제한 논거로 활용되어 왔다. 즉 다양한 가치관을 조화롭게 소화하여 건전한 세계관 · 인생관을 형성할 능력이 미숙한 학생들에게 편향된

---

16) 예컨대 2002년 제16대 대선을 앞두고 각 교원단체들을 중심으로 시작된 '민주적인 학교자치의 법제화' 요청은 2012년 대선에서 특정 후보의 공약사항으로까지 채택되었다가 별다른 결실을 보지 못하고 수면 아래로 가라앉았다. 그러다가 2013년 광주시, 2016년 전라북도에서 각각 조례로써 법제화를 추진하다가 당시 대법원의 '조례안재의결무효확인' 결정으로 각각 효력이 정지되었다. 2019년에야 이르러 「광주광역시 학교자치에 관한 조례」(2019), 「전라북도 학교자치조례」(2019), 「경기도 학교자치조례」(2019) 세 건의 조례가 통과되었다. 학교자치조례의 법적 쟁점 등에 관한 최근의 논의로는 홍석노, 학교자치조례안의 법적 쟁점과 입법적 과제(시사점): 경기도 학교자치조례안을 중심으로, 교육법학연구(제31권 제2호), 대한교육법학회, 2019, 95-120쪽; 동인, 학교자치조례의 제정 범위와 한계-「광주광역시 학교자치에 관한 조례」의 법적 쟁점과 적법성 판단을 중심으로-, 고려법학(제82호), 고려대학교 법학연구원, 2016, 141-181쪽; 동인 외, 「학교민주주의를 위한 학교자치조례의 제정 가능성과 한계」, 경기도교육연구원, 2014, 70-78쪽 등 참조.

가치관을 갖게 할 우려가 있기 때문에, 교육의 정치적 중립성을 지켜야 할 교원과 교원단체의 정치활동의 제한은 불가피하다는 것이다.[17] 이러한 해석은 헌법 제7조 제2항의 공무원의 정치적 중립성 규정에 대한 종래의 해석 – 대부분 공무원의 정치활동 제한과 정권에의 충성의무를 강조한 결정들[18] - 과 결합하여 교원에게는 특별히 이중의 제한 논거로서 활용될 여지가 충분하다. 그러나 헌법 제7조 제2항의 공무원의 정치적 중립성 보장 규정과 헌법 제31조 제4항 교육의 정치적 중립성 보장 규정이 제한 규범으로 활용될 수 있는 것인지는 의문이다.

특히 이러한 교육의 정치적 중립성에 대한 해석은 현재 교육당국의 소극적 · 제한적 태도에 영향을 미쳐 온 것은 아닌가 생각된다. 예컨대 세월호 참사처럼 우리 사회에서 정치적으로 민감한 사안이 터질 때마다 일부 교원단체는 계기교육을 시도하여 왔고, 교육당국은 이를 교육의 정치적 중립성을 이유로 제한하려는 모습을 반복하여 왔기 때문이다. 즉 교육의 정치적 중립성을 정치적 사안 자체를 다루는 것을 제한할 수 있다는 의미로 해석함으로써, 이미 학교 현장에서는 "지금 그리고 여기에서(hic et nunc)" 살아있는 쟁점이 아닌 오래 전부터 "화석화(化石化)"된 쟁점만이 다뤄지고 있는 것이다. 이런 상태에서 개인과 공동체의 조화로운 시민으로서 헌법적 시민을 육성해

---

17) "국·공립학교 교원이 공무원 신분을 가지도록 한 것은 국가가 교육에 있어서 중대한 역할을 수행하게 되는 공교육제하에서 교육의 자주성·전문성·정치적 중립성의 보장이라는 헌법 제31조의 명제를 구체화하기 한 것으로서, 교육공무원의 정당 가입을 지한 정당법 제6조는 교육의 자주성·문성·정치립성의 보장을 하여 인정되는 합리인 제한(이다.)" 헌재 2004. 3. 25. 2001헌마710 결정; 이와 관련된 최근의 대표적인 결정례로는 헌재 2014. 3. 27. 2011헌바 42결정; 헌재 2014. 8. 28. 2011헌바 32 결정 등 참조.

18) 이에 대한 논의로는 무엇보다 정태호, "한국에서 직업공무원 및 교원의 정치적 자유 – 정권의 도구로 전락하고 있는 한국의 직업공무원 –", 헌법연구(제3권 제1호), 헌법이론실무학회, 2016, 1–35쪽 참조.

야 할 학교시민교육은 어쩌면 이상에 불과한 것인지도 모른다.

6. 이른바 학교 민주시민교육에 대한
"근본적 합의(Fundamental Consensus)"의 부재

결국 이 모든 문제의 근원을 자세히 들여다보면, 그동안 우리 사회에서 학교 시민교육에 대한 "근본적 합의(Fundamental Consensus)"가 존재하지 않았기 때문인 것으로 보인다. 그동안 사회과 등 특정 교과를 중심으로 전개되어 왔던 학교 민주시민교육이 관련 교과의 목표나 내용, 방법 등에서 불일치가 존재한다거나, 교과이기주의가 심화되고 있다는 우려, 학교 밖 지원 체제가 전혀 체계적이지 않다는 지적, 법을 통한 인성교육과 (민주)시민교육과의 긴장과 갈등, 교육의 정치적 중립성에 대한 왜곡된 해석 등 문제의 근원에는 학교 민주시민교육이 지향해야 할 이념과 목표, 인간상, 그 구체적인 내용과 방법에 대한 "근본적 합의(Fundamental Consensus)"가 존재하지 않았기 때문이다.[19] 다시 말해 우리 사회에 그 근본적 합의로서 "헌법적 합의(Constitutional Consensus)"가 존재하지 않았기 때문인 것으로 보인다.

---

19) 이러한 문제 제기로는 홍석노, 앞의 논문(주 2), 114쪽 이하; 장은주 외, 「왜 그리고 어떤 민주시민교육인가 - 한국형 학교 민주시민교육의 이론적 기초에 대한 연구 -」, 경기도교육연구원, 2014, 3쪽 이하 참조. 이와 관련하여 최근 연구들도 동일한 지적을 하고 있다: "학교 민주시민교육 지원체계의 문제점 중 하나는 민주시민교육을 제공하는 다양한 기관들의 민주시민교육에 대한 합의된 관점이 존재하지 않는다는 것이다. 물론 하나의 관점만 존재해야 하는 것은 아니지만 국가 차원에서 민주시민역량 교육의 방향과 구성요소 등에 대한 일관된 의견이 존재해야 하고 이에 기초하여 민주시민교육이 계획·실행되는 것이 필요하다 … (중략) … 민주시민교육이 어떤 의미이고 또 어떤 방향성을 가져야 하고 어떤 요소들이 주요하게 포함되어야 하는지에 대한 관점을 만들고 이에 대한 합의를 하는 등의 과정이 필요할 것으로 보인다." 김성수 외, 앞의 연구보고서(주 3), 113쪽

III. 헌법적 합의에 기초한 한국 학교 민주시민교육의 과제

1. 학교 민주시민교육의 기초로서 "헌법적 합의 (Constitutional Consensus)"의 의미: 이른바 과제로서 "입헌주의의 내면화"와 그 토대로서 "헌법적 합의 내용"

학교 민주시민교육을 위한 기초가 되는 "헌법적 합의(Constitutional Consensus)"는 다음 두 가지 차원의 의미를 담고 있는 것으로 해석할 수 있다:

(1) 먼저 헌법적 합의는 바로 학교 민주시민교육이 지향해야 할 과제로서 "입헌주의의 내면화(Constitutionalism Internalization)"를 의미한다고 볼 수 있다. 여기서 입헌주의를 내면화한다는 의미는 일찍이 독일의 슈테른베르거(Dolf Sternberger)가 헌법과 애국심을 결합한 의미로 사용한 "헌법충성(애국)주의(Verfassungspatriotismus)"라는 용례, 이것을 오늘날 인권과 민주주의의 원칙에 대한 헌신이라는 의미로 풀이하여 일반화시킨 하버마스(Jürgen Harbermas)의 노력, 그리고 최근 이 용어에 대한 국내적 수용 가능성에 대한 시도와 더불어 특히 헌법의 기본정신과 그 근본 합의에 대한 내면화를 강조하고 있는 "입헌주의에 대한 충성심(Constitutional Patriotism)"이라는 표현과 그 맥

을 같이하고 있기 때문이다.[20] 즉 입헌주의(Constitutionalism)란 소위 자신이 속해 있는 정치공동체의 근본 질서를 구성하고 있는 '헌법에 대한 일정한 이해와 태도' 내지 이에 대한 '관념과 사상(idea)', 등을 말하는데,[21] 바로 이것을 대한민국의 주권자로서 국민 각인에게 내면화시켜야 할 – 그리하여 이를 생활화할 수 있는 태도와 능력까지 기르도록 할 - 책임과 과제가 바로 학교 민주시민교육에 있다는 뜻이다. 이를 통해 대한민국의 주권자로서 국민은 헌법의 의미를 스스로 결정하고 확정할 수 있는 지위, 즉 종래의 특정 엘리트 계층 – 예컨대 정치인이나 법조인 등 - 에 의존한 입헌주의가 아닌 이른바 "국민입헌주의(Popular Constitutionalism)"[22]를 가능케 할 주인으로서 헌법적 시민(Constitutional Citizen)의 지위를 회복할 수 있을 것으로 보이기 때문이다.

(2) 다음으로 이러한 특별한 책임과 과제를 이행해야 할 학교 민주시민교육의 토대는 바로 "헌법적 합의의 내용(Constitutional

---

20) 이러한 용례에 대한 자세한 언급은 홍석노, 앞의 논문(주 2), 102-103쪽 참조. 특히 그곳 각주에 인용된 독일 문헌(Dolf Sternberger, Verfassungspatriotismus, Insel Verlag, 1990; Jürgen Harbermas, Die nachholende Revolution, Klein Politische Schriften VII, Frankfurt/M, 1990, S.147; Jan-Werner Müller, On the Origins of Constitutional Patriotism, 5 Contemporary Political Theory 278, 2006; ders., Constitutional Patriotism, Princeton Univ. Press, 2007 등)과 이러한 용례에 대한 국내의 수용가능성을 언급한 국내문헌(장은주 외, 앞의 연구보고서[주 19], 45쪽 이하; 이덕연, "'헌법적 정체성'의 확립과 '자기교육'으로서 헌법교육", 연세 공공거버넌스와 법(제4권 제2호), 2013. 8., 3-20쪽 등) 특히 "입헌주의의 내면화를 입헌주의와 애국심을 결합하여 '입헌주의에 대한 충성심(constitutionalism patriotism)'이라고 표현하고 있는 김선택, ""입헌주의에 대한 충성심" 없는 헌법화", 헌법연구(제2권 제1호), 헌법이론실무학회, 2015, 1-22쪽 참조.

21) 이러한 입헌주의가 가지는 두 가지 징표, 즉 실질적 징표로서 정치권력의 통제와 제한, 그리고 형식적 징표로서 헌법의 우위 등이 가지는 궁극적인 목적은 바로 국민 개인의 존엄과 가치, 기본권 보장일 수밖에 없는데(자세한 것은 김선택, 위의 논문[주 20], 1-3쪽), 결국 학교 민주시민교육은 이러한 입헌주의의 기본 정신을 내면화해야할 과제를 안고 있는 것이다.

22) 이에 대하여는 Larry D. Kramer, The People Themselves: Popular Constitutionalism and Judicial Review, Oxford University Press, 2004. 참조.

Consensus Contents)"이라는 의미를 가진다. 그러나 이 합의의 내용은 단지 헌법의 텍스트(이른바 헌법전, 憲法典)를 의미하는 것도 아니고, 해석자의 주관에 따라 다양할 수밖에 없는 방대한 해석 내용 등이 아니라는 점도 주지하는 바와 같다.[23] 이것은 입헌주의라는 이념과 역사적 맥락에 따라, 즉 그것이 기준이 되어 엄격하게 통제된 상태에서 헌법의 근간(根幹)을 형성하는 최소한의 내용으로서 의미를 가질 뿐이다(이른바 헌법의 '核'). 이러한 최소한의 합의 내용이 학교 민주시민교육의 토대를 이룰 때, 그 구체적인 목표, 내용, 방법 등에 이르기까지 체계적인 일관성과 통일성을 확보할 수 있을 것이기 때문이다.

문제는 그러한 헌법의 근간(根幹) 내지 핵(核)을 이루는 대체적인 합의의 내용과 범위가 어디까지인가라는 점인데, 이는 다음과 같이 정리해 볼 수 있을 것이다.

2. 최우선적 합의로서 인간상: 이른바 "헌법적 시민(Constitutional Citizen)"

무엇보다 '인간상(人間像, Menschenbild)'에 대한 합의는 이 모든 헌법적 합의의 전제, 즉 최우선적 합의의 내용이다. 즉 학교 민주시민교육의 과제로서 입헌주의의 내면화를 통해 형성될 인간상, 즉 그 시민상(市民像)에 대한 합의가 모든 합의의 전제 조건으로서 확인되어

---

23) 이에 대하여는 김선택, "시민교육의 기초로서의 헌법적 합의", 헌법연구(제4권 제1호), 헌법이론실무학회, 2017, 19-46쪽 참조.

야 한다. 이에 대한 합의가 부재하거나 혼동이 있는 상태에서 학교 민주시민교육의 체계일관성과 지속가능성을 기대하기란 공염불에 불과하기 때문이다. 특히 우리 사회는 종래의 적지 않은 논의[24]에도 불구하고, 아직까지 대체적인 합의점에도 이르지 못한 것처럼 보이기 때문이다. 이와 관련하여 최근 자유주의적 전통과 공화주의적 관점이 가지는 장점을 적절히 조화시키려는 시도로써, 존 듀이(J. Dewey)로부터 아이디어를 얻어 착안한 이른바 '공중(The Public)'이라는 의미 있는 시민상을 제시하고 있기도 하다.[25] 그러나 이와 같은 시도도 결국 철학적 논의에 불과한 것이기 때문에, 결국 규범력을 가진 합의, 즉 한국의 학교 민주시민교육을 통해 형성해야 할 인간상은 우리 국가공동체 질서의 근본 합의인 헌법의 태도를 추적함으로써 가능해질 것으로 보인다.

주지하는 것처럼 우리 헌법은 인간의 존엄성 보장을 최고 이념으로 삼고 있으며, 이러한 인간은 바로 '존엄한 인격체(Person)'로 이해

---

24) 예컨대 학교 민주시민교육에 대한 최근의 연구보고서에서는 이러한 인간상에 대한 언급이 아예 없거나(김성수 외, 앞의 연구보고서[주 3], 2015), 다만 이에 대한 체계적인 논증을 시도한 경우에도 종래 다양한 문헌에서 논의되었던 시민상을 정리하여 현행 교육기본법 제2조에 따른 민주시민을 자주적, 민주적, 사회적 성격을 가진 홍익인간상으로 체계화를 시도한 것으로 매우 의미 있는 작업이지만(예컨대 이인재·이기후 외, 「제7차 사회과 교육과정에 나타난 민주시민교육의 실태분석과 발전방향」, 교육과학기술부 정책연구과제 보고서, 교육과학기술부, 2009, 445쪽 이하), 이러한 논의가 학교 민주시민교육을 통해 형성해야 할 인간상에 대한 근본적인 합의로서 충분한 것인지 의문이 들기 때문이다. 그밖에 시민 개념의 다양한 논의와 역사적 전개 상황에 대하여는 신진욱, 「시민」, Vita Activa, 책세상, 2010; 특히 한국적 상황에서의 시민 개념의 탄생과 전개 과정에 대하여는 송호근, 「시민의 탄생」, 민음사, 2013; 정상호, 「시민의 탄생과 진화」, 한림대학교 출판부, 2013 등을 참고할 것.

25) 종래 자유주의적 전통에 의한 시민개념은 개인의 이해관계나 권익의 보장만을 강조함으로써 공동체와 관련된 공공선(the common good)이나 시민적 연대성이 들어설 자리가 없었다는 한계, 반면 공화주의적 관념에 의한 시민개념은 시민적 삶을 과잉 정치화하고 시민적 주체성을 지나치게 경시하여 공동체성이 없는 시민들을 배제시킬 우려가 있다는 한계 등이 지적되어왔다. 그리하여 그 대안으로서 새로운 시민상인 이른바 "공중(The Public)"이란 개념이 제시되고 있는 것이다. 자세한 것은 장은주, 「유교적 근대성의 미래: 한국 근대성의 정당성 위기와 인간적 이상으로서의 민주주의」, 한국학술정보, 2014, 276쪽 이하; 동인 외, 앞의 연구보고서(주 19), 38-42쪽 참조.

된다. 여기서 헌법적 인간상으로서 존엄한 인격체란 다른 인간에 대한 관계 맺음과 그를 둘러싼 국가공동체와의 특별한 관계를 고려하는 가운데 파악될 수 있는 존재로서, 한편으로 다른 인간과의 관계에서 고유한 인격성(주체성, Personality) -그리고 연대성- 을 가지면서도, 다른 한편 그를 둘러싼 정치적 공동체를 적극적으로 형성하고 책임지는 이른바 창조적(구성적) 지위를 가지는 것으로 파악된다.[26] 오늘날 정치공동체로서 국가가 인간의 끊임없는 의식적 노력에 의해 지속적으로 형성·유지된다는 스멘트(R. Smend)의 오랜 관념에 의존할 때에나, '국가는 인간들에 의해 창조되었다'고 선언한 – 그리하여 창조된 피조물로서 국가의 인간에 대한 봉사의무와 이를 책임져야할 인간으로서의 지위를 제시한 - 독일기본법 제정을 위한 헤렌킴제 회의(Baade 초안)를 상기한다면, '고유한 인격성을 가진 창조적 주체'로서 존엄한 인격체, 즉 헌법적 시민상이 보다 쉽게 이해될 수 있을 것이다. 우리 헌법 조문도 제10조 제1문(인간으로서의 존엄과 가치, 행복추구권), 제32조 제3항(근로조건의 기준으로서 인간의 존엄), 제36조 제1항(혼인과 가족생활의 기초로서 개인의 존엄) 등 규정에서 개인의 존엄한 인격성과 주체성을, 헌법전문(국민의 책임과 의무), 제23조 제2항(재산권 행사의 한계로서 공공복리 의무), 제37조 제2항(기본권 제한 사유), 제38조(납세의 의무), 제39조(국방의 의무) 등을 규정함으로써 공동체성과 조화를 이룬 인간상을 제시하고 있다. 이러한 인간상은 독일연방헌법재판소가 1954년 7월 20일 판결(BVerfGE, 4, 7(15))에서 확인한 이래, 우리 헌법재판소도 동일한 취

---

26) 이에 대한 상세한 개관으로는 홍석노, 「교육을 받을 권리의 헌법적 보장」, 고려대학교 법학박사학위논문, 2014, 119쪽 이하 참조.

지의 결정문을 유지하고 있다는 점은 주지의 사실이다.

이렇게 본다면 헌법적 인간상에 부합하는 헌법적 시민(Constitutional Citizen)은 자신이 창조한 정치적 공동체 안에서 자신의 합리적 판단과 자율적 선택에 따라 자유롭게 행동하는 주체이면서도, 타인과의 관계에서 그 결과를 책임지면서 동시에 정치적 공동체에 대한 책임과 의무를 지는 존재로 이해될 수밖에 없다. 따라서 학교 민주시민교육은 헌법적 합의의 전제로서 이러한 시민상을 다시 확인하는 작업부터 시작해야 할 것이다. 그렇다면 다시 학교 민주시민교육을 통해서 이러한 시민상을 형성하기 위한 토대로서 그 구체적인 합의의 내용, 그리고 방법 등이 무엇인가라는 점이다.

3. 학교 민주시민교육의 토대로서 헌법적 합의 내용의 중층적(重層的) 구조

(1) 합의 내용을 아우르는 카테고리로서 "국가목표규정(Staatszielnorm)"

우선 헌법 조문의 성격상 "국가목표규정(Staatszielnorm)"에 해당하는 내용들이 이른바 헌법적 시민을 형성하기 위한 학교 민주시민교육의 토대인 헌법적 합의 내용을 아우르는 카테고리로서 다시 확인되어야 할 필요가 있다. 즉 독일기본법처럼 '항구성보장(Ewigkeitsgarantie)'[27]조항이 없는 우리 헌법의 경우 그 법적 성격상

---

27) 이 조항은 독일 국가의 정체성을 형성하는 내용들을 집약하여 이른바 헌법개정의 한계로서 독일기본법에 명시적으로 규정한 내용을 의미한다. 예컨대 독일기본법 제79조 제3항은 "연방을 주로 나눈 것, 주가 입법에 원칙적으로 관여하게 한 것, 또는 제1조와 제20조에 규정된 원칙들을 건드리는 기본법개정은 허용되지 아니한다."고 규정하는데, 이 내용들이 바로 독일헌법의 핵이며 기본적 합의사항이라는 것이다. 이에 대하여는 김선

'국가목표규정(Staatszielnorm)'에 해당하는 내용들[28]이 - 독일의 항구성보장조항처럼 - 대한민국헌법의 정체성을 형성하는 기본 골격으로서 헌법적 합의의 내용일 수 있다면, 이들 내용이 학교 민주시민교육의 토대를 이루는 일차적 범주(카테고리)가 될 수 있기 때문이다. 다시 말해 이들 내용이 대한민국이라는 헌법국가의 정체성을 형성하는 기본 골격이라면, 이것만큼은 훼손되지 않도록 반드시 그 후속세대에게 전해져야 할 책임이 있기 때문이다.

한국의 학교 민주시민교육은 바로 이 지점부터 다시 확인해야 할 과제를 안고 있다. 게다가 이들 내용은 상호 긴장과 대립이 나타날 수 있기 때문에, 이를 어떻게 조화롭게 해석할 것인가의 문제가 항상 과제로 남아있다는 점도 유의해야 한다. 그렇다면 이들 문제를 학교 민주시민교육의 현장에서 어떻게 풀어가야 할 것인지가 또한 과제로 남게 되기 때문이다. 어쨌든 한국의 학교 민주시민교육은 헌법적 합의의 토대를 이루는 일차적 범주(카테고리)로서 국가목표규정이라는 내용과, 이를 학교현장에서 어떤 방법을 통해 조화롭게 구현할 것인가라는 방법상의 합의점을 동시에 확인하고 찾아야 할 과제 앞에 놓여 있다고 볼 수 있다.

택, 앞의 논문(주 23), 36쪽 이하 참조.

28) 예컨대 한국 헌법의 이념적 출발점으로서 인간으로서 존엄과 가치(제10조), 헌법의 기본원리로서 공화국원리(제1조 제1항), 민주주의원리(제1조 제2항), 법치국가원리(제27조 제1항, 제103조, 제107조), 사회국가원리(제34조 제2항), 문화국가원리(제9조), 국제평화주의원리(제5조), 통일지향국가원리(제4조) 등이 여기에 해당될 수 있을 것이다.

(2) 카테고리의 중심부에 위치한 헌법적 합의의 "핵심 내용"

특히 이러한 국가목표규정(Staatszielnorm)이라는 카테고리의 중심부에 위치할 수 있는 내용들은 학교 민주시민교육의 토대로서 가장 우선적으로 고려되어야 할 이른바 "핵심 내용"이 될 수 있을 것으로 보인다. 즉 근대적 입헌주의라는 이념과 역사적 맥락에서 도출된 이른바 "헌법의 핵(VerfassungsKern)"[29]이라고까지 거론되는 '인간의 존엄', '자율과 자유', '민주적 자치', '공화주의적 책임' 등은 위에서 언급된 국가목표규정이라는 카테고리에서 중심부를 차지하는 헌법적 합의의 "핵심 내용"이 될 것으로 보이기 때문이다. 다시 말해 이들 내용 – 즉 헌법의 핵(VerfassungsKern)이라고 부르는 내용들 – 은 그 어떤 통치자나 입법자를 포함한 특정한 세력에 의해 임의로 변경될 수 없는 것으로서, 헌법적 합의의 핵심 내용을 차지한다고 볼 수 있다.

이들을 기준으로 우리 헌법의 국가목표규정의 중심부에 위치한다고 볼 수 있는 조문들은 '인간으로서 존엄과 가치(제10조)', '헌법의 기본원리로서 공화국원리(제1조 제1항)', '민주주의원리(제1조 제2항)' 등으로 볼 수 있다. 따라서 이들 내용은 헌법적 시민을 형성하기 위한 학교 민주시민교육에서 다루어야 할 핵심 내용이기 때문에, 최소한 이 부분만큼은 학교 현장에서 어떻게 구체화시켜 나갈 것인지에 대한 논의가 시작되어야 할 것이다.

문제는 어떤 방법을 통해 이와 같은 헌법적 합의를 실현시킬 것인가이다. 여기서 다시 "방법상의 합의"라는 어려운 과제 앞에 놓일 수

---

29) 이에 대하여는 김선택, 앞의 논문(주 23), 38쪽 이하 참조.

밖에 없다.

4. 선택지 1:
"특정 교과" 중심이냐, "독립 교과"의 편성이냐

우선 종래의 방식처럼 사회과를 위시한 특정 교과 중심의 학교 민주시민교육 체제를 유지할 것인지, 아니면 외국처럼 독립 교과 체제로 바꿀 것인지부터 고민해야 할 것이다. 만약 전자를 선택한다면 그동안 특정 교과 중심으로 전개되어 온 학교 민주시민교육의 한계와 문제점들을 어떤 방식으로 개선할 것인지,[30] 그리고 특히 종래의 방식이 헌법적 시민 형성을 위한 헌법적 합의 내용들을 구체화시키는 데 어떻게 기여할 수 있을 것인지를 입증해야 할 것이다. 특히 향후 통일 이후 한국적 상황에서 종래의 방식이 적합하겠는지 여부가 문제될 것이다. 이 선택지는 쉽지 않을 것으로 보인다. 반대로 후자를 선택한다면 한국적 상황과 맥락에서 어느 국가의 모델이 가장 적합한지, 이를 어떻게 한국적 상황과 맥락에서 적용할 수 있을 것인지에 대한 구체적인 방안이 제시되어야 할 것이다. 이를 학교 밖에서 체계적으로 지원할 수 있는 '컨트롤 타워'도 어떤 방식으로 세워야 할 것인지를 함께 논의해야 할 것이다. 최근 독립 교과목의 설치와 관련하여

---

30) 예컨대 사회과 중심의 학교 민주시민교육체제를 유지하되 미국식 방식을 접목시키는 방안 등을 고려할 수 있을 것이다. 미국은 현재까지 '사회과(사회과)'를 중심으로 학교 민주시민교육을 전개하고 있다. 다만 미국은 1960년대 후반 반전(反戰) 시위, 이민자 급증으로 인한 인종갈등, 정부에 대한 불신, 사회 갈등의 심화 등으로 민주시민교육에 대한 필요성이 전국가적으로 확대되면서, '시민교육센터(Center for Civic Education)' 등 여러 단체들이 설립되어 미국의 시민교육을 위한 '국가표준지침서' 등을 마련함으로써 사회과 중심의 학교 민주시민교육을 지원하고 있다. 이 점이 현재 우리의 경우와 다르다.

의미 있는 논의들이 전개되고 있음을 특별히 주목할 필요가 있다.[31]

다행이도 우리와 분단과 독재의 역사적 경험이 매우 유사한 독일의 사례는 우리에게 많은 시사점을 줄 수 있을 것으로 보인다. 그러나 한편 우리와는 전혀 다른 길을 걸어 온 독일의 선례는 우리에게 풀어야 할 많은 과제를 남겨 놓고 있기도 하다.

5. 선택지 2: "한국형 보이텔스바흐 합의(Beutelsbacher Konsens)"의 제정 여부

특히 독일은 1976년 정치교육을 위한 방법적 전제로서 이른바 "보이텔스바흐 합의(Beutelsbacher Konsens)"를 마련하여,[32] 오늘날까지 독일 정치교육의 핵심을 형성하고 있다는 점은 주지하는 바와 같다.[33] 그렇다면 한국적 상황과 맥락에서 이 합의와 유사한 형태의 합

---

31) 대표적으로 김원태, "학교 민주시민교육의 현황과 과제-교육부·교육청 정책을 중심으로-", 국회토론회자료집, 2020.1., 13-89쪽 참고. 여기서는 특히 학교민주시민교육에서 추구해야 할 시민상을 '능동적 시민(active citizen)' 내지 '행동하는 주권자'로 잡고, 이러한 시민을 형성하기 위해서는 무엇보다 현재 유럽 대부분의 국가들처럼 독립 교과목이 반드시 설치되어야 한다는 점을 강조하고 있다.

32) 이 합의의 직접적 계기는 1972년 헷센(Hessen)州의 기본교육방침 때문이었다고 한다. 당시 헷센(Hessen)州 정부는 독일사회민주당(SPD)이 이끌고 있었으며, 그 州가 1972년 발표한 기본교육방침과 교과서가 학부모들이 좌파 마르크스주의 교육이라고 거세게 저항하면서 시작되었다. 이를 두고 이듬해 1973년 프랑크푸르트에서 열린 대토론회에서는 무력 충돌 조짐까지 보였고, 특히 노르트라인 베스트팔렌州의 기본교육방침을 두고 똑같은 상황이 벌어지면서, 독일 정치교육을 둘러싼 갈등은 1975년까지 독일 전역의 정치권 갈등으로까지 확대되었다. 그리하여 1976년 독일 남부 바덴-뷔르 템베르크 주정치교육원에서 독일 정치교육을 담당하는 주요 기관과 관계자들이 모여 지그프리트 쉴레(Siegfried Shiele)박사를 중심으로 이 합의를 체결하기에 이르렀다. 자세한 것은 김혜정, 「보이텔스바흐 합의에 대한 이해와 공감」, 경기도교육연구원, 2018; Walter Gagel, "역사적 사건으로서 보이텔스바흐 협약", 지그프리트 쉴레, 헤르베르트 슈나이더(편), 「보이텔스바흐 협약은 충분한가? (원제: "Reicht der Beutelsbacher Konsens?")」, 바덴 뷔템베르크주 정치교육원 교수법 시리즈, 민주화운동기념사업회, 2009, 31쪽 이하; 홍석노, 앞의 논문(주 2), 108-109쪽 등 참조.

33) 이 합의는 다음 3가지 원칙으로 구성되어 있다: 1. 강요의 금지: 학생이 스스로 독자적인 판단을 형성하는 것을 방해하거나 또는 젊은 사람들에게 정치적·사회적으로 바람직한 태도와 견해를 강요하는 것은 허용되지 아

의문을 우리도 작성할 수 있겠는지가 문제된다. 특히 앞서 검토한 바와 같이 한국 헌법이 추구하는 인간상 – 즉 개인과 공동체의 조화로운 관계를 지향하는 헌법적 시민 - 은 독일기본법이 지향하는 인간상과 거의 동일하다는 점이며, 이러한 인간상을 형성하기 위한 독일의 선택지가 바로 '보이텔스바흐 합의(Beutelsbacher Konsens)'였기 때문이다. 이런 의미에서 우리도 이른바 "한국형 보이텔스바흐 합의"가 체결될 수 있겠는지가 주목되는 것이다. 실제 일부 교육시민단체에서는 처음부터 이 합의의 한국판 제정을 창립 목표로 삼고, 현재 이에 대한 기초 작업을 진행 중인 것으로 알려져 있다.[34]

그러나 독일의 이 합의는 독일기본법에 대한 근본 합의가 전제되어 있으며, 이러한 전제하에 다양한 기관들 – 특히 각 정당소속 '정치 재단' 등 – 이 이 합의에 따라 정치교육을 전개하고 있다는 점에 유의해야 한다. 특이한 것은 바로 각 정당 소속 "정치 재단(Politische Stifting)"[35]을 통한 정치교육인데, 보수 성향의 재단으로부터 진보 성향의 좌파당(Die Linke) 소속 재단에 이르기까지 연방정치교육원으로부터 직접 재정을 지원 받아 – 선거운동기간을 제외하고는 – 소

니한다. 정치교육과 강제주입 사이의 원칙적인 경계는 학생들의 성숙도를 전제로 한다. 2. 학문과 정치에서 논쟁적인 것은 수업에서도 논쟁적으로 다뤄져야 한다. 따라서 서로 다른 입장들이 토론되어야 하고, 대안들이 언급되지 못한 채로 있어서는 안된다. 교사의 개인적인 입장, 학설상의 배경, 정치적 견해는 기껏해야 다수의 것들 중 하나일 뿐이다. 3. 학생들은 정치적인 상황과 그들 자신의 이해관계를 분석할 수 있는 상태에 있어야 한다. 이해관계가 민주주의에서 어떻게 표현되고 관철될 수 있는지, 그 수단과 방법을 찾아야 한다.

34) 몇해 전 설립된 '사단법인 징검다리교육공동체(이사장: 곽노현 前서울시교육감)'가 대표적이다. 이 단체는 중점 추진 사업으로 '한국판 보이텔스바하 합의'를 체결하여, '당면한 정치상황과 자신의 입장을 분석함으로써 학생들이 자율적으로 자신의 결론을 도출할 수 있는 정치적 판단능력을 기르도록 하겠다'는 취지로 설립되었다. 이를 위한 최근의 논의로는 곽노현, "민주시민교육, 보이텔스바흐 교육으로 한걸음 더, 보이텔스바흐 합의, 한국교육계가 주목하는 이유", 지금서울교육, 2017.3.; 동인, 보이텔스바하 원칙에 비추어본 세월호 계기수업 논란, 교육을 바꾸는 사람들, 2016.4. 등 참조.

35) 독일 정치재단의 현황에 대하여는 홍석노, 앞의 논문(주 2), 110쪽 [각주 26]에 인용된 정창화, 「독일의 민주시민교육」, 민주시민교육핸드북, 오름, 2007, 473쪽에 제시된 〈표〉를 참고할 것.

속 정당의 노선과 이념을 적극 활용하여 정치교육을 실시하고 있는 것으로 알려져 있다.[36] 이렇게 정치교육의 스펙트럼이 넓게 허용되는 이유는 독일기본법에 대한 근본 합의와 정당 정치에 대한 신뢰가 바탕이 되어 있기 때문에 가능한 것으로 보인다. 이런 점에서 "한국형 보이텔스바하 합의"를 제정하기에 앞서 그 근본적 합의로서 헌법적 합의 내용, 그리고 이 합의의 실현 조건으로서 교육의 정치적 중립성에 대한 재해석 가능성 등 그 제반 조건을 면밀하게 검토할 필요가 있는 것이다. 게다가 독일은 이 합의에 대해 "내용 없는 형식적인 합의가 아닌가?"라는 문제 제기[37]가 꾸준히 있어 왔고, 특히 오늘날 독일 청소년들이 실제 정치에 대한 기초 지식과 정보마저 부족하다는 판단 하에 교육과정을 개정함으로써 이를 보충하고 있다는 점도 부대적으로 검토되어야 할 사항이다. 어쨌든 이런 제반 조건에 대한 충분한 검토 없이 제정된 합의문이지만, 현재 「경기도교육청 학교민주시민교육 진흥 조례」는 참고할 만하다(별첨 참조).

---

36) 이는 스웨덴의 정치교육의 양상과 유사하다. 스웨덴은 각 정당들이 매년 7월 '알메달렌위크'에 모여 일반 유권자들을 상대로 대규모 정책 토론회를 실시한다. 여기서 각 정당들은 자신들의 정강과 정책을 경쟁적으로 소개하는 방식으로 정치교육을 진행하고 있다고 한다.

37) 이에 대하여는 Bernhard Sutor, "보이텔스바흐 협약 – 내용 없는 형식의 최소화인가?", 지그프리트 쉴레, 헤르베르트 슈나이더(편), 앞의 책(주 32), 101쪽 이하 참조.

6. 선택지 3:
"인성교육"과 "민주시민교육"의 정서(整序) 및
연계성 구축 방안

　다음으로 "인성교육"과 "학교 민주시민교육"을 어떻게 정서(整序) 해야 할지가 문제이다. 인성교육은 이미 법률로써 학교 현장에서 시행되고 있고, 학교 민주시민교육은 아직까지 근본적인 합의점에도 이르지 못한 상태이기 때문이다. 그렇다면 현재처럼 인성교육에 집중해야 하는가? 아니면 학교 민주시민교육이 법제화될 때까지 이를 유보시킬 것인가? 이 대안은 과연 현실성이 있는가? 그러나 이 둘의 관계는 현재 양자택일의 문제가 아니라, 조화롭게 정서(整序)되어야 할 과제인 것이다. 이 방안이 민주시민교육의 본질에도 부합한다.

　문제는 이를 어떻게 정서(整序)하여 그 연계성을 구축할 것인가이다. 앞서 검토한바 헌법적 시민으로서 시민교육을 받을 권리, 이를 위한 학교 민주시민교육의 헌법적 지위와 본질, 그 헌법적 합의 내용 등을 종합적으로 검토할 때 민주시민교육을 중심으로 인성교육과의 연계 방안을 고민할 수밖에 없을 것으로 보인다. 이 방안이 현재 시행되고 있는 인성교육을 존중하면서도, 앞으로 법제화시켜 나가야 할 과제를 안고 있는 학교 민주시민교육을 위한 가장 현실적 방안처럼 보인다. 그 시론적 대안으로서 이들의 연계성 구축 방안에 대한 연구[38]는 매우 시의적절한 시도라고 볼 수 있다.

---

38) 예컨대 진숙경 외, 「인성교육과 민주시민교육 연계 방안」, 경기도교육연구원, 2016, 특히 185쪽 이하 참조. 여기서는 「인성교육진흥법」 제2조 제2호에서 "핵심가치·덕목"으로 규정하는 예(禮), 효(孝), 정직, 책임, 존중, 배려, 소통, 협동 등의 마음가짐에 해당하는 영역들에 해당되면서, 논쟁이 될 수 있는 구체적인 사례들을 수집하여 민주시민교육에서 강조하는 '논쟁성 재현의 원칙'과 결합하려는 시도를 하고 있다.

7. 필수과제:
"교육의 정치적 중립성 재해석"과 "학교민주주의의 정착", 그리고 "학교 민주시민교육의 법제화"

이와 같은 대안들을 고민함에 있어 선결되어야 할 필수과제가 바로 "교육의 정치적 중립성 재해석", "학교 민주주의의 정착", 그리고 "학교 민주시민교육의 법제화" 방안이다. 이들이 선결되지 않는다면 앞서 언급한 선택지들은 무용지물이 될 가능성이 매우 크기 때문이다.

무엇보다 교육의 정치적 중립성에 대한 종래의 해석과 관행을 유지한 상태에서, "한국형 보이텔스바하 합의"를 체결한들 그 "논쟁성 원칙"은 실현되기도 어렵다. 즉 종래의 소극적 해석에 따르면 정치적 사안 자체를 학교에서 다룰 수 없기 때문이다. 다시 말해 종래의 해석은 학교 민주시민교육에서 정치적 진공상태를 만드는 것이나 마찬가지이다. 따라서 우리 헌법 제31조 제4항 교육의 정치적 중립성 규정은 (i) 첫째, 학교 민주시민교육의 관점에서는 이를 적극적으로 해석하여, 학교에서 정치적 사안을 다룰 때 "특정한 정파나 진영의 정치적 이해관계나 정략 등으로부터 독립적이고 중립적일 수 있어야 한다."[39]는 의미로 이해해야 한다. 이러한 해석은 앞서 언급한 "헌법애국(충성)주의" 내지 "입헌주의를 내면화"한다는 관점과 합치하는 것

---

39) 장은주 외, 앞의 연구보고서(주 19), 53쪽. 헌법재판소도 헌재 1992. 11. 12. 89헌마88 결정에서 이와 유사한 의견을 제시한 바 있다: "교육이 국가의 백년대계의 기초인 만큼 국가의 안정적인 성장·발달을 도모하기 위해서는 교육이 외부세력의 부당한 간섭에 영향 받지 않도록 교육자 내지 교육문가에 의하여 주도되고 관할되어야 할 필요가 있다. 이를 위해서는 … (중략) … 교육방법이나 교육내용이 종교 종파성과 당파적 편향성에 의하여 부당하게 침해 또는 간섭당하지 않고 가치중립적인 진리교육이 보장되어야 할 것(이다.)"

이다. 학교 민주시민교육은 바로 정치적공동체인 헌법 질서 안에서 자신의 인격성을 적극적으로 실현하도록 돕는 것이기 때문이다. (ⅱ) 둘째, 공무원(교원)의 신분 보장과 관련해서는 헌법 제7조 제2항 공무원의 정치적 중립성 규정과 제31조 제4항 교육의 정치적 중립성 규정을 – 종래 해석처럼 기본권 제한적 법률유보가 아니라 – 기본권 형성적 법률 유보 규정으로 해석하여, (정권에 대한 충성의무가 아닌) 헌법에 대한 충성의무를 다하도록 공무원과 교원의 신분 보장을 강화하기 위한 규정으로 적극적으로 해석해야 할 것이다. 이렇게 본다면 특히 교육의 영역에서 헌법충성의무를 이행해야 할 교원의 신분은 헌법 제7조 제2항과 제31조 제4항이 결합하여 특별히 강화된 보장을 받게 될 것이다.

다음으로 학교민주주의가 정착되어야 한다. 단위학교의 문화와 조직 등 총체적인 장면에서 민주화가 되지 않은 상태에서, 교육프로그램에 의존하는 학교 민주시민교육은 실패할 수밖에 없기 때문이다. 이를 위해 단위학교의 민주적 의사결정구조를 정착시켜야 하고(이른바 학교자치의 법제화), 단위학교의 총체적인 장면에서 민주화 수준을 상시적으로 점검해야 할 것이다(이른바 학교민주주의 지수의 개발·활용). 그러나 전자에 대한 시도는 현재 난항을 겪고 있다는 점은 주지하는 바와 같고, 후자는 일부 지방교육자치단체에서 정책적으로 시행[40]하고 있으나 – 학교자치 등 – 법제화가 병행되지 않은 상태

---

40) 경기도교육청이 대표적이다. 경기도는 2015년부터 단위학교의 총체적인 장면에서 민주주의 수준을 측정하기 위해 이른바 '학교민주주의 지수'를 개발하여 시행 중이다. 이 지수는 학교문화, 조직, 민주시민교육실천의 3영역에서 세부 지표를 통하여 민주적인 학교 수준을 점검하고 있다. 자세한 것은 홍석노 외, 「학교민주주의 지수 개발(Ⅰ)-학교민주주의 지수 개발을 위한 기초 연구-」, 경기도교육연구원, 2015; 장은주 외, 「학교민주주의 지수 개발(Ⅱ)-지표 체계와 평가도구 개발-」, 경기도교육연구원, 2015 참조.

에서 얼마나 실효성이 있을지 의문이다. 따라서 이 모든 것을 종합적으로 검토한 상태에서 학교 민주시민교육의 법제화가 체계적으로 마련되어야 할 것이다.

다만 경기도의 경우 2015년부터 학교민주주의 지수를 개발·적용하여 왔고, 같은 해 「경기도교육청 학교민주시민교육 진흥 조례」가 제정되었으며, 특히 2019년에는 「경기도 학교자치조례」까지 제정되어 학교민주주의를 위한 제도적 기반이 어느 정도 구축되었다고 볼 수 있다. 남은 문제는 제도를 어떻게 활용할 것인가이다.

IV. 맺음말

우리 국민은 대한민국의 주권자로서 자신들이 살아야 할 정치공동체를 민주공화국으로 결단하였다. 그리고 그 정치체제 안에서 자신들이 어떤 모습으로 살아갈 것인지에 대한 인간상 – 이른바 "헌법적 시민상" – 뿐만 아니라, 주권 행사의 구체적인 방법, 국가공동체에 대한 공화주의적 책임까지 스스로 결단하고 헌법에 조문화하였다. 따라서 이러한 결단의 내용, 즉 그 결단의 최소한으로서 "헌법적 합의(Constitutional Consensus)"만큼은 대한민국의 주권자로서 우리 국민이 반드시 교육 받아야 할 헌법적 권리인 것이다.

그러나 종래 전개되어 온 학교 민주시민교육을 비롯한 학교 밖 지원 시스템은 이러한 국민의 민주시민교육을 받을 헌법적 권리를 충분히 보장하여 온 것으로 보기 어렵다. 특히 학교는 민주시민교육의 최적지로서 다른 어떤 기관과도 비교할 수 없을 정도로 그 비중이 매우 큰 영역이다. 그러나 학교는 그동안 사회과를 위시한 특정 교과 중심의 민주시민교육에 집중하여 왔고, 그마저도 과거에는 권위주의 정권의 성격에 따라 좌지우지 되었다가, 현재는 교과이기주의로 인해 그 기대에 부응하여 왔다고 보기 어려웠다. 게다가 학교에서는 현재 법으로써 인성교육이 먼저 시행되면서 민주시민교육과 긴장관계에 놓여 있고, 민주적인 시민을 양성해야 할 학교문화와 시스템이 아직도 비민주적인 상태에 머물러 있다. 특히 교육의 정치적 중립성에 대한 왜곡된 해석과 관행 때문에 아직도 학교 현장에서는 살아있는 정치적 쟁점이 아닌 화석화(化石化)된 쟁점만을 다루도록 내몰리고 있는 실정이다.

결국 이 모든 문제의 근원에는 아직까지 우리 사회에 학교 민주시민교육에 대한 "근본적 합의(Fundamental Consensus)"로서 이른바 "헌법적 합의(Constitutional Consensus)가 없었기 때문이다. 따라서 한국의 학교 민주시민교육은 이 지점에 대한 합의로부터 다시 시작해야 할 것이다. 다만 그 방법상의 합의로서 앞으로 고민해야 할 선택지들이 산적해 있으므로, 우리 헌법이 학교 민주시민교육을 통해 기대하는 바가 무엇인지를 진지하게 숙고하여 결단해야 할 것이다.

바로 "여기는, 대한민국 국민이 다스리는 곳"이기 때문이다.

제3장

한국의 학교 외의
시민교육 제도화를 위한
민주시민교육지원법안의
한계와 개선방안

- 2015년 제정법률안의 비교 분석을 중심으로 -

오 정 록

(고려대 행정전문대학원 부교수)

Ⅰ. 서론: 문제의 제기

2015. 1. 22. 이언주 의원 등 12인의 국회의원은 민주주의 발전을 위하여 민주시민교육을 실시하고 지원하는 데 필요한 사항을 규정하여, 독립된 국가기관으로 민주시민교육위원회를 신설하고 민주시민교육에 필요한 재정상의 지원을 국가 및 지방자치단체가 부담하는 것을 주요 내용으로 하는 민주시민교육지원법안을 발의하였다. 또한 이와 별개로 2015. 2. 5. 남인순 의원 등 13인의 국회의원은 역시 민주주의 발전을 위하여 민주시민교육을 실시하고 지원하는 데 필요한 사항을 규정하여, 행정자치부장관 소속으로 민주시민교육위원회를 신설하고 민주시민교육에 필요한 재정상의 지원을 국가 및 지방자치단체가 부담하는 것을 주요 내용으로 하는 민주시민교육지원법안을 발의하였다. 이러한 두 가지 법률안은 이른바 '학교 외의 시민교육'의 법제화 시도라고 볼 수 있지만, 19대 국회 임기만료로 인해 2016년에 자동 폐기된 상태에 있다.[1]

이전에도 1990년대부터 학교 외 시민교육의 제도화를 시도하는 여러 법안들이 논의되었거나 국회에 제안되기도 하였지만 입법에 성공하지는 못하였다.[2] 학교 외의 시민교육을 규율하는 여러 번의 입법

---

[1] 이후 제20대 국회에서도 2016년에 남인순 의원의 대표발의 및 2019년에 소병훈 의원의 대표발의로 민주시민교육지원 관련 법안이 제출되었으나 역시 자동 폐기될 운명이며, 이 글에서는 2015년의 제정법률안을 중점적으로 논의하기로 한다.

[2] 시민교육의 제도화 과정에 대해 자세한 것은 정하윤, 한국 민주시민교육의 제도화 과정과 쟁점, 미래정치연구, 제4권 제1호(2014), 명지대학교 미래정치연구소, 38쪽 이하 및 홍석노, 입헌주의의 내면화를 위한 한국 민주시민교육의 현황과 과제, 헌법연구 제2권 제1호(2015), 헌법이론실무학회, 102쪽 이하 참조. 또한 오정록, 한국 민주시민교육 법제의 발전방향에 관한 연구, 헌법연구 제2권 제1호(2015), 헌법이론실무학회, 127쪽 참조

시도가 정부, 보수 및 진보 정당, 시민단체 등 이해관계자들 간의 논란 끝에 결국 수포로 돌아가는 것을 보면서, 궁극적으로 한국의 학교 외 시민교육은 어떠한 방향으로 제도화되어야 할 것인지에 대한 체계적인 분석과 검토가 더욱 필요한 시점이라고 할 수 있다. 그런데 한국에서 시민교육 제도화에 관한 기존의 논의와 연구는 학교를 중심으로 한 공교육 영역에서의 시민교육을 중심으로 이루어져 왔기 때문에,[3] 학교 외 영역에서의 시민교육은 상대적으로 덜 주목을 받아왔다. 그러므로 이 연구는 특히 한국에서 더욱 중요성이 커지고 있는 학교 외의 시민교육 제도화의 발전 방향을 모색하는 것을 목적으로 한다.

II. 학교 외의 시민교육 제도화의 현황과 필요성

1. 학교 외의 시민교육 현황과 제도화의 필요성

국내외에서 다양한 의미로 이해되고 있는 '시민교육' 또는 '민주시민교육'이라는 용어는 "국민이 주권자로서 책임 있는 자세로 선거 · 정치과정에 능동적으로 참여할 수 있도록 민주적 가치와 지식 · 능력 등을 체계적이고 지속적으로 함양하는 학습을 말하며, 민주정치의 건전한 발전에 기여함을 목적"으로 하는 교육으로 정의할 수

---

3) 참고로 시민교육에서 '학교'의 한계와 극복 방안에 관해 자세한 것은 손병노, 한국 민주시민교육의 쟁점, 전망, 그리고 과제, 제11회 민주시민교육 국제심포지엄 자료집, 선거연수원, 2015, 290쪽 이하 참조

있다.[4] 보다 포괄적인 정의로는 "민주시민으로서 알아야 하는 기본적 지식과 정보, 시민들이 함께 형성하고 향유할 민주주의의 가치와 태도, 시민들이 민주적으로 자신의 삶과 시민사회를 가꾸어 가는 시민적 역량과 기술을 함양하기 위한 의도적이고 체계적인 학습적 노력이다"라고 정의할 수 있으며, 이는 "인권교육, 평화교육, 환경교육, 정치교육 등 다양한 시민교육의 토대가 되는 교육"이라고 볼 수 있다.[5][6]

이렇듯 중요한 의미를 가지는 시민교육의 학교 외에서의 현황을 살펴보면[7], 우선 정부기관으로서는 중앙선거관리위원회 산하 선거연수원, 국가인권위원회, 국회의정연수원, 국민권익위원회(청렴연수원), 통일교육원 등이 시민교육을 실시하고 있다. 이 중 대표적으로 선거연수원의 경우에는 2000년부터 민주시민교육 프로그램을 운영하고 있으며, 2015년도에 2,056회에 걸쳐 129,660명을 대상으로 교육을 실시하였고, 2016년도에는 2,597회에 걸쳐 147,050명을 대상으로 교육을 실시할 계획을 가지고 있다[8]. 또한 정부기관이 아닌 민간단체의 학교 외 시민교육의 실시 현황을 살펴보면, 민주화운동 기념사업

---

4) 선거연수원, 민주시민교육의 이해, 선거연수원(시민교육부), 2014b, 1쪽

5) 신형식, 한국 시민사회와 민주시민교육의 제도화 방안, 경기대학교 박사학위논문, 2011, 57쪽.

6) 이외에도 (민주)시민교육에 대한 다양한 정의가 있는데 예컨대 민주시민교육거버넌스는 "시민이 민주주의 가치를 존중하고, 그 기본원리와 제도를 이해하며 민주역량을 높여 공동체 삶의 향상을 위해 보다 적극적으로 참여할 수 있게 하려는 교육 및 활동이다."라고 이해하며, 시민사회연대회의의 경우 "공동체 구성원으로서 시민의 권리와 의무를 이해하고 일상생활에서 민주주의 실천을 위해 필요한 제반 교육활동이다."라고 정의한다. 신두철, 민주시민교육지원법과 협업적 거버넌스에 대한 소고, 정치소통과 민주시민교육 제도화 대토론회 자료집, 한국민주시민교육학회·한국정치정보학회, 2015, 114쪽 참조

7) 참고로 외국의 시민교육 현황에 관해서는 선거연수원, 각 국의 민주시민교육 프로그램, 해외연구관지정과제(제2014-7호), 선거연수원(제도연구부), 2014a 참조

8) 선거연수원의 이러한 민주시민교육 프로그램은 선거·정당관계자 과정, 일반유권자 과정, 미래유권자 과정, 다문화가족 등 연수, 민주시민교육 전문강사 과정 등 5개 과정으로 구분된다. 선거연수원, 2016년도 교육·연수계획, 선거연수원(교수기획부), 2016, 9쪽 참조. 또한 선거연수원에서 실시하는 시민교육의 전반적인 현황과 과제에 관해 자세한 것은 선거연수원, 민주시민교육의 이해, 선거연수원(시민교육부), 2014b, 10쪽 이하 참조.

회, 한국자유총연맹, 홍사단, 새마을운동 중앙연수원, 경제정의실천
시민연합 등 각종 시민단체 등이 민주시민교육 관련 프로그램을 운
영 중이다.[9] 나아가 이와 관련하여 각종 평생교육기관 및 단체, 그리
고 정당 부설 정책연구소에서도 다양한 형태의 학교 외의 시민교육
을 실시하고 있다고 볼 수 있다.[10] 이외에도 지방자치단체 차원으로
는 서울특별시, 경기도, 전라북도, 성남시, 안양시 등의 지방자치단체
가 민주시민교육에 관한 조례 제정을 통해 운영사업을 선정하여 보
조금을 지급하는 방식 등으로 학교 외의 시민교육 프로그램을 실시
하고 있다.[11]

이처럼 다양한 차원으로 학교 외 시민교육이 이루어지고 있는 것은,
기본적으로 시민교육이 민주시민의 양성을 위한 입헌주의의 내면화
를 통해[12] 민주주의의 정착과 사회통합을 도모하는데 크게 기여할 수
있기 때문이다.[13] 그런데 기존의 공교육 제도 내에서 이루어지는 학
교 내 시민교육의 경우와 비교해 보았을 때, 그 중요성에 비해서 제도
적인 기반이 상대적으로 부족할 수밖에 없는 학교 외 시민교육의 경
우에는 제도화를 통한 체계적인 지원의 필요성이 더욱 커지고 있는

---

9) 선거연수원, 단체별 민주시민교육 프로그램 및 간행물 발간 현황, 선거연수원, 2015, 1쪽

10) 박용호, 평생교육기관 및 단체의 민주시민교육 실태 조사 분석, 선거연수원, 2015. 특히 정당 부설 정책연구
소의 시민교육에 관해 자세한 것은 박명호 · 오용호, 한국 정당과 정당연구소의 민주시민교육 실태와 대안,
분쟁해결연구 제9권 제3호 (2011), 단국대학교 분쟁해결연구소 참조

11) 참고로 학교 내 시민교육 차원를 위해서는 경기도교육청, 충청북도교육청, 전라북도교육청 등에서 '학교민주
시민교육 진흥 조례'를 제정하고 있는 실정이다.

12) 특히 '입헌주의 내면화'와 연관된 시민교육의 필요성에 관해 자세한 것은 홍석노, 입헌주의의 내면화를 위한
한국 민주시민교육의 현황과 과제, 헌법연구 제2권 제1호 (2015), 헌법이론실무학회, 102쪽 이하 참조

13) 신형식, 시민사회와 민주시민교육, 한국민주시민교육학회보, 제13권 제2호 (2012), 한국민주시민교육학
회, 40쪽 이하.

것이 현실이다.[14)15)]

2. 학교 외의 시민교육 관련 기존 제도의 현황과 문제점

학교 외의 시민교육 관련 기존 제도 중에서 가장 먼저 생각해 볼 수 있는 것은, 헌법 제31조의 평생교육 진흥의무와 교육기본법 제10조의 사회교육 장려의무에 따라 국민의 평생학습권을 보장할 수 있는 교육기본법과 평생교육법이 될 수 있다.[16)] 이는 시민교육이 교육기본법 제2조가 명시하고 있는 교육의 이념으로서 "민주시민으로서 필요한 자질을 갖추게 함"에 직접적으로 기여할 수 있기 때문이기도 하다. 하지만 시민교육이 교육기본법 및 평생교육법 상 사회교육 또는 평생교육의 영역으로 직접적으로 명시되고 있지 않는 한계 때문에, 시민교육을 위한 각종 행정적, 재정적 지원의 제도적 기반으로서 기능을 충분히 수행하지 못하고 있는 것이 문제이다.[17)]

---

14) 참고로 시민교육의 필요성을 '주요국 민주주의 지수 순위' 및 '세계 각국의 통치지표'에서 도출되는 한국 민주주의의 문제점에서 도출할 수 있으며, 이에 관해 자세한 것은 오준석, 한국 민주시민교육 사례 비교 분석, 경희대학교 석사학위논문, 2016, 8쪽 이하 참조. 또한 시민교육 제도화의 의의와 사회적 논의에 관해서는 조찬래 외, 각국의 민주시민교육 제도 및 관련법안 연구, 충남대 산학협력단, 2011, 11쪽 이하 참조

15) 시민교육의 제도화에 있어 독일의 시민교육(정치교육)의 사례와 시사점에 관해서는 양흥권, 독일 정치교육 사례에 기반한 한국의 민주시민교육 모형 탐색 연구, 평생학습사회 제10권 제2호(2014), 한국방송통신대학교 원격교육연구소 참조. 이에 관해서 또한 홍석노, 입헌주의의 내면화를 위한 한국 민주시민교육의 현황과 과제, 헌법연구 제2권 제1호(2015), 헌법이론실무학회, 104쪽 이하 및 오준석, 한국 민주시민교육 사례 비교 분석, 경희대학교 석사학위논문, 2016, 25쪽 이하 참조. 나아가 독일을 포함한 외국의 시민교육 제도화 사례에 관해서는 조찬래 외, 각국의 민주시민교육 제도 및 관련법안 연구, 충남대 산학협력단, 2011, 63쪽 이하 및 중앙선거관리위원회, 민주시민정치교육 실시의 법적근거 및 운영실태, 해외통신원지정과제(제2013-3호), 중앙선거관리위원회, 2013 참조

16) 평생학습권의 실질적 보장 관점에서 살펴본 시민교육 법제화의 필요성에 관해 자세한 것은 오정록, 한국 민주시민교육 법제의 발전방향에 관한 연구, 헌법연구 제2권 제1호(2015), 헌법이론실무학회, 129쪽 이하 참조

17) 시민교육의 제도적 기반으로서 교육기본법과 평생교육법의 현황과 문제점에 관해 자세한 것은 오정록, 한국 민주시민교육 법제의 발전방향에 관한 연구, 헌법연구 제2권 제1호(2015), 헌법이론실무학회, 130쪽 이하 참조

그러므로 앞에서 살펴본 교육기본법과 평생교육법과 외에도 학교 외의 시민교육을 위한 제도로서 보다 현실적으로 기능하고 있는 다른 법령들을 살펴 볼 수 있는데, 예컨대 통일교육지원법, 법교육지원법, 환경교육진흥법, 경제교육지원법 등 시민교육을 내용으로 하는 다양한 개별 법령이 존재하고 있다.[18] 하지만 이러한 법령들은 개별적으로 실시되는 다양한 형태의 학교 외의 시민교육에 있어 각각의 교육의 운영 근거로서 기능할 뿐이지, 학교 외 시민교육의 포괄적인 제도적 기반은 될 수가 없다는 근본적인 한계가 존재한다.[19] 그러므로 모든 형태의 학교 외 시민교육의 기본법으로서 자리매김할 수 있는 '시민교육기본법' 또는 '시민교육지원법' 형태의 법률 제정이 우선적으로 필요하며,[20] 1990년대 이후 여러 차례에 걸친 법제화 시도는 이러한 노력의 일환이었다고 할 수 있다.[21]

---

18) 조찬래 외, 각국의 민주시민교육 제도 및 관련법안 연구, 충남대 산학협력단, 2011. 참고로 2015. 1. 20 제정된 인성교육법이 시민교육의 제도적 기반으로서 갖는 의미와 한계에 관해서는 홍석노, 입헌주의의 내면화를 위한 한국 민주시민교육의 현황과 과제, 헌법연구 제2권 제1호(2015), 헌법이론실무학회, 114쪽 참조

19) 홍석노, 입헌주의의 내면화를 위한 한국 민주시민교육의 현황과 과제, 헌법연구 제2권 제1호(2015), 헌법이론실무학회, 113-114쪽 참조

20) 신형식, 시민사회와 민주시민교육, 한국민주시민교육학회보, 제13권 제2호(2012), 한국민주시민교육학회, 46쪽.

21) 이와 더불어 기존 법률인 교육기본법과 평생교육법의 개정을 통해 시민교육을 평생교육 영역으로 명문화함으로써 시민교육을 제도화하려는 논의에 관해 자세한 것은 오정록, 한국 민주시민교육 법제의 발전방향에 관한 연구, 헌법연구 제2권 제1호(2015), 헌법이론실무학회, 134쪽 이하 참조

Ⅲ. 민주시민교육지원법안 제정 시도를 통한 제도화 노력과 한계

1. 과거의 제정 법안에 대한 개관

2015년에 각각 제출되었다가 임기만료로 폐기된 이언주 의원 대표 발의안과 남인순 의원 대표 발의안을 포함하여 그동안 제안되었던 법안들은 학교 외 시민교육을 주된 내용으로 하고 있지만, 시민교육의 추진 주체(주관 기관 및 그 소속)에 관해서 특히 차이점을 가지고 있으며, 주된 논의의 대상이 되고 있다.[22] 최근 10년 이내에 국회에 제출된 제정법안 중에서 2007년 이은영 의원이 대표 발의한 민주시민교육지원법안은 국회 소속의 초당적인 민주시민교육원이(입법부 주체형), 2013년 황영철 의원이 대표 발의한 선거정치교육지원법률안은 중앙선거관리위원회 소속 선거정치교육원이(중앙선관위 주체형),[23] 2015년 및 2016년 남인순 의원이 대표 발의한 민주시민교육지원법안은 행정자치부 소속 민주시민교육위원회 및 민주시민교육원이(행정부 주체형), 2015년 이언주 의원이 대표 발의한 민주시민교육지원법안은 민간 주도형의 장점을 가질 수 있는 절충형으로서 독립적인 국가기관인 민주시민교육위원회 및 동 위원회 소속 민주시

---

22) 참고로 학교 내 시민교육에서 누가 교육의 주체가 될 것인지의 논의에 관해 자세한 것은 손병노, 한국 민주시민교육의 쟁점, 전망, 그리고 과제, 제11회 민주시민교육 국제심포지엄 자료집, 선거연수원, 2015, 287쪽 이하 참조

23) 중앙선관위 주체형에 관한 논의에 관해서는 신두철, 민주시민교육지원법과 협업적 거버넌스에 대한 소고, 정치소통과 민주시민교육 제도화 대토론회 자료집, 한국민주시민교육학회·한국정치정보학회, 2015, 117쪽 이하 참조

민교육원이(절충적인 독립위원회 형태), 나아가 2019년 소병훈 의원이 대표 발의한 민주시민교육 지원에 관한 법률안은 국무총리 소속 민주시민교육위원회 및 민주시민교육원이(행정부 주체형)이 각각 교육을 추진하는 주체가 된다고 할 수 있다. 이처럼 학교 외의 시민교육 제도화에 있어 각기 다른 주체기관에 따라 어떠한 장점과 단점이 있는 지를 정리해 보면 다음 표와 같다.

〈표 1〉민주시민교육 제도화의 주체기관별 장단점

구분	행정부 주체형	입법부 주체형	중앙선관위 주체형	민간주도형
장점	·행정지원 용이 ·재정지원 (예산확보) 용이 ·교육대상 선발 및 동원 용이 ·교육센터의 기타사업 추진 용이	·정부 관료주의 영향력 배제 ·예산확보 용이 ·관련입법 용이 ·여야 합의 용이	·조직운영의 자율성과 민주성 확보 ·정치적 중립 ·전국적 규모 교육체제 확립 ·재정확보 용이 기존 인프라 활용 ·헌법기관	·조직운영의 자율성과 민주성 확보 ·정치적 중립 ·시민의 자발적 참여 유도 ·교육내용의 다양성
단점	·정치적 중립성 문제 ·국민의 지지획득 문제 ·관료주의와 행정편의주의 가능성	·국회와 행정부 간 갈등 표출 가능성 ·행정부의 국회의사 반영시 문제점 ·정치 논리에 따른 운영의 문제점	·관 주도시 관료화에 대한 폐단 ·민 주도시 비전문성과 비효율성 ·조직 이원화 시 책임소재 불분명·교육 전담인력의 부족	·재정확보 어려움 ·센터설립에 참여하는 이해관계의 입장조정 어려움 ·조직운영의 일관성과 효율성제고 문제 ·전국 규모의 조직 가동의 어려움

출처: 정창화(2005)[24]

---

24) 정창화, 민주시민교육의 제도적 착근방안 – 민주시민교육기관의 체제구축 및 조직설계를 중심으로, 한국민주시민교육학회보, 제10권(2005), 한국민주시민교육학회

2. 2015년 제안된 법안의 검토와 비교

2015년 제19대 국회에서 발의되었던 아래의 두 제정 법안[25]의 공통적인 입법취지는 학교 외의 시민교육을 제도화하여 체계적으로 실시하기 위한 법적 근거를 마련하려는 데에 있다.[26]

(1) 이언주 의원 대표 발의안 (민주시민교육지원법안, 2015. 1. 22.)

이언주 의원 대표 발의안(이하 "발의안 I ")은 그 제안 이유에서 "1987년 민주화 이후 우리 사회의 형식적·절차적 민주주의는 확고하게 정착하였으나 주권자인 국민의 민주시민의식은 기대보다 더디게 성장하고 있"으며, "대화와 설득, 양보와 타협 속에서 공동체의 주요 갈등이 조정되기 보다는 힘의 논리에 따라 갈등을 봉합하는 경우가 빈번해지고 있"다고 지적한다. 그래서 "이런 문제를 해결하고 실질적 민주주의를 확립하기 위하여 이미 시민사회를 중심으로 다양한 민주시민교육 활동이 전개되고 있으나 교육의 주체와 의도에 따라서 혼동을 주기도 하는 실정"이기 때문에 "민주시민교육에 관한 기본법을 제정하여 시민교육을 체계화·활성화 하고자" 한다고 한다.

발의안 I 은 그 주요 내용으로 (1) 민주주의 발전을 위하여 민주시민교육을 실시하고 지원하는 데 필요한 사항을 규정하며(안 제1조), (2) 민주시민교육에 관한 중요 정책을 심의·의결하고 관련 업무를 수행하기 위하여 독립된 국가기관으로 민주시민교육위원회(이하 "위

---

25) 두 가지 제정 법안의 전체 내용은 의안정보시스템에서 확인 가능 (http://likms.assembly.go.kr/bill/)

26) 박수철, 민주시민교육지원법안 검토보고서, 국회안전행정위원회, 2015, 대한민국 국회, 6-7쪽

원회"라 함)를 설치하고(안 제5조), 위원회는 민주시민교육에 관하여 전문적인 지식과 경험이 있고 민주시민교육의 보장과 향상을 위한 업무를 공정하고 독립적으로 수행할 수 있다고 인정되는 사람 중에서 국회가 선출하거나(3인), 대통령이 지명하거나(3인), 대법원장이 지명하거나(3인), 위원회가 추천하는 사람(2인)을 대통령이 임명하며(안 제9조), (4) 위원의 독립적 직무수행을 보장하기 위하여 금고 이상의 형의 선고, 장기간의 질병 등으로 직무수행이 불가능한 경우에만 면직이 가능하게 하고(안 제12조), (5) 위원회의 기능을 원활하게 수행하게 하기 위하여 첫째, 공공·민간의 민주시민교육을 지원하고 민주시민교육을 연구·개발하기 위하여 위원회에 민주시민교육원을 두고(안 제17조), 또한 지역의 민주시민교육을 지원하고 활성화하기 위하여 지역민주시민교육원을 설치할 수 있도록 하며(안 제18조), (6) 위원회는 ① 민주시민교육 기본계획 수립, ② 민주시민교육 지원 사업 제안 및 심의, ③ 국가·지방자치단체 및 관련기관의 민주시민교육 활동에 대한 실태조사·평가·권고·조정 및 촉진, ④ 관련기관 설치 및 지원, ⑤ 민주시민교육에 대한 행정·재정적 지원, ⑥ 그 밖에 민주시민교육의 발전 및 지원에 관한 사항 등의 업무를 수행하고(안 제22조), (7) 위원회는 민주시민교육의 지원과 활성화를 효율적으로 추진하기 위하여 민주시민교육 기본계획을 3년마다 수립하고, 관계 중앙행정기관의 장과 시·도지사는 연도별 시행계획을 수립·시행하고 위원회에 제출하며(안 제23조, 제24조), (8) 위원회는 민주시민교육의 지원 및 촉진을 위하여 필요하다고 인정하는 경우 국가 또는 지방자치단체에게 관련 제도의 개선을 권고할 수 있고, 제도 개선 권고를 받은 국가 또는 지방자치단체는 그 권고사항을 존중하고 이행하기 위하여 노력하여야 하며(안 제28조), 마지막으로 (9) 국가와 지방자치단체는 민주시민교육에 필요한 행정적·재정적 지원을 할 수 있으며(안 제29조), 공공기관장 및 민간사업장 사업주는 민주시민교육 기회 확대를 위하여 노력하여야 하고(안 제30조), 모든 국민에게 이 법에서 정하는 바에 따라 민주시민교육을 받을 권리를 보장한다(안 제31조).

(2) 남인순 의원 대표 발의안 (민주시민교육지원법안, 2015. 2. 5.)

남인순 의원 대표 발의안(이하 "발의안II")은 그 제안 이유에서 "진정한 민주주의 사회는 법과 제도만으로 이루어지는 것이 아니라 국민이 민주적 가치관 및 태도 등 민주사회 시민으로서 요구되는 자질과 역량을 갖출 때 실현될 수 있는 것"이라고 지적한다. 그리고 "현재 교육기본법 상의 교육이념에서는 '민주시민으로서 필요한 자질'을 언급하고 있고, 평생교육법에서는 6대 교육영역 중 하나로 민주시민교육의 일종인 '시민참여교육'을 설정하고 있지만, 우리 사회는 입시 위주의 교육제도 및 경쟁지상주의의 문화 등으로 인하여 민주시민교육이 제대로 실시되지 못하고 있을 뿐 아니라 이와 관련된 교육여건도 열악한 실정"이기 때문에 "민주시민교육을 체계적이고 종합적으로 실시·지원하기 위한 법적 기반을 마련함으로써 민주시민교육이 효율적으로 이루어질 수 있도록 하고 모든 국민에게 민주시민교육의 기회가 충분히 제공되도록 하려는 것"이라고 한다.

발의안II는 그 주요 내용으로 (1) 국가 및 지방자치단체의 책무로서 학교와 사회 각 영역에서 민주시민교육의 기회가 충분히 제공될 수 있도록 노력하고, 민주시민교육의 활성화를 위하여 필요한 행정적·재정적 지원을 하도록 규정하고(안 제5조), (2) 민주시민교육의 실시 및 지원을 체계적으로 추진을 위하여 민주시민교육 기본계획을 5년 단위로 수립하도록 하며(안 제7조), (3) 시·도지사는 기본계획에 준하여 연도별 민주시민교육계획을 수립하여 시행하도록 하고, 그 시행결과보고서를 행정자치부장관에게 제출하도록 하고(안 제8조), (4) 민주시민교육의 기본방향과 실시 및 지원에 관한 주요사항을 심의·의결하기 위하여 행정자치부장관 소속으로 민주시민교육위원회를 두며(안 제9조), (5) 민주시민교육과 관련된 업무를 지원하기 위하여 민주시민교육원을 설립하고(안 제12조), (6) 지역의 민주시민교육 활성화를 위하여 시·도와 시·군·구에 지역민주시민교육센터를 지정·운영할 수 있도록 하고, 지역 주민을 대상으로 한 민주시민교육 학습관을 시·군·구에 설치 또는 지정·운영할 수 있도록 하며(안 제13조 및 제14조), (7) 국가 및 지방자치단체로 하여금 민주시민교육 기관에 대하여 그 활동에 필요한 경비를 지원할 수 있도록 하고(안 제16조), 마지막으로 (8) 국가·지방자치단체·공공기관의 장과 기업 등의 사업장 운영자는 그 소속 직원이 민주시민교육을 받을 수 있도록 유급휴가를 실시하거나 도서비·교육비 등을 지원하도록 한다(안 제18조).

(3) 발의안의 비교와 한계

위에서 입법 취지와 주요 내용을 살펴본 발의안 I 과 발의안 II는 공통적으로 학교 외 시민교육을 활성화하기 위한 법적 측면의 제도화를 추진하고 있지만, 시민교육의 추진 주체 및 담당기관의 소속과 권한 등의 규정 내용과 구성 체계에서 상당한 차이점이 있는데, 이를 아래의 표와 같이 정리할 수 있다.[27]

〈표 2〉민주시민교육 발의안의 비교

조 문	이언주의원안	남인순의원안
	제1장 총칙	제1장 총칙
제1조	목적	목적
제2조	정의	정의
제3조	기본원칙	민주시민교육의 기본원칙
제4조	민주시민교육의 내용	민주시민교육의 내용
제5조	민주시민교육위원회의 설립과 독립성	국가 및 지방자치단체의 책무
제6조	적용범위	다른 법률과의 관계
		제2장 민주시민교육 기본계획 등
제7조	국가 등의 책무	민주시민기본계획의 수립
제8조	다른 법률과의 관계	연도별 민주시민기본계획의 수립·시행 등
제2장	위원회의 구성과 운영	
제9조	위원회의 구성	민주시민교육위원회의 설치 및 구성
제10조	위원장의 직무	위원회의 기능
제11조	위원장 및 위원의 임기	공공기관 등에 대한 협조요청
		제3장 민주시민교육원 등

27) 두 발의안의 구체적인 항목별 비교에 관해서는 신두철, 민주시민교육지원법과 협업적 거버넌스에 대한 소고, 정치소통과 민주시민교육 제도화 대토론회 자료집, 한국민주시민교육학회·한국정치정보학회, 2015, 115쪽 이하 참조

조 문	이언주의원안	남인순의원안
제12조	위원의 신분 보장	민주시민교육원
제13조	위원의 결격사유	지역민주시민교육센터의 지정·운영
제14조	위원의 겸직금지	시·군·구 민주시민교육 학습관의 설치 또는 지정 등
제15조	회의 의사 및 의결정족수	지정취소 등
제16조	의사의 공개	민주시민교육기관에 대한 경비지원 등
제17조	민주시민교육원	국·공유재산의 대부 등
제18조	지역민주시민교육원	국가·지방자치단체와 사업장 운영자 등의 의무
		제4장 보칙
제19조	자문기구	청문
제20조	징계위원회의 설치	지원된 경비의 반환
제21조	위원회의 조직과 운영	유사명칭의 사용금지
제3장	위원회의 업무와 권한	
제22조	업무	권한의 위임·위탁
제23조	민주시민교육 기본계획 수립	과태료
제24조	연도별 시행계획의 수립 등	-
제25조	계획 수립 등의 협조	-
제26조	공청회의 개최	-
제27조	실태조사	-
제28조	제도개선의 권고	-
제29조	국가 등의 지원	-
제30조	공공기관장 및 민간사업장 사업주의 의무 등	-
제31조	민주시민교육을 받을 권리	-

조문	이언주의원안	남인순의원안
제4장	보 칙	-
제32조	민주시민교육에 관한 연차보고서의 제출	-
제33조	자격 사칭의 금지	-
제34조	공무원 등의 파견	-
제35조	자격 사칭	-
제36조	벌칙 적용 시의 공무원 의제	-
	부 칙	부 칙
제1조	시행일	시행일
제2조	민주시민교육위원의 임기개시에 관한 적용례	이 법의 시행을 위한 준비행위
제3조	민주시민교육위원회 및 교육원의 설립준비	민주시민교육원의 설립준비
제4조	대통령령의 제정	-
제5조	설립위원 해촉	-
제6조	경비	-

출처: 박수철(2015)[28]

위의 비교에서 보듯이 두 발의안은 나름대로 체계적인 시민교육 지원 방안을 주된 내용으로 하고 있으나, 아래에서 살펴보는 것처럼 학교 외 시민교육과 관련되는 주요 당사자인 국가 선거관리기관(중앙선거관리위원회), 주무 행정부처(행정자치부), 사업주 단체(한국경영자총연합회) 등과 이해와 의견이 상충될 수 있기 때문에 시민교육 제도화에 있어서 구체적인 합의점에 도달하기 쉽지 않다는 한계를

28) 박수철, 민주시민교육지원법안 검토보고서, 국회안전행정위원회, 2015, 대한민국 국회, 9-10쪽

가지고 있다.

IV. 2015년 제안된 민주시민교육지원법안의 논점과 검토

1. 제정 법안의 내용에 관한 주요 논점

우선 중앙선거관리위원회는 "민주시민교육 중 민주주의 실현을 위한 선거참여, 유권자 소양 함양 등 선거와 관련한 민주시민교육은 선거주무기관이며 헌법상 독립기관인 중앙선거관리위원회가 있으므로 제정안과 같이 정부 산하 위원회 또는 행정자치부에서 주관하도록 하는 것은 적절하지 아니"하다는 의견을 가지고 있다.[29]

또한 행정자치부는 "현재, 선거관리위원회, 국가인권위원회, 법무부, 민주화운동기념사업회 등에서 민주시민교육, 인권교육, 민주시민 육성을 위한 법교육 등 다양한 민주시민교육을 실시하고 있고 특히, 선거관리위원회에 '민주시민교육자문위원회'를 두고 있으므로 민주시민교육을 위한 별도의 법률과 위원회를 신설하기 보다는 선관위 등에서 시행하고 있는 민주시민교육을 활성화하는 것이 정부조직의 합리적 · 효율적 운영측면에서 보다 바람직"하다고 지적하며 그 근거로 행정기관위원회법 제7조[30]를 들고 있다. 이러한 이유로 결국 행정

---

29) 박수철, 민주시민교육지원법안 검토보고서, 국회안전행정위원회, 2015, 대한민국 국회, 45쪽 이하

30) 행정기관위원회법(제7조) ① 관련기관에 설치된 위원회와 성격과 기능이 중복되는 위원회를 설치□운영하여서는 아니 된다.

자치부는 "제정안에서 '시민의 민주역량을 높여 공동체 삶 향상을 위한 적극적 참여 유도' 또는 '민주주의 실현에 필요한 국민의 자질·역량 육성'을 위한 교육을 '민주시민교육'의 정의로 규정하고 있음을 볼 때, '민주시민교육'은 헌법상 독립기관인 중앙선거관리위원회에서 주관토록 하는 것이 오해의 소지가 없고, 이미 선관위 등 관련기관에서 실시하고 있으므로 별도의 기구를 신설하게 되면 정부조직이 비효율적으로 운영될 우려가 있"다는 의견을 표명한 바 있다.[31]

나아가 한국경영자총연합회는 첫 번째로, 발의안I(이언주 의원 대표발의) 제30조 제1항[32]과 관련하여 "임직원이 민주시민교육을 받기 위해 연차유급휴가를 청구하는 경우 사업주가 이를 허용하도록 하는 것은 연차휴가의 자유로운 사용 원칙에 반하는 것"이라고 주장하며, 두 번째로 발의안I(이언주 의원 대표발의) 제30조 제2항[33] 및 발의안 II(남인순 의원 대표발의) 제18조[34]와 관련하여 "사업주에게 임직원이 민주시민교육을 받을 수 있도록 유급휴가를 실시하거나 도서비·교육비 등을 지원하도록 의무를 부과하는 것은 현행법상 유급휴가제도 체계와 맞지 않을 뿐 아니라 합리적 이유 없이 기업에 비용부담을 전

---

31) 박수철, 민주시민교육지원법안 검토보고서, 국회안전행정위원회, 2015, 대한민국 국회, 45쪽 이하

32) 제30조(공공기관장 및 민간사업장 사업주의 의무 등) ① 공공기관장 또는 민간사업장 사업주는 소속 임직원이 민주시민교육을 받기 위하여 연차 유급휴가를 청구하는 경우 청구한 시기에 휴가를 주는 것이 사업 운영에 막대한 지장을 주는 경우를 제외하고는 이를 허용하여야 하며, 이를 이유로 해고나 그 밖의 불리한 처우를 하여서는 아니 된다.

33) ② 공공기관장 또는 민간사업장 사업주는 민주시민교육 기회를 확대하기 위하여 기관 또는 사업장의 실정을 감안하여 소속 임직원에게 소정 기간 유급 교육휴가를 부여하거나 도서비·교육비 등의 소요 비용을 지원할 수 있다.

34) 제18조(국가·지방자치단체와 사업장 운영자 등의 의무) ① 이 법에 따른 민주시민교육의 기회를 보장하기 위하여 국가·지방자치단체·공공기관의 장과 기업 등의 사업장 운영자는 그 소속 직원에 대하여 1년 중 일정 시간 이상의 민주시민교육을 받을 수 있도록 유급휴가를 실시하거나 도서비·교육비 등을 지원하여야 한다. ② 제1항에 따라 유급휴가를 실시하거나 도서비·교육비 등을 지원하여야 할 기업 등 사업장의 범위와 세부적 사항은 대통령령으로 정한다.

가하는 것으로 부당"하다는 의견을 표명하였다.[35]

2. 법안에 대해 제기된 논점의 검토

첫째, 중앙선거관리위원회가 제기한 법안 내용의 문제점에 관해서 검토해 보면, 우선 민주시민교육에는 선거와 관련한 민주시민교육 외에도 매우 다양한 형태의 민주시민교육이 실시되고 있으며, 나아가 선거와 관련한 민주시민교육조차도 중앙선거관리위원회가 아닌 정부 산하 위원회 또는 행정자치부에서 주관하게 하는 것도 입법 정책적으로 충분히 가능하다고 본다.

둘째, 행정자치부가 제기한 법안 내용의 문제점에 관해서 고찰해 보면, 우선 현재 여러 기관에서 민주시민교육, 인권교육, 법교육 등 다양한 형태의 민주시민교육을 실시하고 있는 것은 사실이지만 보다 효과적인 학교 외 시민교육의 제도화를 위해 법안 제정의 필요성이 제기되며, 나아가 현재 선거관리위원회에 '민주시민교육자문위원회'가 설치되어 있지만 기존 제도를 수정 또는 폐지하고 민주시민교육을 위한 별도의 법률과 위원회를 신설할지 여부는 전적으로 입법 정책에 달려 있기 때문에 정부조직의 합리적·효율적 운영측면에서 별다른 문제가 발생하지 않는다고 볼 수 있다.

셋째, 한국경영자총연합회가 제기한 법안 내용의 문제점에 관해서는 더욱 신중한 입법정책적 검토가 필요하다고 생각된다. 우선 한국경영자총연합회가 주장하는 것처럼 한국을 포함하여 많은 국가에서

---

35) 박수철, 민주시민교육지원법안 검토보고서, 국회안전행정위원회, 2015, 대한민국 국회, 43-44쪽

"입법을 통해 연차휴가와 출산휴가를 유급으로 보장하고 있는데, 이는 근로자의 휴식권 보장과 모성보호의 경우 법적으로 특별한 보호가 필요하다는 보편적 인식에 기인하는 것"으로서, "민주시민교육을 위해 법에서 유급휴가를 인정하는 것은 사회적 공감대가 형성되어 있다고 보기 어려울 뿐 아니라, 현행 유급휴가제도가 보호하고자 하는 휴식권 보장이나 모성보호 등의 가치에 비해 그 보호 필요성도 현저히 낮"다는 의견이 어느 정도 설득력을 가질 수 있기 때문이다.[36] 하지만 한국경영자총연합회가 "민주시민교육은 기본적으로 국가의 책무로서 초중등 교육과정을 통해 이루어져야 하는 것으로 부족한 면이 있다면 교육과정 내실화 등을 통해 해법을 모색해야 하는 문제이며, 성인들의 경우에는 개인의 선택에 맡겨져 있는 문제"이므로 "사업주에게 유급휴가 실시 내지 도서비·교육비 지원 등의 의무를 부과하는 것은 국가의 책무를 합리적 이유 없이 기업들에게 전가하는 것으로 부당"하다는 주장을 검토해 보면,[37] 성인들의 경우에도 학교 외의 시민교육이 국가의 책무로서 인정될 수 있는 것이며 경우에 따라서는 유급휴가 실시 등으로서 적극 장려될 필요성이 있다는 점을 고려해야만 할 것이다.

---

36) 박수철, 민주시민교육지원법안 검토보고서, 국회안전행정위원회, 2015, 대한민국 국회, 43-44쪽
37) 박수철, 민주시민교육지원법안 검토보고서, 국회안전행정위원회, 2015, 대한민국 국회, 43-44쪽

V. 결론:
제21대 국회에서 제안될 입법안의 개선방안 모색

위에서 검토한 것처럼 제19대 국회에서 2015년에 제안되었던 두 건의 민주시민교육지원법안에 대하여 관계 기관에 의해 문제 제기된 내용이 일단 법적으로 정당화될 수 있는 것으로 평가할 수 있다. 하지만 지난 국회의 임기만료로 자동 폐기된 법안이 제21대 국회에서 다시 제안될 경우에[38] 어떤 점을 심도 있게 고려해야할 지를, 그동안 시민교육의 제도화에 대한 보다 근본적인 합의가 부족했다는 문제의식에 기초하여[39] 우선적으로 아래와 같이 시민교육의 기본 원칙과 목표, 개념과 정의, 나아가 추진 주체의 세 가지로 나누어 검토해 볼 수 있다.[40]

1. 시민교육의 기본 원칙과 목표

---

38) 참고로 2015. 2. 5 제안되었다가 제19대 국회 임기만료로 폐기된 발의안II(남인순 의원 대표발의)의 경우 2016. 9. 19 재발의되어 제20대 국회에서 다시 계류 중이나, 2019. 3. 7 소병훈 의원이 대표 발의한 법안과 함께 국회 임기만료로 역시 자동 폐기될 예정이다. 이를 포함하여 제20대 국회 회기 중에 발의된 시민교육 관련 법안에 대한 종합적인 분석은 지면 관계상 후속 연구로 돌린다. 참고로 가장 최근에 제안한 민주시민교육지원에 관한 법률안(2019년 소병훈의원 대표발의)의 전체 내용은 의안정보시스템에서 확인 가능 (http://likms.assembly.go.kr/bill/)

39) 이처럼 한국 시민교육의 중요한 문제점으로 시민교육에 대한 합의의 부재 및 실현조건의 부재를 지적할 수 있으며, 이에 관해 자세한 것은 홍석노, 입헌주의의 내면화를 위한 한국 민주시민교육의 현황과 과제, 헌법연구 제2권 제1호(2015), 헌법이론실무학회, 114쪽 이하 참조

40) 참고로 시민교육 제도의 연구를 위한 구체적인 분석틀로서 하드웨어적 측면에서 추진주체, 조직, 재정 및 소프트웨어적 측면에서 교육내용, 운영방안, 교육방법의 총 6개 부분을 고려해 볼 수 있으며, 이에 관해 자세한 것은 정연운, 한국의 민주시민교육 제도화 연구, 충북대학교 석사학위논문, 2012, 23쪽 이하 참조

학교 외 시민교육이 제도화를 위해서는 가장 먼저 시민교육의 기본원칙에 대한 사회적 합의가 필요하다.[41] 우선 민주시민교육거버넌스안[42]을 기초로 제안되었던 발의안I(이언주 의원 대표발의)의 경우 제3조[43]에서 헌법상 민주적 기본질서 지향, 민주 사회 구성원 권리 및 책임의식 함양, 시민 주도성, 다양성 존중, 참여자 중심, 정치적 중립성, 독립성·자율성의 원칙을 제시하였다. 또한 시민사회연대회의 안을 기초로 제안되었던 발의안II(남인순 의원 대표발의)의 경우 제3조[44]에서 민주시민의 권리 및 책임의식 함양, 정치적 중립성, 시민사회의 적극적 참여와 자율성 보장, 민주시민교육기관의 독립성, 평생교육 차원 장려의 원칙을 제시하였다.[45] 두 안의 기본원칙을 비교해 보았을 때 민주시민의 권리 및 책임의식 함양, 정치적 중립성, 독

---

41) 오준석, 한국 민주시민교육 사례 비교 분석, 경희대학교 석사학위논문, 2016, 81-82쪽

42) 2010년 6월 대표적인 시민교육 관련 단체들이 결성한 민주시민교육거버넌스가 2011년에 마련한 민주시민교육지원법안(민주시민교육거버넌스안)의 전문은 최동철, 한국 민주시민교육의 제도화에 관한 연구: 정치인의 민주시민교육에 관한 의식조사, 경기대학교 박사학위논문, 2014, 193쪽 이하 참조

43) 제3조(기본원칙) ① 민주시민교육은 「대한민국헌법」이 정하는 민주적 기본 질서를 지향하여야 한다.
② 민주시민교육은 민주적 사회의 구성원이 지녀야 할 권리 및 책임의식의 함양을 지향하여야 한다.
③ 민주시민교육은 시민의 자발적인 참여와 실천을 바탕으로 건전한 비판의식과 창의성을 고 취시키기 위하여 자율성과 다원성을 지향하여야 한다.
④ 민주시민교육은 시민이 주도하여야 하며 교육수요자의 자발적인 참여와 다양성 존중을 바탕으로 이루어져야 한다.
⑤ 민주시민교육은 정치적 중립성을 유지하여야 하며, 국가와 지방자치단체는 관련기관 운영의 독립성과 자율성을 보장하여야 한다.

44) 제3조(민주시민교육의 기본원칙) ① 민주시민교육은 민주시민이 지녀야 할 권리와 책임의식을 함양하는 데 기여하여야 한다.
② 민주시민교육은 정치적 중립성을 바탕으로 국민의 자유로운 참여와 자율성을 기초로 이루어져야 한다.
③ 민주시민교육기관의 조직 및 활동의 독립성은 최대한 보장되어야 한다.
④ 민주시민교육은 학교와 사회 각 영역에서 모든 사람에게 평생 동안 장려되어야 한다.

45) 참고로 발의안II(남인순 의원 대표발의)의 기초가 되었던 시민사회연대회의안의 경우, 정치적 중립성, 시민사회의 적극적 참여와 자율성 보장, 민주시민교육기관의 독립성 외에도 민주시민교육 예산 공적 지원, 중앙기관과 지역적 네트워크 구축을 기본원칙으로 함께 제시한 바 있다. 신두철, 민주시민교육지원법과 협업적 거버넌스에 대한 소고, 정치소통과 민주시민교육 제도화 대토론회 자료집, 한국민주시민교육학회·한국정치정보학회, 2015, 114-115쪽 참조

립성·자율성, 시민 주도성이 공통적으로 포함되어 있으며, 이러한 기본원칙들을 앞으로 제안될 입법안에서 가장 우선적으로 고려할 수 있을 것이다.[46] 그리고 발의안II(남인순 의원 대표발의)가 제시한 원칙 중에서 '평생교육 차원 장려'의 경우, 이른바 '평생학습권의 보장'이라는 시민교육이 요청되는 또 다른 주요 근거와 직접 연결되는 만큼,[47] 시민교육의 기본원칙으로서 제정안의 내용에 역시 포함되는 것이 바람직할 것이다.[48]

나아가 발의안I(이언주 의원 대표발의)이 제시한 원칙 중에서 '헌법상 민주적 기본질서 지향'의 경우, 이른바 '입헌주의 내면화'라는 시민교육의 중요한 필요성과 직접 연관되는 만큼,[49] 시민교육의 제반 원칙 중에서도 가장 중요한 원칙으로서 제정안의 내용에 반드시 반영되어야 할 것으로 생각된다.[50] 그리고 '헌법상 민주적 기본질서 지향'의 원칙을 고려해 볼 때, 시민교육의 목표는 헌법적 가치를 지향하는 인간상인 이른바 '주권자적 인간'을 육성하는 것이라고 볼 수 있으며,

---

46) 신두철, 민주시민교육지원법과 협업적 거버넌스에 대한 소고, 정치소통과 민주시민교육 제도화 대토론회 자료집, 한국민주시민교육학회·한국정치정보학회, 2015, 114-115쪽 참조

47) 평생학습권의 실질적 보장 관점에서 살펴본 시민교육 법제화의 필요성에 관해 자세한 것은 오정록, 한국 민주시민교육 법제의 발전방향에 관한 연구, 헌법연구 제2권 제1호(2015), 헌법이론실무학회, 129쪽 이하 참조

48) 시민교육의 평생교육 차원 장려의 원칙과 관련된 논의에 관해서는 신미식, 한국 민주시민교육 활성화를 위한 평생교육의 역할, 한국동북아논총 제61호(2011), 한국동북아학회, 102쪽 이하 및 박용호, 평생교육기관 및 단체의 민주시민교육 실태 조사 분석, 선거연수원, 2015, 39쪽 이하 참조. 또한 오정록, 한국 민주시민교육 법제의 발전방향에 관한 연구, 헌법연구 제2권 제1호(2015), 헌법이론실무학회, 128쪽 이하 참조

49) '입헌주의 내면화'와 연관된 시민교육의 필요성에 관해 자세한 것은 홍석노, 입헌주의의 내면화를 위한 한국 민주시민교육의 현황과 과제, 헌법연구 제2권 제1호(2015), 헌법이론실무학회, 102쪽 이하 참조

50) 이와 유사한 관점에서 시민교육의 지향점을 헌법에서 찾는 것이 타당하다고 할 수 있으며, 나아가 구체적인 '헌법적 가치 지향'에 관해 자세한 것은 강경선, 헌법과 민주시민교육의 방향, 민주법학 제50호(2012. 11) 참조. 역시 비슷한 관점에서 시민교육 제도화의 기본방향으로 헌법적 가치와 정신 지향을 제시할 수 있으며, 이에 관해 자세한 것은 음선필, 한국 민주시민교육의 제도화 시론, 제도와 경제 제7권 제3호(2013. 11), 한국제도경제학회, 74쪽 이하 참조. 또한 이러한 관점에 기초한 시론적 대안으로서 이른바 '입헌주의 내면화를 위한 시민교육'을 검토해 볼 수 있으며, 이에 관해 자세한 것은 홍석노, 입헌주의의 내면화를 위한 한국 민주시민교육의 현황과 과제, 헌법연구 제2권 제1호(2015), 헌법이론실무학회, 117쪽 이하 참조

헌법적 인간상이라 할 수 있는 주권자적 인간은 교육기본법 제2조[51] 에서 교육의 이념으로 제시한 인간상인 홍익인간을 헌법적으로 해석 한 것이라고 할 수 있을 것이다.[52][53] 참고로 민주시민교육 지원에 관 한 법률안(2019년 소병훈의원 대표발의)에서는 제3조에서 기본 원칙 으로서 민주주의적 권리, 책임의식, 정치적 중립성, 자유로운 참여, 자율성, 다양성 등을 규정하고 있다.

2. 시민교육의 개념과 정의

다음으로 학교 외 시민교육이 제도화를 위해서는 시민교육의 개념 과 정의에 대한 사회적 합의가 필요하다.[54] 우선 발의안I(이언주 의원 대표발의) 제2조[55] 및 발의안II(남인순 의원 대표발의) 제2조[56]에서 정 의하는 (민주)시민교육과, 발의안II(남인순 의원 대표발의)의 기초가

---

51) 제2조(교육이념) 교육은 홍익인간(弘益人間)의 이념 아래 모든 국민으로 하여금 인격을 도야(陶冶)하고 자 주적 생활능력과 민주시민으로서 필요한 자질을 갖게 함으로써 인간다운 삶을 영위하게 하고 민주국가의 발전과 인류공영(人類共榮)의 이상을 실현하는 데에 이바지하게 함을 목적으로 한다.

52) 이른바 '주권자적 인간'의 보다 구체적인 의미는 법안제정 과정에서 심도 있게 검토되어야 할 것으로 보이며, 교육의 이념으로서 홍익인간의 의미 및 주권자적 인간의 시대적, 내용적 특징에 대한 논의에 관해서는 강경 선, 헌법과 민주시민교육의 방향, 민주법학 제50호(2012. 11), 332쪽 이하 참조.

53) 참고로 학교 내 시민교육이 지향하는 인간상, 즉 '어떤 시민인가?'에 관한 논의에 대해 자세한 것은 손병 노, 한국 민주시민교육의 쟁점, 전망, 그리고 과제, 제11회 민주시민교육 국제심포지엄 자료집, 선거연수원, 2015, 285쪽 이하 참조

54) 오준석, 한국 민주시민교육 사례 비교 분석, 경희대학교 석사학위논문, 2016, 81-82쪽

55) 제2조(정의) 이 법에서 사용하는 용어의 뜻은 다음과 같다.
    1. "민주시민교육"이란 시민이 민주주의의 가치를 존중하고 그 기본원리와 제도를 이해하며 민주역량을 높 여 공동체 삶의 향상을 위해 보다 적극적으로 참여할 수 있게 하려는 교육 및 제반 활동을 말한다.

56) 제2조(정의) 이 법에서 사용하는 용어의 뜻은 다음과 같다.
    1. "민주시민교육"이란 모든 국민이 민주주의 사회의 구성원으로서 가지는 권리와 의무에 기초하여 일상생 활의 각 영역에서 민주주의를 실현하는데 필요한 자질과 역량을 기를 수 있도록 하는 모든 형태의 교육을 말 한다.

되었던 시민사회연대회의안에서 제시한 개념[57]을 비교하여 공통 내용을 중심으로 재구성 해볼 수 있다. 즉, 시민교육이란 민주주의의 가치를 존중하고 공동체의 구성원으로서 이를 실천하기 위한 민주역량을 함양하는데 필요한 교육활동이며, 민주주의의 기본원리와 제도 및 시민의 권리와 의무를 이해하는 것을 주요한 내용으로 하는 것으로 정의될 수 있다. 시민교육에 대한 이러한 공통 개념을 바탕으로 시민교육의 보다 구체적인 개념 정의는 앞으로 제안될 입법안의 검토 과정에서 심도 있게 논의되어야 할 것이다.[58][59] 참고로 민주시민교육 지원에 관한 법률안(2019년 소병훈의원 대표발의)에서는 제2조에서 민주시민교육을 "모든 국민이 민주주의 사회의 구성원으로서 가지는 권리와 의무에 기초하여 일상생활의 각 영역에서 민주주의를 실현하는 데 필요한 자질과 역량을 기를 수 있도록 하는 모든 형태의 교육"으로 정의하고 있다.

3. 시민교육의 추진 주체

우선 발의안I(이언주 의원 대표발의)의 경우 제5조 및 제17조 이하에서 독립적인 국가기관인 민주시민교육위원회 및 동 위원회 소속

---

57) 시민사회연대회의안의 경우 (민주)시민교육을 "공동체 구성원으로서 시민의 권리와 의무를 이해하고 일상생활에서 민주주의 실천을 위해 필요한 제반 교육활동"으로 정의하였다. 신두철, 민주시민교육지원법과 협업적 거버넌스에 대한 소고, 정치소통과 민주시민교육 제도화 대토론회 자료집, 한국민주시민교육학회·한국정치정보학회, 2015, 114쪽 참조

58) 시민교육의 개념 논의에 대해 자세한 것은 조찬래, 민주시민교육, 한국민주시민교육학회보, 제13권 제2호 (2012), 한국민주시민교육학회, 73쪽 이하 및 신형식, 한국 시민사회와 민주시민교육의 제도화 방안, 경기대학교 박사학위논문, 2011, 52쪽 이하 참조

59) 나아가 시민교육의 내용과 방법은 시민교육의 개념이 정립된 후에 이에 기반하여 검토될 수 있을 것이다. 시민교육의 내용과 방법에 관한 구체적인 논의는 후속 연구로 돌린다.

민주시민교육원을 두어 시민교육 추진 주체로서 절충적인 독립위원회 형태를 제안하였다. 또한 발의안II(남인순 의원 대표발의)의 경우 제9조 및 제12조에서 행정자치부 소속 민주시민교육위원회 및 민주시민교육원을 두어 시민교육 추진 주체를 이른바 행정부 주체형으로 제시하였다.

두 안의 시민교육 추진 주체를 비교해 보았을 때, 행정부 주체형은 정치적 중립성 문제, 국민의 지지획득 문제, 관료주의와 행정편의주의 가능성 등이 제기될 수 있다는 점[60]을 고려할 때 절충적인 독립위원회의 형태가 보다 바람직할 것으로 판단된다.[61] 그 이유는 민간 주도형처럼 조직운영의 자율성과 민주성 확보, 정치적 중립, 시민의 자발적 참여 유도, 교육내용의 다양성 등 민간 주도형의 장점을 확보하면도, 국가기관의 일종으로서 행정부 주체형과 같이 행정지원 용이, 재정지원(예산확보) 용이, 교육대상 선발 및 동원 용이, 교육센터의 기타 사업 추진 용이 등의 장점까지도 동시에 가질 수 있기 때문이다.[62]

그리고 발의안I(이언주 의원 대표발의)이 제시한 독립적인 국가기관인 민주시민교육위원회와 같이, 현재 헌법이 아닌 법률에 근거하여 대통령 또는 국무총리를 포함한 상급 국가기관에 소속되지 않는 독립위원회 성격을 지니는 것으로는 국가인권위원회법에 의한 국가인

---

60) 정창화, 민주시민교육의 제도적 착근방안 – 민주시민교육기관의 체제구축 및 조직설계를 중심으로, 한국민주시민교육학회보, 제10권(2005), 한국민주시민교육학회

61) 참고로 민주시민교육 지원에 관한 법률안(2019년 소병훈의원 대표발의)은 제7조 이하에서 국무총리 소속의 민주시민교육위원회 및 민주시민교육원이 교육을 추진하는 주체가 된다고 규정하고 있어 행정부 주체형에 해당한다고 볼 수 있다.

62) 정창화, 민주시민교육의 제도적 착근방안 – 민주시민교육기관의 체제구축 및 조직설계를 중심으로, 한국민주시민교육학회보, 제10권(2005), 한국민주시민교육학회

권위원회가 존재하는데, 그 이유는 인권이 입법·행정·사법의 특정 분야가 아닌 국가의 거의 모든 분야에 관계되기 때문이다.[63] 위에서 살펴본 것처럼 시민교육의 목표가 헌법적 가치를 지향하는 인간상인 이른바 '주권자적 인간'을 육성하는 것이라는 것을 고려한다면, 시민교육은 인권과 같이 입법·행정·사법의 모든 영역에 관련되는 사항이라고 볼 수 있을 것이다. 특히 위에서 고찰한 바와 같이 시민교육의 주요한 기본 원칙인 독립성 및 정치적 중립성을 확보를 위해 절충적인 독립위원회 형태가 그 추진 주체로서 가장 바람직한 형태로서 앞으로 제안될 입법안의 검토 과정에서 의미 있게 논의되어야 할 것이다.[64]

---

63) 박수철, 민주시민교육지원법안 검토보고서, 국회안전행정위원회, 2015, 대한민국 국회, 17~18쪽

64) 시민교육의 제도화의 추진 주체와 관련된 쟁점에 대해 자세한 것은 정하윤, 한국 민주시민교육의 제도화 과정과 쟁점, 미래정치연구, 제4권 제1호(2014), 명지대학교 미래정치연구소, 44쪽 이하 참조

<h1 style="text-align:center">〈출전〉*</h1>

제1편 시민교육의 헌법적 정초

제1장 시민교육의 기초로서의 헌법적 합의 / 김선택
김선택, 시민교육의 기초로서의 헌법적 합의, 헌법연구 제4권 제1호 (2017. 3.), 헌법이론실무학회, 19-46쪽.

제2장 헌법실현의 조건으로서의 시민교육 / 김선택
Kim, Seon-Taek, Verfassung und Verfassungswirklichkeit (김선택, 헌법규범과 헌법현실: 헌법실현의 조건으로서 정치교육), in: Politische Bildung und Verfassung(Conference Proceedings), Konferenz an der Akademie für Politische Bildung, Tutzing, 6. bis 7. Mai 2019, S.18-28.

제3장 헌법의 인간상과 시민교육의 방향 / 윤정인
Yun, Jeong-In, Natur des Menschen, Menschenbild der Verfassung und politische Bildung (윤정인, 인간의 본성, 헌법의 인간상, 그리고 정치교육), in: Politische Bildung und Verfassung(Conference Proceedings), Konferenz an der Akademie für Politische Bildung, Tutzing, 6. bis 7. Mai 2019, S.35-40.

제4장 헌법적 시민과 시민교육을 받을 헌법적 권리 / 홍석노
홍석노, 헌법적 시민과 시민교육을 받을 헌법적 권리: 시민교육법제화를 위한 헌법적 시론, 고려법학 제86호 (2017. 9.), 고려대학교 법학연구원, 273-300쪽.

제2편 헌법적 시민교육의 과제

제1장 입헌주의의 내면화를 위한 한국 시민교육의 현황과 과제 / 홍석노
홍석노, 입헌주의의 내면화를 위한 한국 민주시민교육의 현황과 과제, 헌법연구 제2권 제1호 (2015. 3.), 헌법이론실무학회, 96-124쪽.

제2장 헌법적 합의에 기초한 한국 학교 시민교육의 과제 / 홍석노
홍석노, 헌법적 합의에 기초한 한국 학교 시민교육의 과제, 헌법연구 제4권 제1호 (2017. 3.), 헌법이론실무학회, 121-152쪽.

제3장 한국의 학교 외의 시민교육 제도화를 위한 민주시민교육지원법안의 한계와 개선방안 / 오정록
오정록, 한국의 학교 외의 시민교육 제도화를 위한 민주시민교육지원법안의 한계와 개선방안, 헌법연구 제4권 제1호 (2017. 3.), 헌법이론실무학회, 163-204쪽.

---

*이 출전에 게재된 내용을 저자들이 2020년 3월 현재에 맞게 수정·보완하여 이 책에 실었음을 밝힙니다.

〈저자약력〉

김선택 (Kim, Seon-Taek)
現) 고려대 법학전문대학원 교수

학력
고려대 법대 및 동대학원
독일 쾰른대 (법학박사, 헌법학)

경력
헌법재판소 헌법연구위원
서울중앙지방법원 시민사법위원
국무총리 행정심판위원회 위원
중앙행정심판위원회 정보공개위원장
법무부 헌법자문위원회 위원
법무부 남북법령연구특별분과위원회 공법소위 위원장
법무부 법령해석위원회 위원
감사원 정책자문위원회 위원
남녀차별개선위원회 위원
여성가족부 정책자문위원
경찰청 경찰개혁위원회 위원
경찰청 경찰수사정책위원장
헌법이론실무학회 회장
고려대 정당법연구센터 소장

저서
3·1대혁명과 대한민국헌법(공저), 푸블리우스, 2019
통일한반도의 헌법적 이념(공저), 패러다임북, 2019
새로운 헌법 무엇을 담아야 하나(대화문화아카데미 편),
대화문화아카데미, 2011
새로운 헌법 필요한가(공저), 대화문화아카데미, 2008
헌법사례연습, 법문사, 2004

수상
국민훈장 목련장 (2005)
석탑강의상 (고려대, 2004, 2005, 2006)

홍석노 (Hong, Seok-No)
現) 세종특별자치시교육청 장학사

학력
국립공주사대 일반사회교육학 (문학사)
고려대 교육대학원 (교육학석사, 일반사회교육학)
고려대 대학원 (법학석사 및 법학박사, 헌법학)

경력
고등학교 교사
경기도교육연구원 연구위원
전국연합 및 수학능력시험 출제위원
경기도 중등교원 임용시험 평가위원
학교민주주의 및 학교자치 활성화위원
국립한경대학교 법학과 강사
고려대 정당법연구센터 시민교육연구부장
헌법이론실무학회 총무이사

저서
민주학교란 무엇인가(공저), 교육과 실천, 2020

논문
학교자치조례안의 법적 쟁점과 입법적 과제, 교육법학연구, 2019
헌법적 시민과 시민교육을 받을 헌법적 권리, 고려법학, 2017
헌법적 합의에 기초한 한국 학교 시민교육의 과제, 헌법연구, 2017
학교자치조례의 제정 범위와 한계, 고려법학, 2016 外

수상
우수논문상 (헌법이론실무학회, 2017)
교육감 표창 外

오정록 (Oh, Jeong-Rok)
現) 고려대 행정전문대학원 부교수

학력
고려대 법대 및 동대학원
고려대 교육대학원 (기업교육)
미국 미네소타대 (Ph.D., M.Ed.)

경력
미국 미네소타대 연구조교, 강사, 프로그램 코디네이터
중앙행정기관 공무원채용 심사위원
한국직업능력개발원 심의 · 자문위원
인사혁신처 다면평가제도 자문위원
서울특별시 여성능력개발원 평가위원
한국인사행정학회 편집위원
한국인력개발학회 상임이사
헌법이론실무학회 감사
미래인재연구회 멘토교수

논문
The Diffusion of ISO 14001 in a Developmental State,
Asian Perspective, 2019
세계화에 대응한 한국 직업교육훈련 시스템의 발전 방향,
역량개발학습연구, 2017
한국의 학교 외의 시민교육 제도화를 위한 민주시민교육지원법안의
한계와 개선방안, 헌법연구, 2017
Paid Educational Leave and Self-Directed Learning,
European Journal of Training and Development, 2016 外

수상
우수강의상 (고려대, 2018, 2019)
박사학위논문 우수상 (한국경영교육학회, 2013)
Gary McLean Legacy Fellowship Award (미국 미네소타대, 2013) 外

윤정인 (Yun, Jeong-In)
現) 고려대 법학연구원 연구교수

학력
고려대 법대
고려대 대학원 (법학석사 및 법학박사, 헌법학)

경력
고려대 법학전문대학원 연구교수
고려대 법과대학 법학과, 정경대학 행정학과 강사
호주 멜버른대 로스쿨 Kathleen Fitzpatrick Visiting Fellow
인사혁신처 공직적격성평가(PSAT) 출제위원 및 검토위원
헌법이론실무학회 출판간사, 국제학술간사
고려대 정당법연구센터 정당민주주의연구부장

논문
헌법개정에 있어서 민주적 정당성, 헌법연구, 2018
국민의 이름으로 국민을 도구화? 포퓰리즘의 도전 앞에 선
정당민주주의와 시민교육, 헌법연구, 2017
크라우드소싱(Crowdsourcing)에 의한 헌법개정
 - 아이슬란드의 헌법적 실험을 중심으로, 세계헌법연구, 2017
헌법재판소는 민주주의의 수호자인가, 공법학연구, 2015
자유권의 넓은 보호영역 이론, 공법연구, 2013 外

수상
우수논문상 (헌법이론실무학회, 2017, 2018)
우수강의상 (고려대, 2013, 2015)

시민교육의
기초로서의 헌법

초판 1쇄 인쇄 2020년 3월 30일
초판 1쇄 발행 2020년 3월 30일

저 자 김선택, 홍석노, 오정록, 윤정인
발행자 전민형
발행처 도서출판 푸블리우스
인 쇄 주식회사 미래엔
등 록 2018년 4월 3일 (제 2018-000153호)
주 소 [02841] 서울시 성북구 종암로 13, 고려대 교우회관 410호
전 화 02)927-6392
팩 스 02)929-6392
이메일 ceo@publius.co.kr

ISBN 979-11-89237-06-6 93360

* 책값은 뒤표지에 있습니다.
* 잘못된 책은 바꾸어 드립니다.
* 저자와 협의하여 인지를 생략합니다.

도서출판 푸블리우스는 헌법, 통일법, 시민교육, 법학일반에 관한 발간제안을 환영합니다.
기획 취지와 개요, 연락처를 ceo@publius.co.kr로 보내주십시오.
도서출판 푸블리우스와 함께 한국의 법치주의 수준을 높일 법학연구자의 많은 투고를 기다립니다.

이 도서의 국립중앙도서관 출판예정도서목록(CIP)은 서지정보유통지원시스템 홈페이지(http://seoji.
nl.go.kr)와 국가자료종합목록 구축시스템(http://kolis-net.nl.go.kr)에서 이용하실 수 있습니다.
(CIP제어번호 : CIP2020001871)